Günter de Bruyn, am 1. November 1926 in Berlin geboren, gehört zu den großen deutschen Romanciers der Gegenwart. Sein Werk entwirft ein skeptisches Panorama der DDR-Gesellschaft von den Nachkriegsjahren bis in die achtziger Jahre hinein. Er hat das literarische Bild dieses Landes geprägt wie nur wenige andere. Seine Romane erzählen vom Leben im und gegen den realen Sozialismus und überliefern so anschaulich, was inzwischen längst Geschichte geworden ist.
Die Forschungsliteratur über das Werk von Günter de Bruyn füllt mittlerweile Bände. Der vorliegende eine will und kann nicht die Summe dieser vielfältigen Arbeit ziehen. Er möchte einen Einblick geben, einige neue Interviews und Analysen präsentieren und den Zugang zu den wesentlichen Interpretationen erleichtern – eben Materialien zu Leben und Werk Günter de Bruyns zur Verfügung stellen.
Im Fischer Taschenbuch Verlag liegen von Günter de Bruyn folgende Titel vor: *Buridans Esel.* Roman (Bd. 1880), *Märkische Forschungen.* Erzählung für Freunde der Literaturgeschichte (Bd. 5059), *Preisverleihung.* Roman (Bd. 5401), *Neue Herrlichkeit.* Roman (Bd. 5994), *Tristan und Isolde.* Neu erzählt von Günter de Bruyn (Bd. 9275), *Das Leben des Jean Paul Friedrich Richter* (Bd. 10973). Bei S. Fischer erschienen zudem *Lesefreuden. Über Bücher und Menschen* und *Jubelschreie, Trauergesänge. Deutsche Befindlichkeiten.*

Uwe Wittstock, 1955 geboren, studierte und promovierte in Köln, war von 1980 bis 1989 Feuilletonredakteur der *Frankfurter Allgemeine Zeitung* und ist seit 1989 Lektor im S. Fischer Verlag und Mitherausgeber der Literaturzeitschrift *Neue Rundschau.*

GÜNTER DE BRUYN

Materialien zu Leben und Werk

Herausgegeben von
Uwe Wittstock

Fischer Taschenbuch Verlag

Originalausgabe
Veröffentlicht im Fischer Taschenbuch Verlag GmbH,
Frankfurt am Main, November 1991

Umschlaggestaltung: Buchholz / Hinsch / Hensinger
Umschlagfoto: Peter Peitsch
Gesamtherstellung: Clausen & Bosse, Leck
Printed in Germany
ISBN 3-596-10960-4

Inhalt

Essays

GÜNTER DE BRUYN
Selbstvorstellung
An der Deutschen Akademie für Sprache und Dichtung in Darmstadt am 12. Oktober 1990 11

GÜNTER DE BRUYN
Fromme Wünsche und offene Fragen
Fragmentarisches zu den Veränderungen in der DDR 14

GÜNTER DE BRUYN
Zur Druckgenehmigungspraxis
Diskussionsbeitrag auf dem 10. Schriftstellerkongreß der DDR 1987 19

GÜNTER DE BRUYN
Opposition und Gehorsam 22

Außenansichten

FRITZ RUDOLF FRIES
Jean Paul unter uns
Günter de Bruyn: Das Leben des Jean Paul Friedrich Richter 53

MARTIN WALSER
Die Kunst der Fügung 60

CHRISTA WOLF
Preisverleihung
Eine Laudatio 63

Interviews

Tristan, Isolde und wir
Günter de Bruyn im Gespräch mit Sigrid Damm 73

Der Einzelne und die Macht
Günter de Bruyn im Gespräch mit Frank Hafner 82

Keine Lösungen, keine Lebenshilfe
Günter de Bruyn im Gespräch mit Frank Hafner 90

Stimme einer Stimmung
Günter de Bruyn im Gespräch mit Regina General 96

Blick zurück
Günter de Bruyn im Gespräch mit Helmtrud Mauser 102

Analysen

PETER VON MATT
Die Ehe als politisches Sinnbild im Nachkriegsroman
Zu Bölls *Ansichten eines Clowns*
und de Bruyns *Buridans Esel* 123

A. R. WIGHTMAN
Ein sozialistischer ›Ehebruchsroman‹
Günter de Bruyns *Buridans Esel* 135

JAMES KNOWLTON
»Das Erbe der Kultur, das zu erwerben . . . «
Zu Günter de Bruyns Roman *Märkische Forschungen* 157

MARCEL REICH-RANICKI
Zwei verschiedene Schuhe
Günter de Bruyns *Preisverleihung* 165

SIBYLLE WIRSING
Ungemütliche Forschungen
Der desillusionierte Heimatschriftsteller Günter de Bruyn 173

WOLF LEPENIES
Schreib derb und frei über mich
Die Jean-Paul-Biographie Günter de Bruyns 178

JOACHIM KAISER
Vom Blühen des deutschen Essays
Zur Situation einer Gattung – Günter de Bruyns *Lesefreuden* 182

VALERIE D. GREENBERG
Den Zauberberg auf Normalhöhe bringen
Günter de Bruyns *Neue Herrlichkeit* 187

HELMTRUD MAUSER
Schattenbilder des Lebendigen
Zu Günter de Bruyns Roman *Neue Herrlichkeit* 207

Anhang

Nachbemerkung 236

Auswahlbibliographie
Zusammengestellt von Frank Hafner 238

Quellenverzeichnis 246

Danksagung 247

Essays

GÜNTER DE BRUYN

Selbstvorstellung

An der Deutschen Akademie für Sprache und Dichtung in Darmstadt am 12. Oktober 1990

Der moderne Mensch trägt bekanntlich nicht nur zwei, sondern mehrere Seelen, ach, in seiner Brust, kann davon aber nur eine präsentieren, wenn er sich in fünf Minuten vorstellen soll. Da es hier um die Ehre geht, in die Deutsche Akademie für Sprache und Dichtung aufgenommen zu werden, läge es nahe, jenen Teil des Selbst vorzuführen, in dem die Literaturliebe sitzt. Aus gegebenem Anlaß aber möchte ich einen anderen, weniger ausgebildeten Seelensektor beleuchten, den ich den staatsbürgerlichen nennen will.

Der gegebene Anlaß ist das Kuriosum, daß ich als Bürger des einen Staates in die Akademie berufen wurde, sie als der eines anderen aber betreten darf. Ein seltener Fall, dieser Staatswechsel, aber doch nicht einmalig in meinem Leben; denn wer, wie ich, 1926 zur Welt kam, konnte dergleichen schon mindestens zweimal erleben, wenn auch nicht so bewußt und friedlich und von erleichtertem Aufatmen begleitet wie jetzt. Neu ist auch der beschämende Gedanke, daß einer, der drei so verschiedene Staaten überlebte, ohne auch nur einmal im Gefängnis gesessen zu haben, von Charakterfehlern nicht frei sein könne – doch läßt sich glücklicherweise diesem Gedanken erfolgreich begegnen, indem man, dem eignen Leben nachdenkend, doch eine Möglichkeit findet, unbeschädigt an Leib und Seele aus diesen Wechseln hervorzugehen. Man konnte sich nämlich um diese Staaten nur wenig scheren, konnte sie, war man seßhaft wie ich, als zeitweilige Okkupanten seiner Heimat betrachten, – was in Berlin, wo bekanntlich nicht die Berliner, sondern Österreicher, Sachsen oder Saarländer regierten, besonders leicht möglich war. Man kann also den Staaten die Vorherrschaft über Verstand und Gemüt verweigern, mit Lessing der Ketten spotten, mit Schiller die Freiheit im Gesang (oder auch in der Lektüre) suchen, so daß einem die Kindheitsjahre der Weimarer Republik als Zeitalter der Grimmschen Märchen, das Hitlerreich, mit dessen Beginn ich das Lesen lernte, als Karl-May-Periode und das dritte meiner

erlebten Reiche als das der übrigen großen Literatur erscheinen könnten – würde bei dieser Betrachtungsweise nicht der entscheidende Einfluß eines Familien-Katholizismus vergessen, der, in der Diaspora noch viel stärker als in katholischen Gegenden wirkend, aller Staats-Distanzierung den nötigen Rückhalt gab. Dieses Anderssein als die andern war eine Prägung, die auch in Zeiten des betont atheistischen Staates noch wirkte; doch kam dann noch die Erfahrung des geistigen Erwachens der Nachkriegsjahre hinzu. Das war die Zeit, in der Deutschland ohne Staat auskommen mußte; und da es eine glückliche Zeit war, verband sich für mich immer Glück mit Spuren von Anarchismus, der sich dann jenseits des Jugendalters zu der Erkenntnis klärte, daß der beste Staat, wenn er schon sein muß, der ist, der das Individuum nur wenig tangiert.
Sozusagen in die Wiege gelegt wurden mir auch schon die Aversionen gegen den Zentralstaatsgedanken, da unsere Familie ausgesprochen föderalistisch angelegt war. Mein Vater nämlich war von Geburt, von Staatsangehörigkeit, seinen kulinarischen Vorlieben nach und aus Überzeugung Bayer, ein Preußenverächter also, der aus seinen fadenscheinigen Vorurteilen, für die er abertausend Begründungen wußte, lediglich meine Mutter ausklammerte, deretwegen er in Berlin hängengeblieben war. Der bayerische Heimatschein war das Heiligtum der Familie; jedes Kind, das hinzukam, wurde von Amts wegen nachgetragen, und wenn es älter war, bekam es immer wieder zu hören, daß es in Notzeiten dort Unterschlupf finden könnte, – ein Privileg, von dem ich aber guten Gewissens nie hätte Gebrauch machen können, da ich mich in unserer in Preußen- und Bayernpartei gespaltenen Familie früh schon zur ersteren geschlagen hatte, vor allem deswegen freilich, weil ich lieber Kartoffeln als Mehlspeisen aß.
Das ferne Vaterland Bayern, das vertraute Mutterland Preußen (genauer: sein Kernland, Berlin und die Mark Brandenburg): dabei ist es im Innern immer geblieben, aller formellen Staatsangehörigkeiten zum Trotz. Ein wenig schief und gewaltsam ließe sich auch mein Geschriebenes in diese dualistische Innentopographie zwängen, und auch die Fixsterne meines Leselebens, Theodor Fontane und Jean Paul Friedrich Richter (der allerdings Franke war und erst im letzten Lebensdrittel zum bayerischen Staat gehörte) waren danach. Ihnen und einigen anderen, wie Thomas Mann, Heinrich Böll, habe ich viel zu danken; den Staaten aber bin ich nur insofern verpflichtet, als sie jahrelang meine Freuden an bibliothekarischer Arbeit mit einem Gehalt ho-

norierten, mir durch Mißstände Schreibstoffe lieferten oder mich in Ruhe arbeiten ließen. Und so oder so ähnlich wird es wohl auch fernerhin sein.

Ich habe Romane, Erzählungen, Parodien, Essays und Biographien geschrieben. Über sie will ich hier nichts sagen, um nicht Gefahr zu laufen, dem General von der Marwitz, dem Urvater der preußischen Konservativen und glänzenden Memoirenschreiber ähnlich zu werden, der in seinem Testament von 1837, in dem er jede Einzelheit seines Begräbnisses, wie die Zeitdauer des Glockenläutens, die Auswahl der Lieder und die Anordnung des Trauerzuges, festlegte, dem Prediger in scharfen Worten verbot, ihn am Grabe zu loben, dann aber hinzufügte: es dürfe jedoch gesagt werden, daß der Verstorbene als Offizier und Politiker, als Gutsherr, Christ und Familienvater gleich hervorragend war.

GÜNTER DE BRUYN

Fromme Wünsche und offene Fragen

Fragmentarisches zu den Veränderungen in der DDR

Fromme Wünsche, Pia desideria, waren, solange man fromm war, tatsächlich welche und deshalb nicht ohne Wirkung, zumindest auf die Wünschenden selbst; erst später, in unfrommen Zeiten, in denen man an ihre Kraft nicht mehr glaubte, wurden unerfüllbare daraus. Auch politische Wünsche in Umbruchzeiten haben, unabhängig von ihrer Erfüllbarkeit, ihren Wert in sich selbst. Sie sind Realität, auch wenn sie nicht (oder nur teilweise) realisiert werden können. Den Unterdrückten können sie Mut und Elan verleihen und den Herrschenden Schrekken einjagen. Von ihnen leben Heilslehren und Parteiprogramme, die alle (einschließlich der konservativen, die das schlechthin Unmögliche, nämlich den Stillstand, wollen) Zielpunkte haben, die im Unerreichbaren liegen und trotzdem von Nutzen sind.
Als Egon Krenz in Folge einer Doppelprotestbewegung, die sich im Weggehen und im Aufbegehren manifestierte, sein hohes Amt antreten durfte, wurde in seinen Ersttagsäußerungen deutlich, daß er als die Personifikation einer Wende erscheinen wollte, die aber die eines DDR-Konservatismus war. Alle Änderungen, die er zulassen wollte, sollten der Erhaltung des Bestehenden dienen, also nicht grundsätzlicher, sondern nur modifizierender Art sein. Die Theorie versuchte er dadurch zu retten, daß er die aus Krisen entstandenen Umbrüche in den sozialistischen Ländern als gesetzmäßig bezeichnete, und als sakrosankt erklärte er die Praxis: den Sozialismus unter der Führung seiner Partei. Da alle Freiheiten, die von unten gefordert und von oben gewährt wurden, nach Krenz' Meinung daran nichts ändern durften, sollte der »sozialistische Pluralismus« zu einer die Kreativität fördernden Spielstätte werden, die die Führungspartei einrichtet, auf ihr auch mitspielt, aber jederzeit wieder schließen kann.
Von dieser Anfangsvorstellung des ersten Staats- und Parteimannes hat dieser sich, auf Grund der Protestbewegung, nach Wochen schon selbst distanziert. Nun soll die Führungsrolle zwar nicht aufgegeben,

aber in der Verfassung nicht festgeschrieben, sondern täglich erobert werden – womit die Partei zwar auf einen vorgegebenen Anspruch verzichtet, aber die Herrschaft noch nicht verliert. Für die erste Zeit zumindest kann sie sich, um den Volkswünschen entgegenzukommen, auf das Spiel der Parteiengleichheit ohne Machtverlust einlassen, denn den Staat (und besonders den Staatssicherheitsdienst) hat sie vorläufig fest in der Hand. *Die* Partei, wie sie jahrzehntelang umgangssprachlich mit Recht nur genannt wurde, hat den Staat nämlich in ein Verwaltungs- und Ausführungsorgan ihrer Herrschaft verwandelt und ist auf jeder Ebene sowohl mit ihren in den Staat integrierten Leuten, als auch mit den Funktionären ihrer eignen Hierarchie (also doppelt) präsent. Der Austausch von einigen Männern, die sich besonders unangenehm bemerkbar gemacht haben, darf nicht darüber hinwegtäuschen, daß die tatsächlichen Machtzentren in Berlin, den Bezirks- und den Kreisstädten noch immer nicht in den Gebäuden der staatlichen Ämter, sondern in den nicht weniger großen der Parteibehörden zu finden sind.
Auch den bisherigen Blockparteien, die in der Vergangenheit, nur ja sagen, im besten Fall schweigen konnten, stehen, falls sie aus dem Spiel Ernst machen wollen, Mittel und Möglichkeiten zur Verfügung, die zwar im Vergleich zu denen der Führungspartei bescheiden, aber doch funktionstüchtig sind. Sie besitzen nicht nur einen bewährten Parteiapparat und die entsprechenden Räume, sondern auch Druckereien, Verlage und mehrere Zeitungen, mit denen sie den Versuch wagen könnten, nicht nur ihre Rolle im verordneten Spiel auszufüllen, sondern auch die Regierungsgewalt anzustreben oder in die Opposition zu gehen. Die Chance, guten Gewissens hier mitzumachen, bestünde für sie darin, daß sich der Begriff Sozialismus unterschiedlich interpretieren läßt. Da ihr Part vorsieht, die Weltanschauung der Führungspartei nicht zu teilen, sind sie an deren Lehrmeinung, die politökonomische Begriffserklärung vorschreibt, auch nicht gebunden und könnten also das Unantastbare als etwas nehmen, für das es auch den Begriff der sozialen Gerechtigkeit gibt. Hindernd stand aber auch ihnen der Artikel 1 der Verfassung im Wege, weil es wenig glaubwürdig gewesen wäre, wenn sie sich bei Wahlen als Alternative zur bisherigen Macht angeboten und diese gleichzeitig als die in jedem Fall leitende Kraft akzeptiert hätten. Um Erfolg zu haben, wäre für sie aber ein Programm vonnöten, das sich durch mehr als Adjektive (wie christlich oder liberal) von dem der herrschenden Partei unterscheidet, und eine

Mitgliedschaft, die nicht nur wie bisher versorgt und geduldet, sondern politisch erfolgreich sein will.

Den Mangel an profiliertem Programm teilen die etablierten Parteien mit denen der dritten, geschichts- und besitzlosen Gruppe, wo weder politische Erfahrungen, noch Organisationsstrukturen, noch Räume, noch Publikationsmöglichkeiten und nicht einmal amtliche Zulassungen vorhanden sind. Sie sind nicht die Träger, aber doch die Produkte der demokratischen Volksbewegung, deren Forderungen sie teilweise formulieren, und ihre Stärke beruht vorläufig vor allem in der Frische und Unbeflecktheit ihres Engagements. Daß ihre Programme so unprofiliert wirken, liegt einerseits an der Taktik der etablierten Parteien, die Forderungen nach bürgerlichen Freiheiten und ökologischen Verbesserungen in den Katalog ihrer Versprechungen aufzunehmen, andererseits aber auch an gleichen demokratischen Ausgangspunkten der neuen Bewegungen und ihrem gleichen, für ihre zukünftige politische Arbeit entscheidenden Ziel. Alle wollen sie die Einparteienherrschaft zu einer demokratischen machen, ohne die sozialistischen Grundlagen anzutasten, und dann erst wollen sie Prioritäten setzen – aus Vorsicht und aus Unsicherheit. Für die in die Krise geratene Wirtschaft haben sie noch keine Rezepte, und es ist schwer für sie abzuschätzen, welche ihrer Forderungen von den Reformen der Führungspartei vor den Wahlen schon erfüllt werden können und wo dann noch die Lücken und Defizite sind. Da sie alle die Meinung vertreten, daß nicht der Sozialismus versagt habe, sondern nur seine stalinistische Ausprägung, und sie sich deshalb das kühne und ehrenwerte, aber unsichere, nirgendwo bisher verwirklichte Experiment eines demokratischen Sozialismus zum Ziel gesetzt haben, ist es denkbar, daß der Wind der Erneuerung nicht in ihre Segel, sondern in die einer reformierten Führungspartei bläst.

Es wäre vermessen, in diesem Frühstadium einer rasanten Entwicklung mehr Prognosen zu wagen, als die, daß die frommen Wünsche ihre antreibende Kraft verlieren und sich nur teilweise verwirklichen werden, auch deshalb, weil sie (wie zum Beispiel der Aufschwung der Industrie, mitsamt der Flut der zu erwartenden Autos, und das Ende der Umweltvergiftung) einander im Wege stehen. Die freien Wahlen, falls es zu ihnen kommt, werden Überraschungen bieten, und zwar nicht nur, weil man das Ausmaß der Wirtschaftsmisere nicht kennt, unter deren Einfluß sie stehen werden, sondern auch weil sich dann erstmalig *die* Leute politisch artikulieren werden, die weder den alten

noch den neuen Parteien angehören und auch nicht auf die Straße gehen. Ohne voreilige Schlüsse daraus zu ziehen, sollte bedacht werden, daß zwar Hunderttausende durch Flucht oder Protest die Reformen erzwangen, Millionen aber die Öffnung der Grenzen auf der Stelle dazu benutzten, sich zu den Schaufenstern des deutschen Westens in Bewegung zu setzen, freiwillig, ohne Strapazen zu scheuen, in beeindruckender Euphorie. Die Frage, ob hierbei in erster Linie das Neue, bisher Unzugängliche lockte, ein für sich selbst auch erträumter Wohlstand Anziehung ausübte oder aber auch (oder vor allem) Gefühle nationalen Zusammenhalts wirksam wurden, kann heute noch nicht beantwortet werden, für die Zukunft aber entscheidend sein. Daß bei den Protestdemonstrationen, die sich nicht nur durch Disziplin und Friedfertigkeit, sondern auch durch politische Mäßigung auszeichneten, Forderungen nach deutscher Einheit erst gar nicht, dann nicht vorherrschend zu hören waren, darf nicht zu der Meinung verführen, es gäbe sie nicht.
Wie es scheint, haben die oppositionellen Aktiven ein DDR-Staatsbewußtsein entwickelt, das stärker als das bisher verordnete ist. Es setzt sich aus Stolz auf das durch die demokratischen Proteste Erreichte, aus Einsichten in das im Europa von heute Machbare, der Vision von sozialer Gerechtigkeit und Trotz gegen den reichen, zum Bevormunden neigenden Verwandten im Westen (dem man auch noch Dank schuldet) zusammen und nimmt nationale Gefühle, die häufig verdächtigt werden, dem Chauvinismus oder dem Wohlstandstrieb als Deckmantel zu dienen, nicht ernst. Daß die neuen Parteien breite Wählerschichten damit nicht repräsentieren, ist anzunehmen. Die werden vielleicht eher auf die »Sicherheit und Geborgenheit« der in dieser Hinsicht bewährten bisherigen Führungspartei setzen oder aber auf die Einheit der Deutschen, die ihnen weniger sicheren, aber greifbaren Wohlstand verspricht. Wenn in dem pathetischen Aufruf *Für unser Land*, statt der vernünftigen Erklärung, daß an der empfindlichen Stabilität Europas um des Friedens willen durch eine deutsche Einheit *vor* der europäischen nicht gerührt werden sollte, die alten Abgrenzungsparolen samt Feindbild in neuem Gewande geboten und von den unabhängigen Organisationen nach Art der alten Blockparteien gemeinsam gebilligt werden, wird damit die seit zwei Jahrzehnten geübte, wirklichkeitsfremde Tabuisierung der deutschen Frage noch weitergeführt. Alles Nationale nach rechts zu drängen, könnte sich aber bald als gefährlich erweisen. Denn der alternative Traum vom wahren, nun aber wirklich

vollkommenen (durch keinen Jagdhausbau der wenigen Schuldigen mehr verhinderten) Sozialismus wurde für viele schon zu lange geträumt.

November 1989

GÜNTER DE BRUYN

Zur Druckgenehmigungspraxis

Diskussionsbeitrag auf dem 10. Schriftstellerkongreß der DDR 1987

Liebe Kolleginnen und Kollegen!

Zu den positiven Ereignissen der Geschichte, die unvergessen blieben, gehört die Abschaffung der Folter in Preußen durch Friedrich II. Daß dies unter dem Einfluß von Literatur geschah, ist bekannt. Zu den historischen Ereignissen unserer Tage, die unvergessen bleiben werden, gehört die Abschaffung der Todesstrafe in der DDR. Daß Literatur zu dieser humanitären Tat beigetragen hat, ist unwahrscheinlich. Zumindest ist von literarischen Einflüssen, die mit denen eines Christian Wolff oder eines Voltaire vergleichbar wären, nichts bekannt.
Wenn die wachsende Zahl der Autos unsere Städte chaotisch zu machen droht, wird vielleicht die Einsicht vorherrschend werden, daß man, beispielsweise, mit einer erhöhten Benzinsteuer das öffentliche Verkehrswesen verbessern kann. Vielleicht werden Stadtväter den genialen Einfall haben, Radwege zu bauen. Vielleicht. Sicher aber scheint es zu sein, daß, wenn sich kulturpolitisch nichts ändert, Schriftsteller oder Journalisten an diesen Verbesserungen keinen Anteil haben werden. Wer an dieser Aussage zweifelt, versuche sich einmal vorzustellen, er habe vor Abschaffung der Todesstrafe in der DDR einen Roman oder einen Essay gegen die Todesstrafe in der DDR geschrieben. Wenn er die Fähigkeit hat, sich das auszumalen, werden seine Zweifel beseitigt sein, und er wird der Behauptung zustimmen müssen: Aufklärung durch Literatur wird bei uns viel gepriesen, aber wenig ausgeübt.
Durch genauere Untersuchungen würden sich sicher historische, soziologische oder psychologische Gründe für diesen Zustand finden lassen. Ein auf der Hand liegender Grund aber ist natürlich das, was ich sonst Zensur nenne, hier aber, um einen fruchtlosen Streit um Begriffe zu vermeiden, Druckgenehmigungspraxis nennen will. Diese Praxis, die uns erfreulicherweise vor kriegsverherrlichender Literatur und anderen Scheußlichkeiten bewahrt, schränkt leider auch die aufkläreri-

sche Wirkung von DDR-Literatur ein. Wenn nur *der* Fehler benannt werden darf, der schon beseitigt ist, wird die Entdecker-Funktion der Literatur, die das Entdecken von Fehlern mit einschließt, unmöglich gemacht oder zumindest beschnitten. Eine Gesellschaft, die diese Praxis, die in ihrer Frühzeit einmal sinnvoll gewesen sein mag, nicht zur rechten Zeit abschafft, schädigt ihr Ansehen, nährt Zweifel an ihrer Reformfähigkeit und beraubt sich der Antriebskraft der Kritik.

Sie alle, liebe Kolleginnen und Kollegen, wissen, wie leicht diese Literaturkritik hinter verschlossenen Türen die Atmosphäre vergiften kann. Dem einen werden Informationen vorenthalten, der andere bekommt sie, muß aber schweigen, der dritte muß Entscheidungen vertreten, die seine nicht sind: Wenn diese drei Kollegen einander begegnen, können sie, wenn sie nicht lügen wollen, nur über das Wetter reden; sie werden es also vorziehen, sich aus dem Wege zu gehen. Ohne böse Absicht wird durch diese Praxis immer wieder die Würde und das Selbstbewußtsein der Autoren (besonders der jüngeren) geschädigt; unser eigenes Urteil über Bücher (besonders über verbotene, die man guten Gewissens doch nicht auch noch kritisieren kann) wird verfälscht; die Leser werden bevormundet, die Schreiber entmündigt, und manche werden dazu veranlaßt, das Land zu verlassen, was oft nicht nur ihnen und der Literatur und den Lesern schadet, sondern auch dem Land. Darüber hinaus entsteht hier eine Zone der Rechtsunsicherheit, die wohl kein anderer Bereich der Gesellschaft kennt. Hielte man die Druckgenehmigungspraxis für eine langlebige Einrichtung, müßte man ein Druckgenehmigungsgesetz fordern, das Willkür unmöglich macht und ein Einspruchsrecht garantiert.

Da wir in einer auf Veränderung angelegten Gesellschaft leben, der das Abstreifen erstarrter Organisationsformen nicht schwerfallen darf, kommt mir die Sache nicht langlebig, sondern anachronistisch vor. Angesichts der grenzüberschreitenden elektronischen Medien scheint mir der Angst vor dem gedruckten Wort Irrationales zugrunde zu liegen, dem mit Vernunft beizukommen sein müßte. Auch hier ist also Aufklärung, der man den Mund nicht verbieten sollte, gefragt.

Die aber ist Sache der Betroffenen, also auch die ihres Verbands. Großartige Arbeit, für die wir ihnen danken müssen, haben das Präsidium, die Vorstände, die Kommissionen und die Sekretariate seit jeher auf sozialem und rechtlichem Gebiet und, wie ich besonders hervorheben möchte, in der internationalen und der Friedensarbeit, geleistet. Jetzt sollte der Verband versuchen, die Bedrückung durch die Druckgenehmigungspraxis weniger bedrückend zu machen und schließlich ganz abzubauen. Daß in dieser Hinsicht in Einzelfällen im Verborgenen schon viel geschehen ist, glaube ich annehmen zu können. In Zukunft sollte das generell in Offenheit geschehen. Laut Statut vertritt der Verband auch die künstlerischen Belange seiner Mitglieder, und zu diesen gehört die Druckgenehmigungsfrage unbedingt. Im Rechenschaftsbericht des 11. Schriftstellerkongresses wünschte ich mir, folgende Sätze lesen zu können: »In kameradschaftlichen, vom Geist gegenseitigen Verständnisses geprägten Beratungen mit dem Ministerium für Kultur und anderen zuständigen Stellen wurde Übereinstimmung darüber erzielt, daß die Verantwortung für die Herausgabe von Büchern künftig vollständig bei den Autoren und ihren Verlagen liegt. Beide Seiten waren sich einig darüber, daß der Abbau der alten, von Mißtrauen bestimmten Druckgenehmigungspraxis längst überfällig war und daß die neue Praxis der Selbstverantwortung nicht nur der Qualität der Literatur, sondern auch der der gesamten Gesellschaft zugute kommen wird.«

GÜNTER DE BRUYN

Opposition und Gehorsam

1.
Die Zitadelle

Bei der Verhaftung geht es zwar nicht gesetzmäßig, wohl aber standesgemäß zu. Am 28. Juni 1811 fährt ein Kammergerichtsrat, von zwei Polizeidienern (sogenannten Haltungsfeste) begleitet, auf Schloß Friedersdorf vor. Spruch und Urteil eines Gerichts hat er nicht vorzuweisen, nur eine durch den Staatskanzler von Hardenberg erwirkte Anordnung des Königs: der Major von der Marwitz auf Friedersdorf und der vormalige Regierungspräsident Graf von Finckenstein auf Madlitz sind in Festungshaft zu nehmen; der Grund für die Verhaftung ist den Verhafteten mitzuteilen; eine Haftdauer ist nicht festgelegt.
Die 20 Kilometer nach Alt-Madlitz werden noch am Abend zurückgelegt. Am nächsten Morgen um halb sieben Uhr geht es in zwei Kutschen weiter. Über Wilmersdorf, Arendsdorf, Heinersdorf erreicht man um zehn Uhr das Städtchen Müncheberg, wo eine Pause notwendig wird: ein Radreifen ist gesprungen, und der Schmied braucht eine Stunde zur Reparatur. In Vogelsdorf wird beim Postvorsteher zu Mittag gegessen, dann geht es ohne Halt durch bis Berlin. Um halb fünf ist man am Frankfurter Tor und wenig später Unter den Linden, wo man Aufsehen erregt. Es ist ein Sonnabend, und die Prachtstraße ist belebt. Die Verhafteten, die mit ihren Dienern im ersten Wagen sitzen, legen Wert darauf, gesehen zu werden; denn sie fühlen sich als Märtyrer einer guten Sache und sind überzeugt davon, daß ihnen Unrecht geschieht.
Vor dem Palais des ehemaligen Ministers von Voß hält man an. Während die Bewacher vor dem Hause Posten beziehen, gehen die Herren zum Tee. Außer dem jüngeren von Voß ist auch der Gutsbesitzer und Dichter Achim von Arnim da. In Kürze tauscht man die neuesten Nachrichten aus und passiert um sieben das Brandenburger Tor. Als

man am Schloßpark von Charlottenburg vorbeifährt, ist es eine Genugtuung für die Verhafteten, daß der König sie sieht. »Daß die Scham nicht auf unserer Seite war«, schreibt Marwitz am Abend in sein Tagebuch, »versteht sich von selbst.«
Bei Einbruch der Dunkelheit wird die Zitadelle von Spandau erreicht. Die Kutschen rasseln über die Brücke; die schweren Tore öffnen sich ihnen; der Kommandant der Festung steht zu ihrer Begrüßung bereit. Laut Anordnung des Königs vom 24. Juni 1811 hat er die Verhafteten in die Festung aufzunehmen und sie so lange als Staatsgefangene zu behandeln, bis man ihm anderes befiehlt.
Im Keller des Julius-Turms zu schmachten, wie 400 Jahre vorher Dietrich von Quitzow, brauchen diese adligen Empörer nicht. Innerhalb der Festung dürfen sie sich frei bewegen; Verpflegung können sie sich, auf eigne Kosten, aus der Stadt Spandau holen lassen; und zum Wohnen und Schlafen ist ihnen im Kommandantenhaus der mit Matratzen ausgestattete Saal angewiesen, der über der Toreinfahrt liegt. Die vier Fenster des Raumes liegen nach Süden hin; man kann aus ihnen die Festungseinfahrt, die Spreemündung und, in der Ferne, die Türme von Potsdam und von Charlottenburg sehen. Über den Fenstern, in einem Bogenfeld, prangt das Wappen der Hohenzollern, mit dem Spruchband des englischen Hosenbandordens geziert: »Honni soit qui mal y pense« (Ein Schelm, der Schlechts dabei denkt) – was Marwitz oder einen anderen Dilettanten in Poesie später zu einem Vers anregt, den er unter ein Bild der Spandauer Zitadelle setzen wird:

»Hier büßten zwei Ritter aus altem Geschlecht
Ein freies Wort für gutes Recht;
Wohl wert des Lobes und Gesangs;
Honni soit qui mal y pense!«

Die Korrespondenz der Gefangenen wird vom Kommandanten zensiert, aber Besuchserlaubnis haben sie immer, und sie machen regen Gebrauch davon. Kaum ein Tag vergeht, an dem nicht die Ehefrauen, die Töchter, die Söhne, die Freunde kommen; und dann wird über die Vorgeschichte der Arretierung, den Stand der innerpolitischen Dinge und die Zukunftsaussichten debattiert. Von Gneisenau abgesehen, der Marwitz schätzt, ohne seine politischen Ansichten zu teilen (»Ich will diesen, aus dem unglücklichen Kriege her mir achtbar gewordenen Mann in seinem Unglück nicht verläugnen und werde ihn demnach besuchen«, schrieb er an Hardenberg), sind wohl alle Besucher Partei-

gänger der Inhaftierten, vorwiegend Adlige selbstverständlich, aber auch Bürgerliche, wie der Rendant Vogel, dessen Frau vier Monate später mit Heinrich von Kleist in den Tod gehen wird.
Alexander von der Marwitz, der jüngere Bruder, der ein Freund Rahel Levins ist, trifft hier mit Karl, dem ältesten Sohn des Grafen Finckenstein zusammen, der in seinen jungen Jahren der Geliebte der Rahel war. Gutsbesitzer aus verschiedenen Kreisen der Mark berichten darüber, welche Schritte sie zugunsten der Gefangenen zu tun gedenken. In Lebus will man eine Bittschrift an den König aufsetzen, aber Finckenstein und Marwitz verbitten sich das: sie wollen nicht Gnade, sie wollen ihr Recht. Nicht gebeten soll werden, sondern gefordert und protestiert. »Mit welchem Triumph hätten wir hier gesessen und Jahre lang gern gesessen«, schreibt Marwitz ins Tagebuch, »wenn die gesamte Ritterschaft sich erhoben und alle eben dadurch einerlei Meinung gewesen wären, daß ein jeder Einzelner Ehre im Leibe gehabt, und, ohne auf einen andern zu warten, für das Ganze zu reden angefangen hätte... Diese ganze Geschichte unserer Gefangenschaft ist eigentlich für uns ein wahres Lustspiel, aber ein fürchterliches, wenn man bedenkt, daß diejenigen, für die es ein Trauerspiel ist, es gar nicht einmal merken und steif und fest glauben, *uns* geschehe etwas, – *ihnen* aber nichts!! *Sie* opfern sich selbst und ihre Existenz im Staate durch ihre Trägheit und bilden sich dabei ein, daß *wir* Opfer sind.«

2.
Letzte Vorstellung

Der Zentralstaat mit seiner Bürokratie war von den alten märkischen Adelsfamilien, die, wie ein Schlagwort hieß, schon vor den Hohenzollern im Lande gewesen waren, immer mit Mißtrauen betrachtet worden, weil er ihre politischen Rechte beschnitt. Zu Anfang des 15. Jahrhunderts hatte sich der erste Hohenzoller den von den Quitzows geführten rebellischen Adel unterworfen; jahrhundertelang waren zwischen den Fürsten und dem Adel Kompromisse geschlossen worden, bis dann im 18. Jahrhundert der Fürst die Macht ganz an sich riß. Der Adel, der die Erhaltung seiner Privilegien mit politischer Machtlosigkeit bezahlte, wurde dem absolutistischen Herrscher als Offizier oder Beamter dienstbar. Zwar blieb er Herr über seine Güter, aber seine politische Interessenvertretung, die Landstände, waren nur noch pro forma da. Der Adelsstolz vor Königsthronen nährte sich von der Vorstellung, daß man, im Interesse des Staates, die eigne Macht an den König nur delegiert hatte, daß also ein Vertrag bestand, der von beiden Seiten zu respektieren war. Die Geschichte des Marwitz, der im Siebenjährigen Krieg einen Befehl des Königs verweigerte, weil dessen Ausführung seine Ehre beschädigt hätte, ist ein bezeichnendes Beispiel für diese Denkungsart. »Wählte Ungnade, wo Gehorsam nicht Ehre brachte«, ließ ihm sein Neffe auf den Grabstein schreiben, und er brachte damit zum Ausdruck, daß ein Offizier trotz seines Dienstverhältnisses die Freiheit der Wahl besaß.

Dieser Neffe, Friedrich August Ludwig von der Marwitz, der Gegner Hardenbergs und spätere General und Memoirenschreiber, war der Meinung, daß die Hohenzollern mit den preußischen Reformen, die unter anderem die Bauern aus ihrer Abhängigkeit vom Gutsherrn befreiten, die Verträge, die sie mit dem Adel einst geschlossen hatten, brachen; und dem Buchstaben nach hatte er damit Recht. Auch in absolutistischen Zeiten waren die verbrieften Rechte des Adels von jedem König wieder bestätigt worden; die Landstände hatten ein Schattendasein geführt, aber aufgelöst worden waren sie nicht. Auch zur Thronbesteigung Friedrich Wilhelms III. hatte das Ritual der Erneuerung der Adelsprivilegien gehört. In den Augen des Adels war der König also vertragsbrüchig geworden, als er dem Staatskanzler Hardenberg freie Hand für die Reformen gegeben hatte; denn diese führten ja den Abbau der Adelsprivilegien herbei.

Marwitz, rechtskundig, rechtschaffen und rechthaberisch zugleich, hielt es für seine Pflicht, sich gegen diese Verletzung des geschriebenen Rechts zu wehren. Im Herbst 1810, nach Erscheinen des Finanzedikts, das auch dem Adel neue finanzielle Lasten auferlegte, ging er zum König, um ihn an seine 13 Jahre vorher abgegebenen Versicherungen zu erinnern, in denen es geheißen hatte: »Wir versprechen bey Unserm Königlichen Worte, daß wir obbemeldete getreue Stände... bey ihren wohlhergebrachten Privilegien, Freiheiten und Gerechtigkeiten zu allen Zeiten schützen... wollen.« Aber Marwitz wurde nicht vorgelassen und schlug deshalb andere, sozusagen adelsparlamentarische Wege ein. Er, der das Alte, den Staat Friedrichs II., konservieren wollte, wurde dadurch zum Vorläufer des Neuen, des modernen Parteipolitikers nämlich – noch ehe eine Partei bestand. Unter Berufung auf die in der Mark nie aufgehobene ständische Verfassung des Großen Kurfürsten von 1653 machte er nun die Stände-Versammlungen zu seiner Tribühne, das heißt er versuchte, das seit einem Jahrhundert scheintote Mitspracherecht der Ritterschaft wieder aufleben zu lassen. Durch rege Korrespondenz, durch Denkschriften und Reden bemühte er sich, seine Standesgenossen zum Widerstand zu ermuntern. Publikationsmöglichkeiten standen ihm dabei nicht zur Verfügung; denn die Zeitungen waren regierungstreu – notgedrungen, wie das Schicksal der kurzlebigen *Berliner Abendblätter* Heinrich von Kleists beweist. Die hatten ihre Spalten, um einen Meinungsstreit zu führen, auch der konservativen Opposition, die hier vor allem durch Adam Müller vertreten wurde, geöffnet und waren Zensurschikanen zum Opfer gefallen. Im Februar hatte Adam Müller noch an Marwitz geschrieben: »Aber hieße ich Marwitz oder Prittwitz, so wollte ich das schwache, zähe Rohr, welches zum Staatskanzler über diese Eichen- und Buchenwälder [Gemeint ist der bodenständige Adel] gesetzt ist, heute noch krümmen, daß es brechen müßte«. Im März war die letzte Nummer der *Abendblätter* erschienen. Im Mai wurde in Frankfurt (Oder) die von Marwitz verfaßte *Letzte Vorstellung der Stände des Lebusischen Kreises* verabschiedet, der sich der Kreis Beeskow-Storkow anschloß; worauf dann, im Juni, der Staatskanzler beim König auf strenge Bestrafung der schuldigen Adligen drang. Die Rittergutsbesitzer, schrieb Hardenberg, »geben sich das Ansehen, als ob sie wie Mittelspersonen *für das Volk* sprächen, da sie doch nur *ihre Vorrechte zum Nachtheil des Volks* verfechten. Sie rühmen sich pomphaft patriotischer Gesinnungen und Aufopferungen, während es eben diese Aufopferungen sind, gegen welche sie streiten. Die Vorstellung ... ist in einem auffallend unehrerbietigen Ton gefaßt. Es ändert nichts, daß sie die Äußerung enthält: sich dem Zwange unterwerfen zu wollen; die Art, wie alles gesagt ist, ist aufs Höchste strafbar, und diese Strafbarkeit wird dadurch noch vermehrt und erhält einen Charakter der Aufwiegelung: daß schon seit mehreren Tagen Abschriften dieser Lebusischen Vorstellung in Berlin circulieren, so daß sie nicht nur im inländischen Publikum, sondern sogar im diplomatischen Corps Aufsehen erregt ... Das Ansehen und die Autorität Eurer Königl. Majestät ... stehn auf dem Spiele ... Ich würde unterthänigst anraten, den Grafen von Finckenstein und den Major von Marwitz auf unbestimmte Zeit, die Eure Königl. Majestät ja nach Ihren milden Gesinnungen abkürzen können, wie Sie es für gut finden, auf die Festung zu schicken.«

Diese *Letzte Vorstellung* ist, so »pomphaft« sie sich sprachlich auch gibt, ein politisch interessantes, scharfsinniges und auch erschreckendes Dokument. Mit Hardenbergs Randbemerkungen versehen, gibt sie Einblick in das Für und Wider der Reformprobleme, und in altertümlichem Gewande nimmt sie eine moderne parlamentarische Grundsatzdebatte vorweg. Sprachregelungen, die zugleich mit dem Aussprechen einer Tatsache eine Tendenz vermitteln, sind auf beiden Seiten schon ausgebildet und werden von Marwitz auch thematisiert. So beschwert er sich darüber, daß Hardenberg die Ritterschaft und die Stände realistisch als adlige Gutsbesitzer bezeichnet; Hardenberg wiederum lehnt den Begriff Revolutionierung, den Marwitz für die Reformen verwendet, entrüstet ab. Marwitz erkennt sehr richtig, daß nachrevolutionäre französische Grundsätze den Reformern als Muster gedient hatten, und Hardenberg sieht das als eine Beleidigung an. Die Angst vor einer Revolution von unten benutzen beide Kontrahenten zur Begründung ihrer Thesen: Marwitz sieht jede Änderung in den Eigentumsverhältnissen, Hardenberg das Weiterbestehen des »gutsherrlichen Drucks« als revolutionsbegünstigend an. Wenn Marwitz scharfsinnig anprangert, daß die Reformen alle Werte käuflich machten, flüchtet sich Hardenberg in die Phrase, daß das Streben nach Geld die Regierung keineswegs beseele. In dieser Hinsicht sah der extrem fortschrittsfeindliche Marwitz schärfer als andere: er sah nämlich, daß die Reformen die Substanz der alten Gesellschaft zerstörten und daß das Ergebnis des Fortschritts nicht das Humane, sondern das Kapitalistische war. »Den Krieg der Besitzlosen gegen das Eigentum, der Industrie gegen den Ackerbau, des Beweglichen gegen das Stabile, des krassen Materialismus gegen die von Gott eingeführte Ordnung, des (eingebildeten) Nutzens gegen das Recht, des Augenblicks gegen die Vergangenheit und Zukunft, des Individuums gegen die Familie, der Spekulanten und Comtoire gegen die Felder und Gewerbe, der Bureaus gegen aus der Geschichte des Landes hervorgegangene Verhältnisse, des Wissens und eingebildeten Talents gegen Tugend und ehrenwerten Charakter«, nennt er später die Reformen. Und er resümiert: »Sonst war der Wahlspruch: Jedem sein Recht! Jetzt scheint er zu sein: Jedem sein Geld! Denn selbst da, wo Rechte angegriffen worden sind, ist man bemüht gewesen, nach Möglichkeit Geldentschädigung und Profit herbeizuspekulieren. Das Geld, bis dahin ein notwendiges Übel, ist nach und nach zu einem Götzen geworden, dem jeder huldigt; und da dieser Götze seiner Natur nach *das* immer mehr und immer fester an sich reißet, was ihm einmal zu dienen angefangen, so ist eingetreten eine gewisse Auseinanderreißung der Gesellschaft und eine Isolierung der Individuen, ein jeder von den gesellschaftlichen Banden ab- und nach dem Götzen hingewendet... Rechnet man hinzu: die allgemeine Losgelassenheit, ... das Drängen der unteren Stände nach oben, wo ein jeder etwas Besseres, über sich, zu erreichen strebt, aber im allgemeinen es nicht erreichen kann; wo niemand mit dem zufrieden ist, was sein Vater besessen hat; niemand bei seinem Stande bleiben will; ein jeder sich berufen glaubt, am Allgemeinen mit zu bessern, so wird jeder Zweifel schwinden und deutlich erkannt werden, daß eine Revolution bei uns wirklich im Gange ist.«

Diese Kritik, die uns die konservative Haltung der *Letzten Vorstellung* verständlicher macht, mündet nun aber in eine Tendenz, die uns heute erschrecken läßt: in eine Judenfeindlichkeit nämlich, die man als eine der Wurzeln des modernen Antisemitismus erkennt. Die Juden, denen seit dem Mittelalter zünftiges Handwerk, Bodenbesitz und Bodenbearbeitung verboten waren, hatten nur als Klein- oder Viehhändler tätig werden können oder in dem von der agrarischen Gesellschaft als schmutzig empfundenen Geldgeschäft. Der Landadlige, der das Geld verachtete, aber brauchte, kannte Juden vor allem als Geldverleiher, von denen er finanziell oft abhängig wurde; er setzte deshalb eine Gesellschaft, in der das Geld herrschte, mit einer von Juden beherrschten gleich. Wenn Marwitz in der *Letzten Vorstellung* dem König in schwarzen Farben ausmalt, in welche Abgründe die Reformen den Staat stürzen werden, steht am Ende die düstere Zukunftsvision, daß »unser altes, ehrwürdiges Brandenburg-Preußen ein neumodischer Judenstaat« wird. Die Begründung dieser Annahme ist einfach: wenn, wie die Reformen vorsehen, den Juden erlaubt wird, Grundeigentum zu erwerben, werden sie alles aufkaufen, denn »sie haben die Masse des baren Geldes in Händen«; auch sind sie, »wenn sie wirklich ihrem Glauben treu sind, die notwendigen Feinde eines jeden bestehenden Staates«, und wenn sie ihrem Glauben nicht treu sind, sind sie heuchlerisch.

Daß Marwitz in seiner Zeit mit dieser Ansicht nicht allein stand, ist bekannt. Bei Fichte und Clemens Brentano kann man ähnliches lesen. Hardenberg, der die (allerdings nur kurzfristige) Emanzipation der Juden herbeiführte, war darüber auch nicht so empört, wie über andere Passagen aus der Denkschrift. Als Randbemerkung fiel ihm nur ein, daß »diese ganze Tirade ebenso ungerecht als unpassend« und »unschicklich« sei.

3.
Todesszenen

Während Marwitz (der sich für alle öffentlichen Angelegenheiten jederzeit verantwortlich fühlte) in Spandau Gespräche führte, Briefe schrieb, neue Denkschriften verfaßte, sich über die Verteidigungsfähigkeit der Zitadelle bei einem zu erwartenden neuen Krieg gegen Frankreich Gedanken machte, den Ausbildungsstand der Garnison kritisierte und die Kosten der ihm zu langsam vorankommenden Befestigungsarbeiten berechnete, bereitete sich bei ihm zu Hause in Friedersdorf eine Katastrophe vor. Am Sonntag, dem 21. Juli, an dem viel Familienbesuch kam und alles heiter war, glaubte er die Nachricht von der Erkrankung des Sohnes nicht ernst nehmen zu müssen; aber fünf Tage danach erfuhr er: es war die Ruhr. Wenig später meldeten die Boten, die nun zwischen Spandau und Friedersdorf hin und her eilten, zugleich mit der Besserung des Sohnes die Erkrankung der Tochter, die erst zwei Monate alt war. Alexander, der jüngere Bruder, der eigentlich in Potsdam wohnte, jetzt aber den Älteren als Gutsherrn vertrat, meldete am 30. Juli den Tod der Kleinen und schrieb einen Tag später einen Brief an Rahel, aus dem hier eine Passage zitiert werden soll, weil er die Unterschiede zwischen den Brüdern markiert. Während der harte und strenge Ältere auch seine Gefühle diszipliniert, schwelgt der durch den romantischen Geist der Berliner Salons gebildete Alexander nicht nur in ihnen: er inszeniert sie sogar. Sein Brief an Rahel vom 31. Juli (»nachmittags sechs Uhr«) erzählt von einem Freunde Rahels, dem Architekten Genelli, der einer Tochter des Grafen Finckenstein wegen in Madlitz lebt. »Ich schreibe Ihnen, liebe R., ganz begeistert von Genelli, der eben hier war und die größten Szenen vor mir aufgeführt hat, redend, richtend, prophetisch, priesterlich. Mit mir hat er die wahrsten und scharfsinnigsten Dinge gesprochen, über die Lage der Welt und unsres Staats, über die Bildung der Deutschen, Goethe, Schiller p. p. Dann ging er mit mir und der jüngsten Gräfin Fink (einem hübschen, schuldlosen Mädchen) zu einem toten Kinde meiner Schwägerin. (Hier ist nämlich großes Herzleid. Mein Bruder ist entfernt, das jüngste Kind ist vorgestern an Krämpfen gestorben, und das älteste, der Knabe, von dem ich Ihnen schrieb, liegt tödlichkrank an der Ruhr danieder.) Das Kind im Sarge lag vor uns in einem helldunkel grünen Zimmer; ich stand hinter dem Sarge, links von mir saß auf einem Ruhbett meine Schwägerin in Tränen, neben ihr auf der einen Seite Genelli, auf der andern stand die kleine Fink. Er sah eine Weile das Kind an, dann küßte er meiner Schwägerin mehrere Male die Hand, die er mit beiden Händen gefaßt hielt, und sagte mit tiefer Rührung und aus der innersten Überzeugung: ›Dafür giebt es keinen andern Trost als Gott. Fühlen Sie, daß der ist, so lassen Sie Ihre Tränen reichlich fließen, sie werden Ihnen nicht zu Schaden kommen.‹ Wir gingen, ich mit ihm, in ein andres Zimmer. ›Ich möchte eine Mutter sein,‹ hub er wieder an, tiefgerührt und mit Tränen im Auge, ›nur um diesen Schmerz zu fühlen‹.«

In Marwitz' Spandauer Tagebuch steht darüber nichts als die Mitteilung, daß er am 31. Juli um 9 Uhr morgens vom Tod seiner »kleinen Elisabeth« erfahren habe. Dann erzählt er von seinem Urlaubsgesuch an den König, von der Nachricht über seine Entlassung und die Abfahrt um 6 Uhr abends. »Um 7½ Uhr war ich in Berlin, um 8 Uhr wieder am Tor, um 11 Uhr in Vogelsdorf, um 2 Uhr in Müncheberg, wo ich bis 3 Uhr warten mußte und so um 5 Uhr morgens, den 1. August, nach Friedersdorf kam. Ich fand meinen lieben Rudolf auch *tot.* Den Abend vorher, 10 Uhr, war er gestorben, gerade da man seine kleine Schwester beisetzte. So hatte meine Frau in zwei Tagen ihre beiden Kinder und ihre ganze Freude verloren. Mit meinem Sohn fielen auch alle *meine* Hoffnungen auf die Zukunft. Ich war gewiß, daß er ausführen würde, was ich nicht mehr erleben werde. Wie sehr schlägt Unglück, vom Himmel gesendet, uns nieder, wenn man gleich über alles erhaben ist, was Menschen uns antun können. Ich habe, spottend über ihre Ohnmacht, mein Haus vor fünf Wochen frohen Mutes verlassen. Es war der Sitz der Freude und des Glücks, und nun finde ich nichts als Elend wieder.«

Damit endet das Haft-Tagebuch, das aber inhaltlich von einem Brief Alexanders an Rahel vom 1. August ergänzt wird: »Wenige Stunden, nachdem ich Ihnen diese Zeilen geschrieben, starb der Knabe, am Abend um ¼ auf 11. Der Arzt, der bei ihm war, hatte den ganzen Tag über aus grober Unwissenheit gute Hoffnungen gegeben, obgleich der Tod sich schon der Züge des Gesichts bemeistert hatte... Um neun Uhr kam Berends aus Frankfurt, er sagte gleich, daß der Knabe im entsetzlichsten Fieber läge, mir, daß er agonisiere. Wie soll ich Ihnen die Szene beschreiben, die hierauf folgte? Die Mutter, der nun mit einem Male die fürchterliche Bedeutung der Züge offenbar wurde, die über ihn gebeugt, verzweifelnd, das fliehende Leben aufhalten wollte. Noch immer höre ich ihren Ruf: Ach mein Rudolf, wie siehst du aus?

Bleib bei mir, mein Kind! Dies in dem Tone, als ob ein Beil ihr durch die Seele schnitte. Der Knabe, der nun anfing zu röcheln, in der Brust kochte es ihm wie siedendes Wasser im Kessel (haben Sie dieses Entsetzliche je gehört?) So eine halbe Stunde, dann starb er. Nun ging Berends, nachdem er ein paar edle, starke, aber wohltätige Worte zu meiner Schwägerin gesprochen. Sie blieb sitzen zu Häupten des toten Kindes; ich stumm neben ihr, hatte sie bei der Hand gefaßt; zu den Füßen des Kindes saß Karoline Fink, die Vestalengestalt, still weinend. Das dauerte bis 1 Uhr nach Mitternacht. Nun legte sich die Mutter nieder, ich ging zu Bett, hatte aber bis 3 Uhr mit einem Gedankenfieber zu kämpfen, dann schlief ich ein. Um fünf morgens trat mein Bruder in mein Zimmer. Er kam aus Spandau, wohin ich zu ihm geschickt hatte nach dem Tode des jüngsten Kindes, und wo man ihn hierauf freigelassen. Er hatte den Knaben sehr geliebt und mit Recht viel von ihm gehofft, und wie gewaltig er sich erweichen kann ungeachtet seiner großen Strenge, habe ich Ihnen ja wohl gesagt. Alle Glieder zitterten ihm, wie nach dem Tode seiner ersten Frau. Wie der übrige Tag bald in stummer, bald in gesprächiger Trauer verging, wie wir das tote Kind besuchten, das unentstellt in schuldloser Ruhe zwischen Blumen, mit einem Asternkranz auf dem Haupte, vor uns lag, das kann ich Ihnen nicht weiter beschreiben.«

Marwitz' Leben wurde auch in seinem weiteren Verlauf noch vom Tode begleitet. Von den sechs Töchtern, die seine Frau noch zur Welt brachte, überlebten ihn fünf, von den drei Söhnen nur einer, der jüngste, und seine zwei jüngeren Brüder, die ihn wie einen Vater betrachtet hatten, fielen im Krieg. Als ihm der zweite Sohn starb, gerade während der Organisierung der Landwehr 1813, schrieb er ins Tagebuch, daß diese Prüfung ihn dazu reif machte, nur noch fürs Vaterland zu leben. Und als der dritte geboren wurde, lud er das ganze Dorf zum Gevatter, bat alle, für die Gesundheit und Überlebensfähigkeit des Kindes (das mit fünfzehn Jahren als Schüler der Ritterakademie in Brandenburg starb) zu beten und hielt eine Taufrede, die mit Recht unter seinen politischen Schriften steht. Denn da er seine patriarchalische Herrschaft über das Gut als öffentlichen Dienst auffaßte, war für ihn auch die Taufe seines Nachfolgers, wie die eines Kronprinzen, ein politischer Akt.

4.
Pour le Mérite

Napoleon, der in diesen Jahrzehnten die Geschichte Europas bestimmte, war in Preußen auch innenpolitisch immer präsent. Die Reformen waren durch seinen Sieg von 1806 ermöglicht und durch seine Kriegsschuldforderungen erzwungen worden; die preußische Armee mußte modernisiert werden, um der seinen ebenbürtig zu sein. War er einerseits also indirekt Ursache für das Zerwürfnis zwischen Reformern und Reformgegnern gewesen, so war andererseits der Wille, ihn loszuwerden, das die Kontrahenten vereinigende Ziel. So wie Gneisenau, trotz politischer Differenzen, den Offizier Marwitz zu schätzen wußte, so war Marwitz bereit, alle Meinungsverschiedenheiten zu vergessen, wenn es um den Kampf gegen Napoleon ging. Als Politiker war er der Gutsherr, der seine Privilegien verteidigte, als Offizier aber der Verteidiger des Vaterlands. Innerer Pflicht folgend, seiner Neigung und seinen ökonomischen Interessen zuwider, hatte er 1805 und 1806 seine Güter verlassen, um wieder als Offizier zu dienen; nach der Kapitulation von Prenzlau war er auf abenteuerlichen Wegen nach Ostpreußen geflohen, um sich der Rest-Armee wieder anzuschließen, hatte (darin mit den Heeresreformern einig) einen Plan für den Volksaufstand gegen Napoleon entworfen und zu diesem Zwecke ein Freikorps geschaffen, das im Rücken des Feindes nach Berlin vordringen sollte, war aber durch den Friedensschluß von Tilsit nicht mehr zum Einsatz gelangt.

Der Streit um sein Oppositionspapier *Letzte Vorstellung an den König* war in eine Zeit gefallen, in der sich die Gegensätze zwischen Napoleon und Rußland verschärft hatten und Krieg möglich schien. Alle Gegner Napoleons hofften, daß Preußen sich mit Rußland verbünden würde. Scharnhorst und Gneisenau, die auf entscheidende Posten befördert worden waren, begannen heimlich zu rüsten. (Die Befestigungsarbeiten, die Marwitz in seiner Spandauer Haft hatte beobachten können, gehörten zu diesen Maßnahmen.) Im September reiste Scharnhorst nach Moskau, um Koalitionsverhandlungen einzuleiten; Marwitz aber, der die zögernde Vorsicht des Königs kannte und oft genug kritisiert hatte, glaubte nicht an den Krieg. Eine Notiz vom 18. September 1811 zeigt, wie realistisch er dachte und daß er sich durch patriotische Leidenschaften den Blick nicht trüben ließ.

Warum Heinrich von Kleist, der an diesem Tag, von einem Besuch bei der Familie in Frankfurt kommend, sich den Umweg über Friedersdorf gemacht hatte, weiß man nicht. Wahrscheinlich kannte er den gleichaltrigen Marwitz durch dessen Bruder Alexander, der in Berlin in denselben Kreisen wie er verkehrte, vielleicht aber auch über Marie von Kleist, die Vertraute seiner letzten Jahre, die mit Frau von der Marwitz, geborene Gräfin Moltke, befreundet war. Durch seine Erfolglosigkeit als Autor, das Ende seiner *Berliner Abendblätter* und das Zerwürfnis mit der Familie war er in eine aussichtslose Situation geraten, in der ihm der Krieg, in dem er wieder hätte Offizier werden können, als Rettung erschien. In einem Gespräch über die nahe Zukunft, so ist zu vermuten, gingen die Meinungen, so pessimistisch sie allesamt auch waren, doch auseinander, und man schloß über den Wahrheitsgehalt der Vermutungen eine Art Wette ab. Jeder notierte seine Prognose und zeichnete sie mit Datum und Name: Charlotte von der Marwitz, F. A. L. von der Marwitz und Kleist. Wäre es jemals zur Auswertung dieser Notizen gekommen, wäre Marwitz als Gewinner hervorgegangen; denn während Kleist prophezeit hatte, daß der Krieg innerhalb von vier Wochen ausbrechen würde, und auch Charlotte, ohne einen Zeitpunkt festzulegen, mit Kämpfen gerechnet hatte, war er der Meinung: es kommt nicht zum Krieg. Allen gemeinsam aber war die Überzeugung, daß Napoleon früher oder später über Preußen siegen würde; und das hat sicher seinen Eindruck auf den Dichter, der sich neun Wochen später am Kleinen Wannsee totschoß, nicht verfehlt.

Anderthalb Jahre später, als Napoleon in Rußland geschlagen war und General York (übrigens auch ein Reformgegner) die Konvention von Tauroggen geschlossen hatte, war bei Marwitz von Pessimismus nichts mehr zu spüren, viel aber von Aktivität. Sein Bruder Alexander, der unter Schill und bei den Österreichern gekämpft hatte, riet ihm, bei seinem alten Feind, dem Staatskanzler, vorstellig zu werden und diesen zum Losschlagen zu ermuntern; und es spricht für Marwitz' Verantwortungsbewußtsein, daß er allen Groll in sich niederkämpfte und diesen Schritt tat.

In seinen Roman *Vor dem Sturm*, der im ursprünglichen Plan noch stärker als in der Ausführung die Brüder Marwitz als Vorbild gehabt hatte, hat Theodor Fontane diese Begegnung, wie vieles andere aus den Marwitz-Aufzeichnungen, übernommen; aber obwohl er die Schilderung ausführlicher machte und Originalzitate verwendete, fehlt der Szene die innere Spannung, die sie bei Marwitz hat. Denn im Roman, in dem die Reformproblematik keine Rolle spielt, stehen sich nur der wendige, zaudernde Diplomat und der aufrechte, entschlossene Soldat gegenüber, in der historischen Realität aber kam das Spannungsverhältnis zwischen dem Reformer und dem Reformgegner, dem ehemaligen politischen Häftling und dem Machtinhaber hinzu. »Ich kann es nicht beschreiben, welchen Eindruck mein Eintritt auf ihn machte«, schreibt Marwitz, um dann aber zu beweisen, daß er es doch zu beschreiben versteht. Er glaubt Scham über das Vergangene bei Hardenberg zu bemerken, daneben aber auch »das Bestreben, in diesem hochwichtigen Moment mir nicht abermals nichtswürdig zu erscheinen«, und das bringt »eine seltsame Mischung von Verlegenheit und zuvorkommender Höflichkeit hervor«. Hardenberg wird gesprächig, gibt Marwitz in allem recht, nur in der Schlußfolgerung nicht: da zieht er sich auf das Zaudern des Königs zurück (das bei Fontane ganz fehlt). »Also noch nicht belehrt? Die Zeit nicht begriffen? Napoleon noch nicht kennengelernt?« denkt sich Marwitz – und so steht es wörtlich auch bei Fontane, aber dann fängt im Roman das Romanhafte an. Denn der historische Marwitz wartete, wie die ganze Mark Brandenburg, auf den Befehl von oben, ehe er seine später berühmte Lebuser Landwehr formierte; der Roman-Marwitz aber, der Vitzewitz heißt, kommt, wie die Ostpreußen unter Stein, dem Aufruf »An mein Volk« zuvor. Was Marwitz im Winter 1812–13 erwog und den anrückenden Russen vorschlug, nämlich die Franzosen in Frankfurt und anderswo an der Oder zu überrumpeln, darf Vitzewitz im Roman ausführen, wenn auch ohne Erfolg. Zu dem Zeitpunkt etwa, an dem der Roman endet, begann in Wirklichkeit Marwitz erst mit der Organisierung der Landwehr; und seine Bauerntruppe war die erste westlich der Weichsel, die fertig war. In der Partisanenmanier des Romans hat sie dann diesseits und jenseits der Elbe gefochten; im Gefecht von Hagelberg (in der Nähe von Belzig) war der Sieg vorwiegend ihr zu verdanken; und erst im Sommer 1814 kehrte sie in ihre Heimat an der Oder zurück.

Im April 1815, nach Napoleons Rückkehr von Elba, zog Marwitz zum letztenmal in den Krieg. Hochdekoriert (unter anderem mit dem Pour le Mérite) kam er Ende des Jahres aus Frankreich nach Hause, wurde zum General ernannt und bekam eine Brigade in Odernähe, so daß er in Friedersdorf leben konnte: Offizier und Gutsherr zugleich. Wie in allen seinen Militärpositionen, wurde auch in dieser sein Verhältnis zu den Vorgesetzten bald zu einem Mißverhältnis, da er mit seiner Kritik an ihnen nicht hinter dem Berg halten konnte und das niemand vertrug. Als Prinz Wilhelm, der spätere Kaiser Wilhelm I., zu seinem Chef avancierte, wurden die Zusammenstöße, die er mit ihm hatte, so unerträglich, daß Marwitz 1827 seinen Abschied nahm. Bei seiner »Neigung zum ruhigen Landleben« wäre er schon früher gern aus dem Militärdienst geschieden, »allein das schlechteste aller Motive, das Geld, vermochte« ihn noch »länger in der Sklaverei« zu halten – ein Bekenntnis, das am Ende des Jahrhunderts auf Fontanes Dubslaw von Stechlin »großen Eindruck« macht. »Denn es gehört was dazu, das so ruhig auszusprechen. Die Menschen sind in allen Stücken so verlogen und unehrlich, auch in Geldsachen, fast noch mehr als in Tugend. Und das will was besagen.«

Eine vorübergehende national-liberale Phase in Marwitz' Denken, in der er von Verfassung geredet und von einem preußischen Kaiser von Teuchtschland geträumt hatte, war mit den Befreiungskriegen, mit denen sie begonnen hatte, auch zu Ende gegangen. 1815 hatte er sich sofort wieder auf seine altpreußisch-ständischen Ansichten besonnen. Zusammen mit anderen märkischen Adligen, die jetzt wieder in Führungspositionen drängten, (die Reformer waren meist »Fremde« gewesen), wirkte er als Mitglied des Staatsrats, als Marschall der 1823 wiederbegründeten märkischen Landstände, die jetzt Provinzialstände hießen, und als Redner und Denkschriftenschreiber an der teilweisen Rückgängigmachung des Reformwerks mit. Nach dem Tod seines ältesten Sohnes, 1833, zog er sich aus allen öffentlichen Ämtern zurück, schrieb in Friedersdorf an seinen Memoiren und starb dort nach längerer Krankheit 1837, 61 Jahre alt.

Das Testament, das er hinterließ, ein Musterbeispiel patriarchalischen Denkens, legte die Einzelheiten der Bestattungsfeierlichkeiten, an denen das ganze Dorf beteiligt sein sollte, genau fest. Wenn er nach dem Inhalt der Predigt (»der Prediger soll sich an den [Bibel-]Text halten und mich nicht loben wegen dessen, was ich auf Erden getan«) und der Aufzählung der zu singenden Lieder, zur Ordnung des Trauerzuges kommt, überrascht es, nach »1. der Küster mit der Schuljugend, 2. die ganze Gemeinde, 3. der Prediger, 4. der Sarg«, unter 5. zu lesen, daß als einzige »meine Gemahlin« den Zusatz erhält: »wenn sie anwesend ist«.

5.
Eheszenen

Witwen bedeutender Männer sind in den meisten Fällen der forschenden Nachwelt ein Dorn im Auge, weil sie, aus durchaus verständlichen Gründen, nicht überlieferungsfördernd, sondern -verhindernd sind. Da sie das Bild des Verstorbenen in strahlender Reinheit erhalten wollen, sind sie bestrebt, Schmutzflecke, oder was sie dafür halten, zu retuschieren, und sie vertreten die Meinung, daß alles, was den Mitlebenden nicht bekannt werden sollte, auch die Nachgeborenen nichts anzugehen hat.

Charlotte Gräfin von Moltke, die seit 1809 von der Marwitz hieß, kommt in den Memoiren des Generals und in seinen Tagebüchern kaum vor. Sie selbst hat als Witwe auch Erinnerungen geschrieben, darin aber nur ihre Jugendjahre behandelt, also nichts getan, um das Dunkel, das über ihrem Eheleben liegt, zu erhellen; im Gegenteil: vermutlich hat sie manches sich darauf beziehende Schriftstück vernichtet und manche Tagebuchstelle, die darüber hätte Auskunft geben können, getilgt. Die Forschung kann also nur aus Indizien auf die Qualität dieser Ehe schließen, aber doch mit ziemlicher Sicherheit sagen: sie war, will man nicht die zehn Kinder, die sie hervorbrachte, als Gegenbeweis gelten lassen, alles andere als gut.

Charlotte, drei Jahre jünger als Marwitz, wurde 1780 im mecklenburgischen Wolde in eine zerrüttete Ehe hineingeboren, verlebte eine unglückliche Kindheit mit böser Stiefmutter, liederlichen Gouvernanten und leichtsinnigen, auf ihre reiche Mitgift spekulierenden Bewerbern, bis sie 1798, mit siebzehneinhalb Jahren, als Hofdame der Königin Luise nach Berlin vermittelt wurde, wo die glücklichste Zeit ihres Lebens für sie begann. Als sie im April 1809 ihren Dienst bei der Königin aufgab, um in Charlottenthal (Ostpreußen) Frau von der Marwitz zu werden und dann nach Friedersdorf abzureisen, war dieser Abschied der Königin wichtig genug, um der Zarin Elisabeth brieflich davon Mitteilung zu machen. »Ihre Abreise schmerzt mich; sie ist ein ausgezeichneter Mensch«, schrieb Luise aus Königsberg und nahm damit ungünstigere Urteile zurück, die sie im Laufe von elf Hofdamendienstjahren über die Gräfin Moltke gefällt hatte. In den ersten Jahren hatte sie ihr in einem pädagogischen Brief empfohlen, ihre »Lebhaftigkeit zu dämpfen« und nicht so oft übelzunehmen. »So werden Sie sehen, wie Sie von aller Welt geliebt und verehrt werden. Nichts untergräbt das

Glück und besonders eine Häuslichkeit mehr, als wenn man sich der Empfindlichkeit überläßt, mag sie tausendmal gerecht sein. Sanftmut muß überall verzeihen, das ist die Stärke unseres Geschlechts.«

Die Königin sah es also als notwendig an, der Hofdame weibliches Rollenverhalten anzutrainieren, hatte aber wohl wenig Erfolg damit. Die Moltke war ihr zu bildungssüchtig, zu intellektuell; sie stellte ihr Wissen über ihr Fühlen, und das war in Luises Augen ein schweres Vergehen. Wenn unter dem Wissenserwerb die Empfindsamkeit litte, schrieb sie 1803 zum Thema Moltke an ihre Freundin Marie von Kleist, »würde ich alle Bücher in die Havel werfen, denn die echte Empfindsamkeit ist das erste Gut des Menschen... Möge Gott mich davor bewahren, meinen Geist [wie die Moltke] zu pflegen und mein Herz zu vernachlässigen!« Sie muß an ihr rügen, daß sie Caroline Schlegel »göttlich findet, aber nicht versteht« und daß sie »lieber glänzen als geschätzt werden will«. Und noch 1807 in Memel kritisiert sie, daß die Moltke sich geistig für etwas Außerordentliches hält.

Neben der schöngeistigen Bildung Charlottes wird auch vielfach ihre politische bezeugt. Wenn 1805 von der »Kriegspartei« am Hofe die Rede ist, wird auch sie genannt. Ihr Napoleonhaß und ihr Standesbewußtsein werden Marwitz imponiert haben, als er sie 1807 in Ostpreußen kennenlernte. 1811 war sie Kleist eine ernstzunehmende Diskussionspartnerin. Und noch die Greisin war so sehr von Politik bewegt, daß sie sich 1848 weigerte, über die Ereignisse in Berlin zu reden: ihr konservatives Gemüt hätte jedes Wort gegen den König zu sehr erregt.

Daß die *politische* Übereinstimmung zwischen den Eheleuten so ziemlich die einzige war, ist nicht auszuschließen; von Liebe zumindest ist in dem Überlieferten nirgends zu lesen; die Verbindung sieht eher nach einer verunglückten Vernunftehe aus. In den Aufzeichnungen des sogenannten Hausbuches, die Marwitz in unregelmäßigen Abständen vornahm, wird die Heirat mit folgenden Worten verzeichnet: »Die Unordnung in meinem Hauswesen und die Notwendigkeit, meine Tochter [aus erster Ehe] wieder zu mir zu nehmen, bestimmten mich, im April 1809 wieder zu heiraten. Ich nahm die Gräfin Moltke und empfand bald die guten Folgen dieser Wahl.« Das wurde 1815, also nach sechsjähriger Ehe, geschrieben. Fünf Tage nach seiner Verlobung aber (die am 11. März 1807 erfolgt war) hatte er in sein Tagebuch notiert: »Der 16. März 1807. Drei Jahre. – Was ist der Mensch! – O, meine Fanny!« – und sich so des dritten Todestages seiner ersten Frau erin-

nert, deren nie verlöschendes Andenken der zweiten das Leben verbittert haben muß. Denn ehrlich und geradeheraus wie er war, wird er der Frau, die ihm charakterlich zu ähnlich war, um konfliktlos mit ihm leben zu können, nicht verborgen haben, daß sie, die starke Persönlichkeit, die an seiner Seite auch etwas gelten wollte, nie solche Gefühle in ihm hervorrufen konnte, wie die scheue, langsam nur zutraulich werdende, dann aber ganz für ihn und über ihn lebende Fanny es tat.
1828 verfaßte er sein Testament, in dem er bezweifelte, daß die Witwe bei seiner Beerdigung anwesend sein würde. Als er 1832 begann, seine *Nachrichten aus meinem Leben* zu schreiben, deren Glanzstück seine Werbung um Fanny wurde, scheint er sich vorgenommen zu haben, keine Rücksichten auf die Gefühle seiner Frau zu nehmen, ihr vielmehr deutlich zu sagen, wie es um *seine* Gefühle stand. Dreißig Jahre nach Fannys Tod beschreibt er ausführlich ihr sanftes Wesen, das sich von dem Charlottes so stark unterscheidet; schreibend erlebt er noch einmal das Glück, das Fanny ihm brachte; schließt mit dem Satz: »Ich war allein und bin es geblieben bis auf den heutigen Tag« – um dann eine Jenseitsvision anzufügen, die die Frau, die ihm zehn Kinder geboren hat (von denen für ihn nur die Söhne zählen), durch Nichtbeachtung endgültig ins Nichts verdammt: In jenem himmlischen Leben ist Fanny »ganz mein und bleibt mein ... Wenn ich zu jenem himmlischen Tor eingehen werde, dann wird sie dastehn und mich einführen, dann werden wir vollkommener lieben, und auch ich werde liebenswerter sein. Ach – und meine drei vorangegangenen Söhne ..., die werden bei ihr stehen und auch mich empfangen und meine Brüder, die in den Schlachten fielen, – alle werden da und aller Schmerz wird vergessen sein.«

6.
Nachrichten für die Nachkommen

Daß Fontane, der die Memoiren seines »Lieblings Marwitz« bis ins hohe Alter rühmte und (wie viele Historiker, bis auf unsere Tage) als anregende Geschichtsquelle benutzte, es in seinem Marwitz-Aufsatz der *Wanderungen* versäumte, ein Wort über die erzählerischen Qualitäten des Autobiographen zu sagen, hat seinen Grund auch darin, daß die gedruckte Fassung der *Nachrichten aus meinem Leben*, die er kannte und oft (allerdings, wie es seine Art war, sehr frei), zitierte, die erzählerischen Glanzstücke zum größten Teil nicht enthielt. Das 1852 in Berlin erschienene Werk in zwei Bänden »Aus dem Nachlasse Friedrich August Ludwigs von der Marwitz auf Friedersdorf, Königl. Preußischen General-Lieutnants a. D.« wurde von seinem anonymen Herausgeber (es war Markus Niebuhr, ein konservativer Politiker) in der Einleitung als »eine Errungenschaft des Jahres 1848« bezeichnet, womit gemeint war, daß die »erschütternde – lange noch nicht genug erschütternde – Mahnung« der Revolution neben dem Zusammenschluß der konservativen Kräfte auch eine Besinnung auf konservative Traditionen erzeugt und zur Herausgabe dieses Buches geführt hätte, als einer Partei-Schrift sozusagen, die zeitweilig in konservativen Kreisen fast kanonische Bedeutung besaß. Die Ausgabe war auch danach, nämlich gekürzt und teilweise verändert, in parteipolitischem Sinn. Harte Worte gegen den Adel und schroffe politische Urteile waren gemildert, Kritik an Friedrich Wilhelm II. und III. teilweise unterdrückt. Unehrerbietige Äußerungen über die Königin Luise (über die Marwitz durch die Gräfin Moltke viele Interna wußte) fehlten gänzlich, und vor den harmlosesten Familien-Intimitäten, mochten die nun marwitzisch, prinzlich oder königlich sein, scheute der Herausgeber zurück. Auf diese Weise wurden die persönlichsten Teile, die Selbsterlebtes zum Gegenstand haben, ganz oder teilweise unterschlagen; und das sind gerade die Passagen, die künstlerisch am wertvollsten sind. So fehlten zum Beispiel auch die wohl schönsten Seiten der Memoiren, die Fannys Verlobung, Hochzeit und Tod beschreiben; und der Herausgeber, der sicher auch auf die Familie Rücksicht zu nehmen hatte, bemerkte dazu in einer Fußnote: »Dieser Teil der Denkwürdigkeiten eignet sich zur Veröffentlichung nicht.« Erst 1908 wurde, von dem verdienten Historiker Friedrich Meusel, eine unverfälschte und vollständigere Ausgabe der Memoiren der Öffentlichkeit übergeben, aber da war Fontane schon zehn Jahre tot.

Dem Herausgeber von 1852 kam es auch weniger auf Marwitz' Erlebnisse als auf seine konservativen Meinungen an. Die Ausführungen über die Aufklärung, die Reformen, die Militärgesetzgebung, die Stellung des Adels in der Gesellschaft und über viele politische Probleme und historische Begebenheiten, die sich bei Marwitz oft verselbständigen und den Rahmen einer Autobiographie sprengen, waren bei Niebuhr relativ ausführlich wiedergegeben, während er realistische Erlebnisschilderungen, wie den Brand des Friedersdorfer Gutes, für entbehrlich hielt. Der eigentlichen Autobiographie, den *Nachrichten aus*

meinem Leben, waren in der zweibändigen Ausgabe (deren zweiter Band militärische Aufsätze und politische Denkschriften enthielt) deshalb auch nur die erste Hälfte des ersten Bandes vorbehalten, in der zweiten setzte man die Beschreibung des Lebens und Denkens von Marwitz durch seine Aufzeichnungen des sogenannten Hausbuches fort. Es war dies ein Verfahren, das auch Meusel später, in vollständigerer Form, anwendete und das seinen Zweck erfüllt, wenn es auf die Dokumentierung des politischen Denkens von Marwitz ankommt; wenn man aber den *Erzähler* Marwitz zeigen will, bringt es nichts; dann muß man mit der Tatsache vorlieb nehmen, daß das erzählte Leben schon 1808 endet, der Organisator der Landwehr von 1813 also nicht mehr erscheint.
Historische Darstellungen kann man, sind sie danach, durchaus zur erzählenden Literatur im weiteren Sinne rechnen, zumindest fällt die Grenzziehung zwischen Historiographie und Literatur manchmal schwer. Fast immer aber sind Biographien und Autobiographien in diesem Grenzbereich angesiedelt, sie können mal hierhin, mal dorthin tendieren, oder es kann auch, wie es bei Marwitz der Fall ist, das eine ziemlich unorganisch neben dem anderen stehen: hier das erzählte Leben, dort die mehr oder weniger trocken dargestellten und beurteilten Begebenheiten der Zeit. Problematisch ist es nun immer, das eine vom andern zu lösen, da es sich, wenn auch formal oft recht zwanghaft, doch aufeinander bezieht. Neigen nun aber die Registrierung von Zeitereignissen und die Reflexionen darüber zum Uferlosen, und nimmt allein dadurch das Werk Ausmaße an, die der Leser nicht mehr bewältigen kann, so fällt, da Vollständigkeit sich auf jeden Fall verbietet, die Beschränkung auf das erzählte Leben nicht schwer. Die Betätigung des Rotstifts bekommt dann fast etwas Schöpferisches: deutlicher und schärfer treten durch Streichungen die Konturen dieses Lebens hervor.
Es sind harte Konturen, die sich hier zeigen, wie es dem Charakter dessen, der sich darstellt, entspricht. Und entsprechend sind auch die Mittel, die er zur Darstellung verwendet: keine schöne Sprache, aber eine genaue, nicht im Sinne von reich detailliert, sondern von Eindeutigkeit. Jeder Satz, den er schreibt, ist nicht nur Aussage oder Beschreibung, er ist auch Urteil zugleich. Ein Mann, der weiß, was er ist und was er will, gibt sich schreibend als solcher zu erkennen. Der Leser kann mißbilligen oder verurteilen, was er da liest, aber nie hat er Grund, dem Schreiber Verstellung oder Heuchelei vorzuwerfen. Gesagt wird nicht alles, was zu sagen wäre, aber was gesagt wird, ist für

den Schreiber wahr. Unverhüllt zeigt er nicht nur, was ihn ziert und ehrt, sondern auch seine unangenehmen Seiten, oder besser gesagt solche, die auf andere unangenehm wirken; denn für ihn selbst war das, was Fontane »seinen angreifbarsten Punkt«, sein »aristokratisches Vorurteil« und Varnhagen seine »stolzeste Selbstgefälligkeit« nannte, eine Eigenschaft, die ihm auf Grund seiner Herkunft, seiner Gesinnung und seiner Taten auch zustand. Er war tatsächlich, bei aller wachen Intelligenz, so sehr in Vorurteilen befangen, daß er sie als solche nicht zu erkennen vermochte und deshalb keine Scheu hatte, sie auszustellen. Das nimmt manchmal komische Züge an: Er, der gebildete Mann, findet pauschal die Gebildeten gräßlich, ohne sich klarzumachen, daß er eigentlich nur die bürgerlich-liberalen von ihnen meint. Adam Müller zum Beispiel, den Freund Kleists, dem er bei der Formulierung seiner politischen Schriften einiges zu verdanken hatte, wußte er durchaus zu schätzen, mehr noch, als fortschrittlicher Landwirt, den Landwirtschaftsreformer Thaer, der im benachbarten Möglin wirkte, und dessen Schriften er alle besaß.

Als talentierter Erzähler erweist sich der politisch engagierte Autor vor allem, wenn er Selbsterlebtes berichtet und die Politik darüber vergißt; bei der frühen Begegnung mit König Friedrich, bei der Werbung um Fanny, beim Brand des Schlosses und bei seiner aufregenden Flucht nach Ostpreußen 1806. Die mitreißenden Ereignisschilderungen in kunstvoll wechselndem Tempo sind dabei genauso bewunderungswürdig, wie die historisch interessanten Details, die sparsam eingesetzt werden, und die im ganzen Buch bewährte Fähigkeit, Personen zu charakterisieren, manchmal mit einem Minimum an Worten, wie bei den vielen Leuten, die ihm auf der Flucht begegnen, und manchmal ausführlich, wie bei der Frau von Friedland, dem Prinzen Louis Ferdinand oder Schill. Die feste (man könnte auch sagen: festgefahrene oder starre) Meinung, die er von jedem hat, trägt dazu bei, den Porträts scharfumrissene Profile zu geben; sie schließt aber Differenzierung aus. Feinzeichnung liegt ihm nicht, er bevorzugt Holzschnittechnik; und so sehr es auch Freude macht, seinem stets kritischen Blick zu folgen, darf man diesen Blick doch nicht leichtsinnig zum eignen machen, denn er ist immer (was Marwitz auch nie zu verbergen trachtet) von weltanschaulichen und politischen Ansichten bestimmt. Wo Marwitz eindeutig haßt, wie bei Massenbach oder Hardenberg, ist das Bildnis besonders scharf, aber in seinem historischen Wahrheitsgehalt auch besonders problematisch (um nicht zu sagen: falsch); wo er aber zwischen Zu- und Abneigung schwankt oder seine Sympathien nicht auf seiner politischen Linie liegen, stellen sich Unschärfen ein, die aber auch reizvoll sind: so beim Bruder Alexander, so bei Friedrich Wilhelm, seinem König und Herrn.

Alexander von der Marwitz, den man aus seinen Briefen an Rahel und aus dem biographischen Abriß Fontanes besser kennenlernt als aus den *Nachrichten aus meinem Leben*, fühlte sich zwar seinem älteren Bruder, der Vaterstelle bei ihm vertreten hatte, immer verpflichtet, hatte sich aber in seiner inneren und teilweise auch äußeren Entwicklung von ihm und von den Adelsverpflichtungen (darin Heinrich von Kleist ähnlich) entfernt. Von seinen wechselnden Gefühlen für den Bruder, die zwischen höchster Verehrung und leiser Mißachtung schwankten, bekam nur Rahel zu erfahren, die dem älteren Marwitz, der sie nicht zur Kenntnis nehmen wollte, natürlich nicht zugetan war. »Ihr in alle Ewigkeit fertiger Bruder«, nennt sie ihn treffend in einem Brief an Alexander, und sie freut sich darüber, wenn sie ein Abrücken des Jüngeren von den Positionen des Älteren, dem er seinen »engen Gesichtskreis« vorwarf, bemerkt. Varnhagen dagegen, der zeitweilig Grund zur Eifersucht hatte und beide Brüder genauer und länger kannte, betonte immer wieder, daß Adelshochmut und Mangel an Sozialempfinden beiden gemeinsam war. Ein Beispiel dafür gibt er in den *Denkwürdigkeiten*: Im Sommer 1807, als Alexander den Bruder, der in Ostpreußen sein Freikorps aufstellte, als Gutsherr vertreten mußte, hatte er sich Freunde nach Friedersdorf geladen, unter denen neben Schleiermacher und dem Verleger Reimer auch Varnhagen war. »Laue Abende der köstlichsten Art wurden bei Sternenflimmer im tiefen Schattendunkel hoher Bäume weit über die Mitternacht hinaus verlängert, und niemand mochte ans Schlafengehen denken, während die reinste Luft die Brust erfrischte und die edelsten Gedanken über Natur, Welt, Geschichte, Wissenschaft und Poesie ausgesprochen wurden; denn Marwitz hatte den Willen und die Kraft, immer das Höchste und Größte zur Sprache zu bringen und auch Schleiermachers oft hartnäckige Schweigsamkeit in schönen Redefluß aufzutauen.« Beim Abschied aber mußten die Gäste einen »tief verstimmenden Eindruck« mitnehmen, weil sie zu sehen bekamen, daß das sorglose Adelslandleben auf die Arbeit anderer gegründet war. Sie waren von Müncheberg aus zu Fuß gekommen und wollten zu Fuß auch wieder dorthin gelangen, aber Alexander bestand darauf, sie mit dem Fuhrwerk befördern zu lassen, und forderte von seinen Bauern dazu ein Gespann. Die stellten ihm vor, daß gerade »die Zeit der dringendsten Feldarbeit« wäre, sie vier Pferde für einen ganzen Arbeitstag nicht entbehren könnten und daß sie zur »Fronfuhre für die Herrschaft« auch nur verpflichtet wären, wenn ein landwirtschaftlicher Zweck damit verbunden sei. Doch Marwitz, empört über diese »halbdreiste« Beschwerde, erklärte, daß sie von Alters her auch dazu verpflichtet wären, die Herrschaft zum Tanz zu fahren. Er forderte also »gebieterisch«, sofort zur »Tanzfuhre« anzuspannen; »und die armen Leute, die doch klar vor Augen hatten, daß nicht die Herrschaft und ebensowenig zum Tanze gefahren wurde«, mußten tun, was ihr Herr befahl.

Sozialempfinden ganz absprechen kann man aber dem älteren Marwitz nicht; es ist nur ein eingeschränktes, auf den Adel, die Familie und die von ihr Abhängigen bezogenes, eins, das der Sozialität, die er verkörpert, entspricht. Mit diesem Adels-Sozialempfinden ist auch die Darstellung seines Verhältnisses zu Alexander verbunden. Im Grunde verdammt er dessen Umgang und halben Ausbruch, aber weil er ein Marwitz ist und er ihn wie einen Sohn liebt, mäßigt er sich dabei. Auch ist der Junge, wenn der Alte das schreibt, schon einen seines Adels würdigen Tod gestorben. Und trotzdem kommt am Schluß der Darstellung von Alexanders Leben die Strenge der unerbittlichen Pflichtethik wieder durch. Rückblickend auf dieses, in seinem Sinne verfehlte, Leben, muß er »es ein Glück nennen«, daß Gott den Bruder »in seinem siebenundzwanzigsten Jahre für das Vaterland« sterben ließ.

Noch schwerer hat es der memoirenschreibende General mit Friedrich Wilhelm III. Den zum Herrschen wenig geeigneten Mann mit seinem Hang zu Ruhe und Frieden und einem bürgerlich ausssehenden Leben beschreibt er (wie auch Friedrich Wilhelm II. aus anderen Gründen) mit einer für Preußen ungewöhnlich scharfen Kritik. Andererseits ist Friedrich Wilhelm sein König; der adlige Offizier ist ihm zur Treue verpflichtet und hält diese, allen Zweifeln zum Trotz, auch durch. Um diesen Zwiespalt erträglich zu machen, versucht er, dem König auch gute Seiten abzugewinnen, womit die scharfen Umrisse, die andere Personen haben, verhindert werden, die Gestalt aber menschliche Züge gewinnt.

Der König ist es dann auch, der als der General aus Ärger über seinen Chef, den späteren Kaiser, der Kritik nicht verträgt, 1827 den Dienst quittiert, in seiner unbeholfen-abgerissenen Sprache das passende Schlußwort zum Leben das F. A. L. von der Marwitz findet: »Immer nach Grundsätzen gehandelt!«

7.
Geschichtslektion

Mit Pferdewechsel in Tasdorf und Müncheberg ritt der Kornett Marwitz von Berlin bis Friedersdorf viereinhalb Stunden; wenn er morgens halb drei Uhr aufbrach, war er zum Frühstück da. Wir brauchen auf gleicher Strecke mit dem Auto ein Viertel der Zeit, vorausgesetzt, wir halten uns weder bei der Müncheberger Kirchenruine, noch beim Grabkreuz des Kleist-Freundes Schwimm-Pfuel in Jahnsfelde oder bei dem an Schinkel erinnernden Chausseehaus Neubodengrün auf. Bei geringer werdendem Verkehr geht es unter schattigen Eichen, Linden und Eschen schnurstracks nach Osten; bevor sich aber bei Seelow die Höhen ins Oderbruch senken, biegen wir ab. Links geht es nach Gusow (das in *Vor dem Sturm* Guse heißt), wo die Gräfin Podewils (im Roman Pudagra) wohnte; wir fahren nach rechts, also südwärts, in die von Wriezen kommende und nach Frankfurt führende Straße, auf der wir in zehn Minuten auch Dolgelin erreichen könnten, wo Marwitz als Kind vor dem Pfarrhaus seine Begegnung mit König Friedrich hatte und wo heute an der Ruine der Feldsteinkirche eine jahrhundertelang durch den Turm verdeckte mittelalterliche Putzritzzeichnung zu sehen ist.

Aber unser Ziel liegt näher. Von Seelow aus sind es nur drei Kilometer. Beidseitig erstrecken sich Felder, von einem Bahndamm und von strauchwerkumstandenen Wegen durchschnitten, »fruchtbar und lachend«, wie es in einem Brief Alexanders von der Marwitz an Rahel heißt. Um den von ihm als »großartig« bezeichneten Ausblick auf eine »meilenweite Ebene« mit der »größten Mannigfaltigkeit von Äckern, Wiesen, Dörfern und Städten« genießen zu können, müßten wir einen Zehn-Minuten-Spaziergang an den Rand des Barnim-Plateaus unternehmen, von wo aus man das tafelglatte Oderbruch übersieht.

Durch den Ausbau der Fernstraße und vielfache Erweiterungen ist das Angerdorf (das heute fast doppelt soviel Einwohner hat als zu Marwitz' Zeiten) als solches kaum noch erkennbar; aber der Teich, der den Anger nach Süden abschließt, bildet noch immer ein freundliches Zentrum des Ortes; und der Kirchturm, mit Laterne und barocker Schweifhaube überragt noch immer die Bäume, und über ihm steht noch immer die Wetterfahne mit den Marwitz-Initialen und der Jahreszahl 1743, nur dreht sie sich nicht mehr. Da Sonnabend ist, lärmt

kein Trecker; der Durchgangsverkehr ist nur spärlich; einem blumen- und bändergeschmückten Taxi folgt ein Bus mit den Hochzeitsgästen; und jenseits des Teiches wird ein Dach neu gedeckt. Ein alter Mann, der vor seinem Haus die Gehwege säubert, beginnt, als wir ihn nach dem Marwitz-Schloß fragen, in einem berlinisch-ostpreußischen Dialektgemisch sofort zu erzählen, aber nicht von dem, was wir wissen wollen, sondern von sich. Anfang 1946 ist er aus Pillau gekommen, mit dem Fahrrad, wie er immer wieder versichert, vor Kälte und Hunger halbtot. In der ersten Nacht hat er in dem Haus hinter der Kirche geschlafen, das zum Schloß gehörte, und um Mitternacht sind viele Ritter durch seine Stube gezogen, mit Schwert und Rüstung, das waren die Marwitze, die doch neben der Kirche begraben liegen, auch die Frauen von ihnen, aber die waren nicht bei dem Zug. Erst hat er Angst gehabt, aber in der zweiten und dritten Nacht nicht mehr, und dann hat er umziehen müssen und sie nicht mehr gesehen. Seitdem weiß er, daß die Toten nicht tot sind, sondern noch leben, nur eben anders, wie, kann man nicht sagen, wer aber meint, mit dem Tod ist es aus, der ist dumm. Um uns nicht in Diskussionen über dieses Problem einzulassen, nicken wir nachdenklich, halb zweifelnd, halb bestätigend, und fragen erst nach einer Pause erneut nach dem Schloß. Es stand dort hinterm Teich, auf dem Ödland in der Nähe der Kirche, erfahren wir nun, nach einer weiteren Geschichte von lebenden Toten; als er kam nach dem Krieg, mit dem Fahrrad, hungrig und halberfroren, stand es noch da, eine Brandruine; später (es war 1947) trug man es ab.
Die zwei Häuser mit Gärten südlich des Teichs sind jüngsten Datums. Hier war früher der Park mit seinen Rondells und Bosketten, dahinter die weißgraue Schinkel-Fassade des zweigeschossigen Hauses, von dem Fontane sagte, es entspräche mit seinen neugotischen Giebeln und Türmchen so recht dem Phantasiebild eines Schlosses: die Frage nach der Schönheit würde gar nicht erst laut, weil das Charaktervolle und Pittoreske genüge. Der Teich, von dessen Uferweg aus die von zwei Obelisken markierte Einfahrt erfolgte, wird auch von Alexander erwähnt. Wenn er im ersten Stock im Bibliothekszimmer saß, um an Rahel zu schreiben, sah er ihn vor sich liegen, zwischen Kastanien hindurch. Auch die sind heute verschwunden. Sicher hat man mit ihnen (die Gegend ist waldarm) in den Nachkriegsjahren die Öfen geheizt.
Der Grasplatz, den einst Blumenrabatten zierten, endet an Trümmer-

hügeln, die strauchüberwachsen sind. Kletterpfade, die sich Kinder durch die Wildnis bahnten, schlängeln sich über Mauerbrocken zu gefährlichen Löchern, die in halbverschüttete Keller führen. Eine Freitreppe beginnt und endet im Schutt. Die bescheidenen Wirtschaftsgebäude dahinter (nicht der Gutshof, der liegt mit seinen hohen Speichern auf der anderen Seite der Straße) wurden erst neuerdings dem Verfall überlassen. Der Stall ist schon in sich zusammengesunken; dem Wohnhaus, in dem der alte Mann seine Rittervisionen erlebte, fehlen Fenster und Türen, Dielen und Öfen; die Scheune, der man ihr baldiges Ende auch ansieht, wird noch genutzt.

Die Kirche, die Fontane ihrer historischen Erinnerungen wegen ein Sanspareil, ein Ohnegleichen, nannte, steht mit dem Turm zur Straße gewendet und scheint von dort her gesehen intakt. Das Dach ist dicht, das Portal verriegelt, und eine defekte Turmuhr besagt wenig, denn die gibt es andernorts auch. Bedenklich stimmt nur, daß Wege und Treppen zwischen Fahrbahn und Kirche keine Spuren von Benutzung und Pflege aufweisen; das Unkraut wächst bis dicht an das Kirchenportal heran.

Ein anderes Bild bietet sich, kommt man von Osten, vom ehemaligen Schloßpark her. Im Schatten alter und neuaufgewachsener Bäume wird hier eine Ruine von Grün überwuchert: der Chor der ursprünglich mittelalterlichen Kirche, den 1945 eine Granate traf. Die Feldsteine der dicken Umfassungsmauer, die im 18. Jahrhundert von Putz verdeckt worden waren, treten nun wieder zutage. Wo der Altar stand, wachsen Sträucher und Bäume. Am Sandsteinepitaph eines Marwitz von 1717 haben Regen und Schnee die barocken Formen schon abgeschliffen; zwei kleinere Epitaphe aus unserem Jahrhundert haben den Witterungseinflüssen getrotzt. Der Eingang von der Nordseite, durch den wir die Ruine betreten haben, war den Schloßbewohnern vorbehalten gewesen; sie konnten durch ihn, ohne das Schiff betreten zu müssen, in die Patronatsloge gelangen. Flankiert wurde er von den bekanntesten Gedenksteinen der Kirche: von den fast lebensgroßen figürlichen Darstellungen des Feldmarschalls Görtzke und seiner Frau aus dem 17. Jahrhundert (die um 1980 in die Komturei-Kirche des benachbarten Lietzen gebracht wurden) und dem Doppelgedenkstein, den F. A. L. von der Marwitz dem Vater und Onkel errichten ließ. Letzterer steht noch an alter Stelle, aber die Trennwand, die den zerstörten Chor vom überdachten Schiff scheidet, ist darüber gemauert, so daß von der oft zitierten Inschrift: »Sah Friedrichs Heldenzeit und kämpfte mit ihm in allen seinen Kriegen. Wählte Ungnade, wo Gehorsam nicht Ehre brachte«, nur noch die Worte *Heldenzeit*, *Kriegen* und *Ehre brachte* zu lesen sind.

Dem Entziffern von Grabinschriften kann man sich ein paar Schritte weiter, nach Passierung eines Schrottplatzes, auf dem ummauerten Familien-Friedhof an der Nordseite der Kirche, noch stundenlang widmen, und nicht nur der Zerstörung und Verwilderung wegen stellt sich hier Trauer ein. Anderthalb Jahrhunderte preußisch-deutscher Geschichte, von der napoleonischen über die Kaiser- bis in die Hitlerzeit, werden hier durch Details in Erinnerung gerufen: die ungute Verbindung von Besitz, Herrschaft und Glauben genauso wie die vielen Kriege, in denen die von der Marwitz als Offiziere dienten, und, wenn sie in ihnen ihr Leben ließen, hier ihre Gedenksteine erhielten, so daß innerhalb des Familienfriedhofs ein kleiner Soldatenfriedhof entstand. Der 1923 hier aufgestellte *Trauernde Krieger*, ein frühes, offensichtlich von Rodin beeinflußtes Werk des späteren Muskelprotz-Bildhauers Josef Thorak, ist von Gesträuch überwachsen; der Stein des Rahel-Freundes Alexander ist aus der Wand gerissen, die lange Inschrift (die man bei Fontane nachlesen kann) von Mauerbrocken verdeckt. Es gibt auch gepflegte Gräber, aber die liegen *vor* der Friedhofsmauer (die deswegen von außen auch verputzt ist); sie decken die sowjetischen Soldaten, die 1945 hier fielen. Die beiden Soldatenfriedhöfe, die hier zufällig beieinander liegen, ergeben zusammen erst die vollständige Geschichtslektion.

F. A. L. von der Marwitz, der Memoirenschreiber, war auch der Gründer dieses Familienfriedhofs. Während seine Vorfahren in der Gruft beigesetzt worden waren und ihre Erinnerungsinschriften im Innern der Kirche hatten, liegen seine Nachkommen hier. Man findet ihn selbst, seine Frauen, seine Brüder und Söhne wieder, nicht aber seine verheirateten Schwestern und Töchter, aber die erwähnt er in seinen Erinnerungen ja auch kaum. Der älteste Grabstein ist der seiner ersten Frau, der allen Lesern der *Nachrichten aus meinem Leben* unvergeßlichen Fanny. Er ist aus Sandstein und deshalb schon reichlich verwittert, besonders in seinem unteren Teil. Die oben stehenden Worte: »Hier liegt mein Glück«, (die Fontane sowohl in den *Wanderungen* als auch in *Vor dem Sturm* zu: »Hier ruht mein Glück« machte) sind noch gut lesbar, die darunter stehenden Zeilen aber, mit denen Marwitz seinen Schmerz verewigen wollte, vergehen immer mehr:

»Caroline, Franziska Gräfin Brühl
ward geboren 1783, den 23. März,
vermählt 1803, den 12. May
an
Friedrich August Ludwig von der Marwitz
Erbherrn auf Friedersdorf
Der verließ sie gesund am 14. März 1804,
Vierzehn Tage nach einer glücklichen Entbindung,
kehrte am 16ten zurück und fand sie tot!
Sie war die Freude aller, die sie kannten.«

Der erzählende Grabspruch, den der General und heimliche Literat hiermit eingeführt hatte, wurde später oft nachgeahmt, wenn auch ohne diese charakteristische Prägnanz. Erfahren wir, noch von ihm, über seinen Bruder Alexander, unter anderem: »Lebte für die Wissenschaften. Erstieg deren Gipfel. Redete sieben Sprachen«, so von seiner zweiten Frau, der Gräfin Moltke, daß sie »im bösen Jahre« 1848 starb. Bernhard, der einzige überlebende Sohn des Generals, der Fontane 1860 Einblick in die Familienpapiere gewährte, war »ein Ritter ohne Furcht und Tadel«, ein Sohn von ihm »kämpfte für die Einigung Deutschlands 1870/71«, und ein Enkel fiel 1904 in Südwestafrika. Auch der Drang zur Literatur setzte sich, von F. A. L. und Alexander ausgehend, fort. Neben der Gräfin Moltke schrieb auch eine jüngere Schwester des Generals, eine verheiratete von Rochow, Memoiren, und eine Nichte von ihr, die unverheiratet blieb und deshalb in Friedersdorf begraben ist, gab sie 1908 heraus. Einer der letzten Friedersdorfer Marwitze, wieder ein Bernhard, war ein talentierter Dichter, der mit Rilke korrespondierte, und, noch jung an Jahren, 1918 fiel.

Die Gegenwart hat uns wieder, als der junge Mann, der uns die Kirche aufschließt, unser Interesse für die Geschichte nicht teilt, eher komisch findet. Unserm Entsetzen über den von Jahr zu Jahr schlechter werdenden Zustand der amputierten Kirche, die an ihrem östlichen Ende bei Resten der Kanzel und der Patronatsloge endet, begegnet er mit Gelassenheit. Er kennt die Besucher aus Westen und Osten, die auf den Spuren Fontanes oder der preußischen Historie wandeln, Kirchen vorwiegend als Denkmale der Vergangenheit betrachten und sie erhalten sehen wollen, und er fragt dagegen an: Wozu? Die immer kleiner werdende Gemeinde, die die ramponierte Rumpfkirche jahrelang noch benutzt hatte, ist in einen besser heizbaren Raum umgezogen, in dem

nichts mehr an die unheilige Allianz von Gutsherrschaft und Kirche erinnert; und außerdem hat sie kein Geld. Während wir hören, daß Pastoren für Seelen, nicht aber für Bauten und Museen sorgen sollten, betrachten wir ratlos die schöngeschwungenen Doppelemporen, deren Brüstungsfüllungen mit ihren Bildern und Inschriften fehlen, das am Boden verstreut umherliegende Schnitzwerk aus dem Anfang des 18. Jahrhunderts und die einst prächtigen barocken Epitaphe an der Südwand, deren eingelegte Bildnisse verschwunden sind.
Da eines davon, Öl auf Metall, noch erhalten ist, sitzen wir später im Garten zusammen, über uns reichtragende Apfelbaumzweige, vor uns das glänzend gemalte, von zwei Kugeln durchlöcherte Bildnis des ersten Friedersdorfer Marwitz, der 1704 starb. Unter seinen wachen Augen, wie auch später noch auf der melancholischen Rückfahrt, reden wir weiter vom Nutzen und Nachteil der Historie für das Leben und damit vom Leben selbst. Denn alles Lebende, das individuelle und das kollektive, ist ein Gewordenes; und vom Werden nichts wissen zu wollen ist nicht Gegenwärtigkeit, sondern Ignoranz. Die Bewahrung von Vergangenheitszeugnissen muß nicht Verherrlichung oder Vergoldung und damit Kritiklosigkeit bedeuten; mit der Frage nach ihrem Nutzen ist ihr nicht beizukommen; denn sie hat mit Kultur und Pietät und nicht zuletzt auch mit Ehrlichkeit zu tun. Geschichte ist immer das Ganze, nicht nur das Angenehme, und das heißt auf Marwitz bezogen: nicht nur der aufrechte Charakter, der kritische Autor, der fortschrittliche Landwirt und der Befreiungskrieger hat uns zu interessieren, sondern auch der Reformgegner, der politische Reaktionär.

1989

Außenansichten

FRITZ RUDOLF FRIES

Jean Paul unter uns

Günter de Bruyn: Das Leben des Jean Paul Friedrich Richter

Wer das neue Buch eines ausgewiesenen Romanciers in die Hand nimmt, Format wie gewohnt, Umfang wie schon oft, Aufmachung augenfällig (eine Collage des Jean-Paul-belesenen Horst Hussel), wer das Buch so sieht und wendet, erwartet einen Roman. Die beigegebenen, blaß belichteten Tafeln und Porträts scheinen einen historischen Roman zu illustrieren, der sich mit dem Leben eines offenbar biedermeierlich-bezopften Helden namens Jean Paul Friedrich Richter beschäftigen will. Denn wer kennt diesen Jean Paul und wie er noch heißt? Gelernte Germanisten sollen noch in den sechziger Jahren hierzulande auf die Frage Nervosität gezeigt und lieber zu Schiller und Goethe geraten haben. Da wußte man doch, was uns das Erbe zu sagen hatte. Günter de Bruyn nun hat ein Buch über einen Büchermacher geschrieben. Keinen Roman, wie aus Gerüchten zu mutmaßen war, keine Reportage, wie eine Presseanzeige das Buch knapp einführte, das Beiwort historische aus dem Klappentext einsparend und das Wort Essay ganz wegfallen lassend, wohl um die Käufer nicht zu verschrekken.

De Bruyn kann seine Arbeit von 381 Seiten (nicht gezählt Zeittafel und Personenregister) beginnen, ohne befürchten zu müssen, daß eine argusäugige Leserschar ihm kritisch auf die Finger schaut. Anders vor zweihundert Jahren. Nach Erscheinen des *Titan* schrieb der Kritiker Merkel: »Wissen Sie wohl, meine Freundin, daß es eine sehr gefährliche Anmutung ist, die Sie mir da antun? Der bloße Gedanke, daß man ihn tadeln könne, macht hundert schöne Enthusiastinnen, die bei Richters Schriften vor dunklen Gefühlen fast in Ohnmacht fallen, erblassen; und... Männer... fahren grimmig... auf und drohen Krieg, wenn man zu richten wagt, wo sie nur bewundern können.« Hier muß vielmehr der Schreiber dieser Zeilen fürchten, als Rezensent mit verstellter Stimme zu sprechen, wo er doch schlankweg nur seinen Genuß bei der Lektüre des de Bruynschen Opus mitteilen möchte.

Wo bleibt in dieser Rezension, kann gefragt werden, der nun fällige Vergleich zwischen Wolfgang Harichs *Jean Pauls Revolutionsdichtung* (1974) und de Bruyns Arbeit, von der er selber eingesteht, daß Harichs »erste umfassende Untersuchung Jean Pauls aus marxistischer Sicht« ihn beeinflußt habe, »wenn auch vielfach nur so, daß es mir meine eignen, oft den seinen entgegengesetzten, Meinungen bewußter machte«. Man wird das Thema unterschiedlicher Auffassung im Umkreis des Romans *Titan* suchen müssen; für Harich ein Schulbeispiel des positiven Helden auf dem Tableau der Französischen Revolution, für de Bruyn eher ein Held auf dem Hintergrund der deutschen Misere und als Romanwerk den Ansprüchen der eigenen, Jean Paulschen Ästhetik, nicht gerecht werdend, die *Hesperus* oder die noch heute nicht ganz unbekannten *Flegeljahre* erfüllen. Hier mag die Feinsonde eingeführt werden, welche uns die Analyse des gesamten Jean Paul möglich macht. Harich wie de Bruyn spannen künftigen Dissertationen und Aufsätzen den Rahmen, darin unsere Germanistik ihre neuen Muster entwerfen kann aus dem längst geprüften Garn des kulturellen Erbes. Auf die Gefahr hin, ein Bonmot in Umlauf zu bringen, das bei unvorsichtiger Anwendung ein wenig ätzend wirken kann: »Die Philosophie macht nur die Silberhochzeit zwischen den Begriffen, die Dichtkunst aber die erste«, sagt Jean Paul. Und so gesehen ist de Bruyn zweifellos der Hochzeitsbitter, auf daß der Leser seinen Autor erkenne. Vor Jahren bekannte Arno Schmidt, den Corpus des Jean Paulschen Lebens und Schreibens noch immer nicht so abgetastet zu haben, daß am Ende mehr entstünde als eine Beschreibung des Faltenwurfs dieses auf Kleideretikette ohnehin nicht bedachten Einzelgängers. Nach der Lektüre von Schmidts *Sitara* ließe sich vermuten, er habe den passenden Schlüssel zu diesem Leben noch nicht gefunden, um es wie das von Karl May als »Produkt einer Eros-Verdrängung« zu erschließen. Keine Frage, daß der spröde, in Liebesdingen idealistische Jean Paul auch einer solchen Analyse Geschenke zu machen hätte. Davon hat de Bruyn nichts, zum Glück. Seine Arbeit, in ihrer Ausführlichkeit die erste ihrer Art, stellt sich ein sachliches und privates Ziel: »Wenn Biographie mehr sein will als Denkmalsbau, darf sie die Widersprüche nicht zudecken.« Und an anderer Stelle seines Bibliographischen Nachworts: »Meinungen und Urteile auch sehr subjektiver Art zu unterdrücken habe ich mich nicht bemüht.« Das sind Absichtserklärungen, die auch ein wenig vom Zweifel angenagt sein mögen, wie nun, in welchen Kasten denn das Buch hineinzutun sein wird, in eine Reihe mit den belletristischen Arbeiten oder den wissenschaftlichen. (Auch eine Frage für Bibliothekare; de Bruyn gehörte bekanntlich einmal zu diesen wichtigen Verwaltern des Geschriebenen.) Aus dem vollen aber gerät ihm das Bekenntnis zu seinem Dichter, wenn er zu Beginn des Kapitels 31 enthusiastisch-jean-paulisch ausruft: »Welche Leselust: ein Gipfelwerk der Literatur der klassischen Periode, das ganz frisch und rein genossen werden kann! Weil nie Schulaufsätze darüber geschrieben werden mußten, weil niemand einem gesagt hat, was dies und das bedeutet, beinhaltet, symbolisiert, beweist...«

Dennoch, der Stein, den Leselust hier zu wälzen hat, erfordert wenn nicht Titanenkräfte, so doch eine riesige Geduld (daß Titanen Geduld hätten, wäre unglaubwürdig) –, die vieltausend Seiten eines Autors zu lesen, dessen Gestalten uns heute ein wenig drapiert, ein wenig verklärt erscheinen vom Licht, das aus den Augen ihres Schöpfers auf sie fällt. Und alles ohne den allumfassenden Harmonieplan der Weimarer Klassiker. Goethes Gedanke aus der Metamorphose der Pflanze, daß der Teil im Ganzen wiederkehre, die Form des Blatts die Form des Baums enthalte, kann hier nicht als Lesehilfe oder Bauplan herangezogen werden. Eher brauchte man eine dauernde Hochstimmung, um sich den Jean-Paulschen Figuren zu verbinden. Doch woher nimmt man diese. Nur das geduldige, sich selber einweihende Lesen vermag allmählich die rhythmisierte Struktur dieses Baums, um im Bilde zu bleiben, im deutschen Dichtergarten zu erkennen. Dazu der vertrackte Humor, der, wie de Bruyn humoristisch folgert, sein Werk schon deshalb für Bildungszwecke, für das Zitieren mit erhobnem Zeigefinger unmöglich macht. Hat man dies vor Augen, besticht die Leichtigkeit, mit der hier berichtet, erzählt, mitgeteilt wird, als käme der Autor von einem längeren Aufenthalt im Hause des Dichters zurück. De Bruyn zeigt uns Jean Paul nicht als Romantiker, nicht als sentimentalen Dichter des Kleinbürgertums im Kampf mit aristokratischer Doppelmoral, nicht als »Anwalt der Armen« (Börne), nicht als »konfusen Polyhistor von Bayreuth« (Heine), nicht als späten Liebenden, Erotiker platonischer Verspieltheit, Idylliker eigener Misere. Diese Komponenten werden dem Leser mitgeteilt, oft als widersprüchliche Details zum Lebensplan, aber vorgeführt wird Jean Paul als Jean Paul. Die Tautologie sei erlaubt, denn sie maskiert behutsam die kollegiale Nähe, die hier ein Schreiber zum andern hat, ein Romancier zum Romancier, wobei der Jüngere die Erfahrungen des Älteren im Umgang mit Verlegern, Lesern, Zensoren bestätigt, amüsiert teilt, ergänzt oder plausibel macht.

De Bruyn setzt einen gemeinsamen Ausgangspunkt, die Liebe zum Buch, die ein neues Buch zeugt. Für den aus bitterster Armut kommenden Friedrich Richter zunächst ein finanzielles Problem – sein Schulmeisterlein Wutz löst es bekanntlich, indem er zu den Titeln aus dem Leipziger Meßkatalog eigene Bücher phantasiert. Daß de Bruyns Thema »Jean Paul, immer wieder Jean Paul« ist, heißt nicht, wie Christoph Trilse im *Neuen Deutschland* zu vermuten gab, de Bruyn habe sich selbst beschrieben, Jean Paul als Thema genommen, die Autobiographie des Biographen zu schreiben. Die Nähe kommt auch aus der Gattung, Schriftsteller genannt, aus deren gemeinsamer Erfahrung bis in die Gegenwart. Das mag dem Autor die Arbeit an seinem Gegenstand erleichtert haben, und dem Leser beschert es die Leselust eines zugleich *authentischen* (wissenschaftsgläubig wie wir sind, heißt das so-gut-wie-wissenschaftlich) und *romanesken* (i. e. die dargestellten Personen haben die Aura von Romangestalten) Buches. Denn warum sollen Schriftsteller und Wissenschaftler in ewiger Arbeitsteilung leben? Also ist das Buch am Ende ein Essay? Zum Essay, scheint's, fehlt die These, der einmalige Vorwurf, der die einzelnen Linien bündelt. Ein wenig ausgeführter hätte man sich, essayistisch oder romanesk, die Frauengestalten gewünscht, auch die Ehefrau, auch die vielen anderen Damen, die nur in Beziehung zum Meister gesehen werden und daher mitunter kurios-überspannte Züge bekommen, die ihre alles andere als selbstverständliche Emanzipationslust (im späten 18. Jahrhundert hat das Wort noch die ganze Morgenfrische) verdecken.
Jean Paul in Weimar, das bleibt ein Thema über den biographischen Rahmen hinaus. Zu bewundern ist die Zurückhaltung, die sich der Romancier de Bruyn in den Weimarkapiteln auferlegt, vor allem in *Ein Chinese in Weimar*, wo er den Fußreisenden und Schwärmer Jean Paul durch Selbstzeugnisse zu Wort kommen läßt und nicht durch die Mittel des Romans, zu dem die Situation die heitersten und groteskesten Anlässe böte. Nach der Lektüre der Weimarer Episoden bleibt das gute Gefühl zurück, dank des magischen Vermögens der Literatur Zeuge historischer Kontroversen und Begegnungen gewesen zu sein. Oder ist es, weil das Echo davon uns noch heute erreicht? Sowohl Harichs *Jean Paul* wie de Bruyns *Jean Paul Friedrich Richter* zeigen Tradition als unabgegoltene Gegenwart. Themen wie Phantasie und Realismus, Autor – Leser, Vergangenheit und Zukunft, Utopie und Wirklichkeit bestimmen bei uns die offene Diskussion. Daß bei de Bruyn die Ränder zu scharf geraten, der Gegensatz Goethe – Jean Paul manchmal zu

romanesk und an Goethe vorbei beschrieben wird, mag Germanisten verärgern, die uns zu Vaterfiguren verholfen haben. Wer das monumentale Bild im ersten Ansturm korrigieren möchte, kann nicht pietätvoll sein. Nur ist es dann der Romancier de Bruyn, dem man die unreflektierte Zustimmung gibt, wenn er mit den Augen seiner Figur den tellerdrehenden Goethe beschreibt, ein Gesetzgeber mit stechendem Blick, für den Jean Paul ein Philister war, ein Mann aus dem Mond gefallen, wie Schiller ergänzte. Anders Herder, mit dem ihn Freundschaft und der demokratische Sinn für die Unterdrückten verbindet. Auch hier ist das Verhältnis zur Französischen Revolution und ihren Folgen über jede Emotion hinaus akzentsetzend. Jean Pauls Enthusiasmus, seine beißende Kritik an den Praktiken der Fürstenhöfe (Soldatenhandel!) stehen bei de Bruyn in einem wachen Verhältnis zur Vitalität; nicht anders dann das frühzeitige Altern, Krankheit und Verfall als Ausdruck der Desillusion. Die Ehrlichkeit des Biographen im Detail entspricht der Ehrlichkeit, die Jean Pauls oberste Maxime war. Was in den Begriffen Doppelroman, Doppelseele eingeschlossen wird und den Zeitgenossen als die Umkehrung der Engelsmiene in die Satyrfratze erschien, zeigt sich im Bild der Figuren als Walt und Vult, der eine hält dem andern den Spiegel entgegen, ohne daß die Identität der Idylle gelingt. Jean Pauls Idyllen, die das Bürgertum seiner und der späteren Zeit so gern aus seinen Büchern herausschnitt und konservierte und für den ganzen Jean Paul nahm, waren, wie de Bruyn anmerkt, »Methoden des Helden, sich in katastrophalen Lagen zu behaupten«.

Die katastrophalen Lagen haben auch nach Jean Paul zu denken gegeben und sind Thema der Literatur geblieben. Der Vorteil der Späteren (und in diesem Sinne ist jeder Leser zu Lebzeiten des Dichters schon ein Späterer) ist es, die Widersprüche der Zeit als aufgehobene Totalität im Werk des Autors zu erkennen und nutzbar zu machen. »Nirgends sonst wächst aus dem Revolutionsbekenntnis eines Schriftstellers der Goethe-Zeit die Utopie einer Revolutionierung der deutschen Zustände hervor«, schreibt Harich in seinem bereits zitierten Buch. Das geht bei Jean Paul nicht ab ohne analysierende Intelligenz und phantastische Vision, und gerade das macht ihn für uns lesbar, anwendbar. Jenseits aller Literarhistorie ist de Bruyns Arbeit ohne Geheimnis und auf praktische Erkenntnis bedacht; er entwirft das Bild der Zeit wie das Leben des Schriftstellers mit einfachen sprachlichen Mitteln, spannenden Details, die dieses Buch geeignet machen, die Empfänglichkeit auch jugendlicher Leser zu fördern, ihnen ein Leben nahezubringen, das sich aus alltäglichen Dingen zusammensetzt und von der einen heroischen Geste bestimmt wird, aus einer großen individuellen Willensanstrengung (das Kollektiv kann nicht für alles aufkommen), dem eigenen Leben eine Richtung zu geben. Jean Pauls erster Mißerfolg hätte ihn das Leben kosten können, wenn er das Motto seines ersten Romans auf sich bezogen hätte: »Der Empfindsame ist zu gut für diese Erde, wo kalte Spötter sind...«

Jean Paul in Zitaten: Damit ließe sich lange und genußvoll in diesen Geist einführen. De Bruyn gibt eine Probe davon auf mehreren Seiten. Jean Paul in unseren Schullesebüchern? Oder als Beispiel für das Vermögen des deutschen Satzes in der Grammatikstunde? Fama verhülle dein Haupt. Es ist schon viel, den Dichter in Meyers Neuem Lexikon zu finden, das uns so freigebig mit den Lebensdaten von Stars und Schlagersängern versieht, dafür Namen wie Ernst Pletner, Jean Paul und der studentischen Jugend im 18. Jahrhundert ein einflußreicher Lehrer, nicht kennt. Jean Paul im Verlagsprogramm? Das Paradoxon eines nichtmarxistischen Widerspruchs stellt sich ein, wir haben mehr Seiten bedruckten Papiers *über* Jean Paul als Seiten von ihm im Buchhandel, also mehr Überbau als Basis. Keine neue Blütenlese ist da gewünscht, kein Alibi für den Bücherschrank, sondern eine umfassende Ausgabe nach erprobtem Modell, etwa wie bei Fontane, etwa wie bei E. T. A. Hoffmann, und es muß nicht so aufwendig sein wie bei Goethe.

Jean Paul unter uns: Was einen erfolgreichen Erzähler fiktiver Prosa an Jean Paul interessieren könne, ist in einer Rezension gefragt worden. Ja, warum tut er's, warum die Mühe? Warum die hochgezogenen Augenbrauen mancher, als sei man der Gemeinschaft einer Unsichtbaren Loge, eines Rings von Traumbündlern (wie aus Jean Pauls letztem Roman *Der Komet* überführt worden? Die Analyse dieser Wechselbeziehungen steht noch aus. Harich dokumentiert in seiner genannten Arbeit, wie viele Autoren von Fontane über Thomas Mann, Musil, Becher, Brecht Jean Paul nicht gekannt, übersehen haben. Hesse bildete die eine große Ausnahme; um so bedauerlicher, daß auch de-Bruyn ihn nur am Rande erwähnt. Hesse hatte 1921 in einem Aufsatz Jean Pauls fruchtbaren Geist des Widerspruchs erkannt, ihn zwar in »jene(s) geheimnisvolle Deutschland« verwiesen und ihn zum Vorläufer des Expressionismus und eines märchenhaften Chaos von beinah indischer Fülle gemacht.

Jean Paul unter uns. Ich möchte auf Sympathie verweisen, auf Entdekkerfreude, die steckt an und breitet sich unter hiesigen Autoren wie Fühmann, Helga Schütz und anderen aus. Sympathie zeugt Affinität. Deshalb Dank an Günter de Bruyn, einen Ahnen von der Wand geholt und an den Tisch gesetzt zu haben. Sein Buch macht es einem leichter, den Alten zu konsultieren, dessen Werke man nie aus-lesen wird.

1976

MARTIN WALSER

Die Kunst der Fügung

Ich bin fast sicher, daß die Lautsprecher des Literaturbetriebs auch in den Jahren, in denen *Buridans Esel*, *Neue Herrlichkeit* und *Babylon* erschienen, bekanntgegeben haben, dies sei leider wieder ein Jahr ohne bedeutende Neuerscheinung. Es sind aber Meisterwerke. Sensationslose allerdings. Geschrieben in einem weltumspannend leisen Ton. Und mit einer Schlüssigkeit gefügt, daß man eine Bach-Anspielung verantworten kann. Dabei ist dieser Autor bekanntlich ein Verehrer Jean Pauls und benutzt Jean Paulsche Erzählhaltungen. Endlich einer, durch den erlebbar wird, daß es auch in der Literatur Ausdruckstradition gibt. Das ist so begeisternd: ein Erzähler, der seines Stoffs durch Kalkül vollkommen Herr wird. Seine Expositionen sind Versprechen, die er hält. Aber mit welcher Überraschungskraft.

Günter de Bruyn, das ist ein Sammelname für ein paar einander sonst ausschließende künstlerische Fähigkeiten. Jemand der seines Tones so sicher ist, daß er ihn andauernd in Jean Paulschen Launen auflösen kann, ohne je an der kalkulierenden Souveränität Schaden zu nehmen. Er zieht den Leser ins Gespräch, als schriebe man das Jahr 1795. Aber dann serviert er sofort heutige Szenen, so atembeklemmend hart, daß man schon ein ziemlicher Klotz sein müßte, um sie ohne Aufstöhnen zur Kenntnis nehmen zu können.

Der Autor meidet jeden sozial- oder systemkritischen Ton. Für die Klassenverhältnisse in der DDR, die den Stoff lieferten, gibt es bei uns verständnisfördernde Entsprechungen. Wenn man diese exzellent funktionierenden Romanmaschinen auf sich wirken läßt, darf einem der Diagnose-Eifer jener Zeitgenossen einfallen, die aus höchst persönlicher Feierabendstimmung den Roman überhaupt für beendet erklären. Günter de Bruyn aber schreibt einen vollkommen schönen Roman mit Personen, die er tauft nach den Figuren des Jean Paulschen *Hesperus*: Viktor, Sebastian, Klothilde. Sogar den bei Jean Paul zwischen den Gesellschaftsquartieren herumlichternden Aufsteiger Matthieu bringt er in der Figur des akademischen Hochkömmlings Matthias unter. Die Jean Paul-Figur zahlt ihren Aufstieg mit Sprachverlust, wird zum Salonironiker, die de Bruyn-Figur zahlt mit Gallensteinen. Auch jenes vor Poesie dampfende Jean Paulsche »Maiental« läßt de Bruyn nicht aus, aber bei ihm heißt es, daß das Maiental »bald keinen Namen mehr braucht, weil es verschwindet im Müll«. Einmal eine schrille Zeile. Die kann man als Referent gar nicht genug zurücknehmen. Dieser Autor nimmt nämlich den normalen zeitgenössischen Apokalypsegrusel nicht in seinen Dienst. Er spekuliert kein bißchen im Stofflichen. Er läßt lieber Krähenschwärme steigen und sinken und drückt die Wohnhöhlentopographie erster und zweiter Berliner Hinterhöfe samt Durchgang und Hinterhausaufgängen links und rechts in piranesihafter Genauigkeit aus.

»Vorwürfe mache ich niemandem als mir selbst«, sagt eine de Bruynsche Hauptfigur für alle anderen. Natürlich müssen die Figuren dieses deutschen Misere-Reliefs ihre »Rattengeschichten« erzählen, »um nicht zugrunde zu gehen«. Aber die Rattengeschichten erscheinen nie als solche, und nicht um ihrer selbst willen, sondern immer als Teil einer Fügung. Sie haben eine Funktion. Das beraubt sie nicht ihrer Scheußlichkeiten. Hebt die nur auf. Für immer sozusagen. Daher das Leserwohlgefühl trotz härtester Brocken. Auch beim Schlimmsten fehlt nie die Komödie. Apokalypse bringt gar nichts. Um nicht zugrunde zu gehen, brauchen wir die Komödie. Das halte ich für Meisterschaft. Das ist mehr als eine literarische Technik, das ist eine eingeübte Seinsfähigkeit.

Wer sich rasch davon überzeugen muß, lese aus *Babylon* die zwei Geschichten *Freiheitsberaubung* und *Herr Müller, diesseits und jenseits der Oder*. Man beginnt zu ahnen, daß es keine falschere Einteilung geben kann als die in engagierte und nicht engagierte Literatur. Man kann vielleicht nicht verlangen, daß jemand solchen Einteilungen, die ganze Epochen blenden, nicht verfalle. Aber wie wohltuend, wenn einer uns nicht vorführen muß, wie er mit einem Pseudoproblem fertig wird. Es entfällt das Rechthabenmüssen, der andauernd aufs Korrigieren anderer scharfe Blick und manch andere Ausgeburt des Eifers. Vielleicht sollte man überhaupt Oppositionsleistungen daran messen, wie sehr einer gegen sich selbst sein kann. Günter de Bruyn einmal in einem Aufsatz über »Gerechtigkeitssinn«: daß dazu ein Blick gehöre, »der auch bei drohender Selbsterkenntnis nicht blind wird«. Diesem Blick verdanken seine Hauptfiguren viel. Der Autor spielt jeweils mit einem überschaubaren Ensemble von Figuren eine Aufgabe durch. Immer noch eine Runde und noch eine. Und von Runde zu Runde wird das Urteilen schwieriger, aber die Empfindung nimmt zu. Die Mitempfindung. Die Teilnahme. Dieser Autor hört erst auf, wenn wir gegen keine seiner Figuren mehr etwas einzuwenden haben. Offenbar ist er gegen Verurteilung.

Man könnte auf die Idee kommen, Günter de Bruyn sei ein guter Mensch. Daß er ein raffinierter Schriftsteller ist, läßt sich beweisen. Diese beiden Qualitäten schließen einander auch meistens aus. Bei de Bruyn streiten sie miteinander, und aus diesem Streit entstehen jene fabelhaften Kleinbürger, die in jedem politischen System den Ausschlag geben. Ostdeutsche kleine Leute allesamt, aber kein bißchen kleiner als die aus den Häusern Capulet und Montagu. Kein bißchen. Groß sind sie, diese ostdeutschen Kleinbürger. Und herrlich. Durch Leidensfähigkeit beziehungsweise Kunst. Und dann erzählt der Autor einen Roman zu zwei glaubhaften Schlüssen hin, wo doch Schlüsse das schwerste sind. Ein Schluß, wie ihn die unerbittlich kalkulierende Kunst verlangt, und einer, wie er uns lieber wäre. Eine Hauptfigur faßt den Konflikt so: »Alles, was ich über Kunst weiß, ist, daß ich nie sagen darf, was ich empfinde«. Daß der Autor beide Schlüsse gleich glaubhaft machen kann, kommt wohl von seiner Laune, von seinem Ton. Zärtlich, trocken, brillant. Und eine moralische Unvorgreiflichkeit, also eine menschliche Duldungsfähigkeit, die unerschöpflich wirkt.

Wenn sich etwas unbedingt blamieren will, dann gibt der Autor auch einmal nach und arrangiert der politischen Wirklichkeit einen kurzen Auftritt. Einem seiner Helden wird zum Schluß geholfen durch einen, der aus dem Ministerium kommt wie der Helfende bei Molière vom Hof. Das sagt genug über die Verhältnisse. Aber die Menschen rettet de Bruyn. Unter allen Umständen. Dazu fügt und fügt und fügt er die Verläufe. Die einzige Hierarchie, die in diesen Büchern zu Ehren kommt, ist eine Hierarchie des Leidens. Den Rang einer Figur bestimmt ihre Fähigkeit zu leiden.

Daß es Schriftsteller wie Günter de Bruyn gibt, ist also ein Segen. Auch für andere Schriftsteller. Diesem und jenem Gequake können wir antworten: da bitte, seht hin, ein Meister. Ihr habt es (vielleicht) nur noch nicht bemerkt. Deshalb sei es, da der Meister gerade fünfundsechzig wird, einmal ausgesprochen.

1991

CHRISTA WOLF

Preisverleihung

Eine Laudatio

»Gestatten Sie mir, meine Damen und Herren, und gestatte vor allem du mir, lieber« Günter, »meine Ausführungen mit einem Zitat zu beginnen. Es lautet: Wem geben wir Einsen: den Nachbetern oder den Selbstdenkern, den Gleichgültigen oder den Aufrichtigen, den Braven oder den Schöpferischen?
Und wer kriegt die Preise?«
Wer es, wie der Autor, den ich vom ersten Wort an zitiert habe – mit Ausnahme des Vornamens, versteht sich, der lautet bei ihm »Paul« –, riskiert, einen seiner Romane *Preisverleihung* zu nennen, hat Boshaftes, mindestens Maliziöses zu gewärtigen, nun, da er sich selbst einer Preisverleihungsprozedur unterwerfen muß. Doch muß ich nicht boshafter werden, als er selbst es war. »Es gibt so viele Literaturpreise, daß im Laufe der Zeit jeder bedacht werden kann«, las ich schadenfroh und nahm mir vor, hier anzumerken, daß es nicht den Autor, sondern die Institution beschämen muß, wenn ein Preis, wie nach meiner Ansicht dieser hier, reichlich spät an den gerät, dem er lange schon gebührt. »Und überall werden Lobreden gehalten«, las ich weiter, »und kein Redner macht sich soviel Sorgen« – hier stock ich doch – »wie er.« Dr. Teo Overbeck nämlich, der die Preisrede für seinen Freund Paul Schuster zu halten hat und in dessen Haut ich nicht schlüpfen kann: Nicht nur, weil ich mich einem Geschlechtertausch mit allen Mitteln widersetzen würde, und nicht etwa, weil Günter de Bruyn nicht mein Freund wäre: er ist es, aber eben nicht über den Zeitabgrund von siebzehn Jahren hinweg, und nicht nur, hoffe ich, in dem von ihm scharfzüngig beschriebenen Sinn, daß man Freunde suche, »deren Wesen und Wissen einem nicht ständiger Vorwurf ist, sondern Bestätigung« – denn gerade das Wissen dieses Freundes ist mir ständiger Vorwurf und Anlaß zu neidvollem Vergleich, und ein Teil seines Wesens auch: Fleiß, Disziplin, Beharrlichkeit, Gründlichkeit, Genauigkeit, Zurückhaltung. Doch bei Preußen sind wir noch nicht, sondern immer noch

bei dem Germanisten Teo Overbeck, in dessen Haut ich doch nicht so weit hineinschlüpfen kann, wie ich es, einiger Pointen wegen, gewünscht hätte. Schon daß ich es nicht fertigbrächte, mit zwei verschiedenen Schuhen und einer unausgearbeiteten Rede hier zu erscheinen, trennt uns, und doch sind diese Äußerlichkeiten nur Symptome dafür, daß dieser Laudator sich in die Klemme manövriert hat: Er mußte entdecken, daß er das preisgekrönte Buch nicht ehrlichen Herzens loben kann. Da bin ich in entgegengesetzter Lage; paradoxerweise muß ich, zumindest für diesen konkreten Fall, befestigen, was Günter de Bruyns gesellschaftskritisch angelegter Roman gerade in Frage stellt: die Institution einer solchen Preisverleihung. Darüber ließe sich reden, finde ich, doch nicht heute.

Heute nehme ich diesen Teo Overbeck als das, was er doch hoffentlich ist: eine literarische Figur. Eine von denen – wie übrigens auch sein Mit- und Gegenspieler, der Schriftsteller Paul Schuster – in denen der Autor sich selber prüft, ohne je in die heroische, auch nicht in die tapfer-tüchtig-unerschrockene, die moralisch wünschbare Variante zu verfallen. Teo Overbeck hat ja diesen Autor, den er nun nicht mehr rühmen will, einst selber mit »gemacht«, aber eben auch verdorben, indem er seinem Erstlingsbuch ganz nach dem damals gültigen Maßstab die Individualität austrieb (»Ich wußte, was in der Literatur richtig und falsch, aber nicht, was sie selbst ist«). Er ist klüger geworden, der Autor aber ist auf der Strecke geblieben – so verschlungen laufen, wenn kein Eiferer, sondern ein maßvoller Beobachter ihnen nachgeht, die Wege gesellschaftlicher, auch die persönlicher Moral, wer wollte da richten?

Über den »autobiographischen Kern künstlerischer Literatur«. Ohne erwarten zu können, daß Sie mir glauben werden, versichere ich, daß sich, nach der neuerlichen Lektüre einiger Bücher dieses Autors, auch meine Notizen auf eben dieses Thema konzentriert haben, welches der verwirrte Overbeck ins Zentrum seiner verunglückenden Laudatio stellt: »Jeder Autor beutet sein Ich literarisch aus – sein Rang aber bestimmt sich unter anderem dadurch, wieviel auszubeuten da ist.«

Und dadurch, *was* da ist, erlaube ich mir hinzuzufügen. Welche Qualitäten freigesetzt werden, wenn ein Autor sich selber heran- und unter die Lupe nimmt. Nüchternheit, zum Beispiel, auch bei dieser schärfsten Probe, Skepsis manchmal, Selbstkenntnis und Selbstironie, die, das bekenne ich gerne, den Umgang mit diesem Autor nicht nur, auch den mit seinen keineswegs harmlosen Büchern ersprießlich, provozierend und produktiv machen. Dem psychologischen Detail entspricht das topographisch-historische, die suggestive Wirkung der Fakten, eine Freude, die de Bruyn sich selber macht, und seine Art von Höflichkeit gegenüber dem Leser. Wenn er etwas verabscheut, ist es Geschwafel, sind es allgemein formulierte Bekenntnisse, doch sind alle seine Bücher ein Bekenntnis zum Konkreten, zu der greifbaren, sinnlich wahrnehmbaren Wirklichkeit. Liebe zum genau beobachteten, durch Studium genau gekannten Detail also, zu bestimmten Städten, Stadtvierteln, Straßen; zu einer bestimmten Landschaft und ihrer Geschichte, zu einem bestimmten Menschenschlag, einer bestimmten Flora und Fauna. Und, alles in allem, zu einer bestimmten, nämlich unaufwendigen, aber auch unbeirrbar humanen Weise, auf dieser Welt zu sein.

Nicht also durch starke, blendende Scheinwerfer, die ein aufgestelltes Ich als übergroßen Schatten an eine sonst leere Wand werfen, wird diese Prosa beleuchtet. Sie empfängt ihr Licht aus einer Vielzahl von Quellen, die, jede für sich, nicht viel von sich hermachen, alle zusammen aber jenen Schein hinter den Arbeiten dieses Autors erzeugen, an dem man sie erkennt. Ein Licht, wie es – falls solche Übertragung erlaubt ist – auf märkischen Kiefernwäldern und auf märkischem Sandboden liegen kann; denn die Mark ist es ja, von der Günter de Bruyn in immer neuen Varianten sprechen, auch schwärmen kann, es ist, noch genauer gesagt, die Gegend um die Oberspree und um die Landstädte Beeskow und Storkow, es ist die Stadt Berlin, genauer gesagt, Berlin-Mitte. Dort ist er geboren und aufgewachsen, da lebt er heute, zu Hause in mehr als einem Sinn, und er kann nicht anders, als dieses Gebunden- und Verhaftetsein, diese immer noch wachsende Faszination und Bezauberung auch literarisch auszudrücken und so seiner literarischen Provinz reichlich heimzuzahlen, was er ihr entnimmt: nicht achtend, nicht allzusehr achtend, glaub ich, ob diese Treue und Bindung – eine Art *Freiheitsberaubung* ja auch (einer seiner Titel), auf Verständnis, gar auf den gehörigen Respekt stoßen. Nicht daß er unempfindlich wäre. Doch nimmt er seine Würde aus der Sache, die ihn besetzt hält. Denn die Besessenheit, mit welcher der Amateur-Forscher Ernst Pötsch, die bisher letzte Verwandlungsfigur de Bruyns, seine märkischen Forschungen betreibt, die besitzt der Autor selbst in hohem Maße, und die Versuchung, sich in dieser Entdeckerlust, in Akten- und Quellenstudium, in penibelster, durch Lokaltermine erworbener Detailkenntnis zu verlieren, mag auch an ihn herangetreten

sein, doch bannt er sie (und da benötigt er die Fiktion, die Erfindung eben doch), indem er sich durch einen Kunstgriff Distanz verschafft: Ganz wenig nur, um einige Grade, verrückt und verschiebt er die Figur des dörflichen Schwedenow-Forschers ins Provinzielle, Skurrile, Abseitige, zuletzt Abwegige – und hat ein Neben-, kein Ebenbild geschaffen, immer noch gut als positive Kontrastfigur zu dem karrierelüsternen, seine Forschungsergebnisse manipulierenden Berliner Professor, aber doch auch selbst ein kleines bißchen belächelnswert – bis ganz am Ende sein Schicksal noch einen tragischen Zug bekommt. Die Frage nach den Verhältnissen, die den autoritären, berechnenden Professor Menzel nach oben tragen und den an den Rand gedrückten braven Pötsch verrückt machen – die muß der Leser sich selber stellen.
Das Zeitgenössische – de Bruyn hat es immer mit dem Persönlichen zusammen genannt, er hat (nach seinem ersten Buch, dem er später die Legitimierung entzieht) nie versucht, eine Zeitgenossenschaft nach Vorbild oder gar Vorschrift herzustellen, rückhaltlos hat er – und das mag manchmal irritiert haben – »nur« das gegeben, was er verantworten konnte, nämlich sich selbst. Denn – mag es Nebensonnen geben, die sein Werk erleuchten – die zentrale Sonne ist doch das Ich-Interesse, das ich mit dem Beiwort »scheu« charakterisieren möchte, damit auf die Spannungen in Leben und Werk, *zwischen* Leben und Werk eines derart angelegten Autors hinweisend. Daß »von sich aus«, »über sich« schreiben immer etwas mit Selbstentblößung, also Überwindung der Schamschwelle, selbst Schamlosigkeit zu tun hat – auch dazu hat er sich geäußert. Aber ein Schreib-Prozeß wird eben nicht authentisch durch die Anlässe und Materialien, derer er sich bedient, die er aufgreift und mit sich führt – die können zufällig sein, angenommen, anempfunden: authentisch ist das Werk, das eine Fixierung, eine Leidenschaft hervorgetrieben hat, eine persönlichste Erschütterung.
Dies bringt mich darauf, von dem Geflecht zu sprechen, das – entstehend aus einer Reihe wiederkehrender Motive und deren Verknüpfung untereinander und mit den Figuren – alles, was de Bruyn geschrieben hat, durchdringt. Manchmal wird das zentrale Motiv ganz rein und unverschlüsselt angeschlagen: »Wenn einer Provinz sagte oder Mark Brandenburg oder Preußen, fühlte er sich gemeint, nach seiner Herkunft befragt, sagte er immer: aus der Berliner Gegend.« So über Karl Erp in *Buridans Esel*, der Bibliothekar ist wie de Bruyn es war (nebenbei: ein Einblick in diesen Schriftstellerhaushalt, der nichts umkommen läßt, schon gar nicht einen Fundus, wie die genaue Kenntnis eines

Berufes es ist); der zwar nicht, wie sein Autor, in der Auguststraße wohnt, sondern in einer gehobenen Siedlung an der Oberspree, doch das Fräulein Broder in der Auguststraße findet, dem Autor also Gelegenheit gibt, diese Straße zu verewigen, sogar eines ihrer Häuser, und dazu noch eine kleine Berlin-Chronik anzubringen. Selbstverständlich, dieses Buch handelt von einer Liebe, an der dieser Karl Erp – auch wieder alles andere als eine Idealgestalt – doch ein bißchen enttäuschend versagt. Mindestens beim zweiten Lesen aber »handelt« es noch von einer anderen, weiter zurückliegenden Verletzung dieses nicht ganz glücklichen Liebhabers. »Die Kindheit: das Muttermal, das mit den Jahren größer wird« – nach einer Fahrt Karl Erps in sein Kindheitsdorf zu Fräulein Broder gesagt, die, »ganz neue Zeit«, nichts »von den Gefühls- und Erkenntnisschichten« begreife, »die sich manchmal nur überlagern, aber nicht überall durchdringen«. Ein zeitgemäßer Mangel, das kann man wohl sagen, eine generationsbedingte Not, die einer, der es genau nimmt, nicht wegdrücken kann wie die meisten; an der so einer, ohne auch davon viel Aufhebens zu machen, schon leiden kann; eine Versehrung, die er nicht zu verleugnen, sondern der er durch eine fast fieberhafte Suche nach seiner, unserer Herkunft im engen, weiteren, weitesten Sinn beizukommen sucht; dabei abstößt, was dieser persönlichsten, aber geschichtlich bedingten Not nicht angemessen ist, und, immer sicherer, selbstbewußter werdend, an sich zieht, was er brauchen kann, mit ihr zu leben, mit ihr fertig zu werden. Auch Bücher natürlich, literarische Ahnherren, die in diesen Sog der Selbstfindung geraten, oft nennt de Bruyn Thomas Mann, Theodor Fontane (»Immer wieder Fontane«) und, endlich fällt der wichtigste Name: Jean Paul.

Zwar habe ich versucht zu zeigen, daß Günter de Bruyn sich in allen seinen Büchern Geschichte vergegenwärtigt, Gegenwart als Geschichte erlebt, doch ist das Zentralwerk, um dessentwillen ein Preis in Feuchtwangers Namen so besonders genau zu ihm paßt, zweifellos sein Buch über Jean Paul Friedrich Richter, und ich müßte dieses Buch hier vorlesen, wollte ich erschöpfend über das Verhältnis de Bruyns zu eben diesem großen Romanschreiber Auskunft geben, der ihm keine Ruhe ließ, bis er über ihn geschrieben hatte. Lange schon hat ihn dieser Mensch gereizt, in seinen früheren Büchern finden sich Verweise auf Buchtitel Jean Pauls, resignierte Bemerkungen: Aber wer kennt ihn schon? (Das Geflecht!) Blieb de Bruyn bis dahin – wäre ich er, würde ich den geheimen Motiven auch dieses Kunstgriffs noch nachspüren –

als Autor und als Person – doch wie das trennen! – *über* seinen Figuren, nahm ihn jetzt einer in die Pflicht, dem er sich als gleichrangig erweisen mußte. Der Glücksfall also einer Idealfigur, alles andre natürlich als ideal, aber so komplex, widersprüchlich, ausschweifend, daß der Autor, sich ihr nähernd, bewundern, verehren, sich identifizieren kann (das exzessive Lesevergnügen, das dieser unbändige Verfasser ungebändigter Prosa seinem Biographen bereitet hat!); daß er andere Züge, Skurrilitäten, Marotten, verstehen, analysieren, erklären, den ganzen Mann und seine Zeitumstände jedenfalls von Grund auf darstellen muß: das Schreibvergnügen nun also auch, das de Bruyn am meisten liebt, nämlich: schreiben aufgrund genauer Recherchen, dabei die Freiheit genießen, Charaktere zu erschaffen. Da wäre es denn ein Wunder, wenn er, de Bruyn, sich in diesem Buch irgend etwas entgehen ließe, was sein Thema oder den Mann, der sein Thema ist, berührt. Seien es die Aufklärung oder die Werther-Mode, die Schulmeistermisere und das Hofmeisterelend der Intellektuellen, sei es, natürlich, das ständige Gerangel mit der Zensur in den deutschen Ländern und der Nachweis ihrer ständigen Wirkungslosigkeit. Menschenhandel. Kleiderordnung.

Die Lage der deutschen Autoren gegen Ende des 18. Jahrhunderts. Verlagsgepflogenheiten. Verlegerlaunen. Wechselnde Schicksale ganzer Länder während der Napoleonischen Kriege. Freiheitsdichtung (oder was damals so hieß). Freundschaftskult und Liebessitten: Wir werden informiert, sachlich, knapp oder ausführlich, genüßlich, ironisch, satirisch, auch aufgebracht. Hier wird Geschichte aufgearbeitet, Herkunft, unter Stichwörtern und in einem Geist, die denen etwas sagen, die heute leben und lesen. Das ist ja kein zahmes Buch, es arbeitet mit Anzüglichkeiten, Spitzen, allen möglichen Arten von Verweisen auf unsere Zeit und unsere Zustände. Sein doppelter Zeitbezug macht es lebendig, sein Autor hat seinen ganzen Apparat in Bewegung gesetzt. Berührt aber wird der Leser, wurde ich, am stärksten durch den Ton der Seelenverwandtschaft, durch jene Verbindung von Sachlichkeit und Einfühlung, bis in den Stil hinein (nein: *durch* ihn), die dem Autor de Bruyn, glaube ich, vorschwebt, wenn er »Prosa« sagt. Denn nach allem soll man nicht erwarten, hier ginge ein Autor im anderen auf, es bliebe etwa kein Bruch, es gebe keine Abstoßung, selbst Abgrenzung. »Was dieses Leben«, schreibt de Bruyn, »so faszinierend und, bei aller Rationalität, auch unheimlich macht, ist, daß er immer genau weiß, was er will.« »Unheimlich« – ein Wort, das man hier nicht erwartet hätte, es signalisiert Gefahren und Gefährdungen, die Doppelbödigkeit des scheinbar Eindeutigen, ein Erschrecken auch vor der nicht ganz geheuren Problematik von Leben und Kunst, vor der Kälte, die den bedroht, »dem alles Erleben sich in Stoff für seine Arbeit umformt«, vor der »Zerstörung des Gefühls durch seine Vorwegnahme im Intellekt«.

Wenn die Jean-Paul-Biographie de Bruyns die allgemeine Problematik einer progressiven kleinbürgerlichen Existenz im Deutschland nach der Französischen Revolution behandelt, so ist sie, mindestens im gleichen Maß, auch ein Essay über diffizilste, letzten Endes moralische Fragen der Kunst und dessen, der ihr verfallen ist. (»Er kann nicht anders; nur schreibend realisiert sich sein Leben.«)

Denn ihre Moral ist es, die alle Figuren de Bruyns mit ihrer Zeit verbindet, nicht grundlos hat man ihn einen Moralisten genannt – wenn dieses Wort nur nicht im Kopf des deutschen Lesers sogleich die Vision eines erhobenen Zeigefingers erstehen ließe. Doch ein Moralprediger, ein Besserwisser, Spaß- und Spielverderber ist dieser Autor eben gerade nicht, sondern von alledem das genaue Gegenteil. Er kennt die Menschen und kann sie nicht in »kleine« und »große« Leute aufteilen; er weiß auch von sich selbst, daß ihre Stärken die Kehrseiten ihrer Schwächen sind, und umgekehrt. Er ist, als Autor, gerecht zu ihnen, ohne jemals selbstgerecht zu sein, er nimmt sie und sich, wo immer es angeht, mit Humor. So zögere ich nicht, ihn freundlich zu nennen; ja – diesmal paßt das so selten zutreffende Wort: menschenfreundlich.

September 1981

Interviews

Tristan, Isolde und wir

Günter de Bruyn im Gespräch mit Sigrid Damm

Frage: Günter de Bruyn, wie kamen Sie zum Tristan-Stoff?
de Bruyn: Es war dies eine Auftrags-Arbeit. Die Idee hatte der Verlag Neues Leben. Ich sagte auf Anfrage sofort zu, weil ich wußte, daß der Stoff meiner Art zu schreiben entsprach. Die Tristan-Gestalt hatte mich schon früher manchmal beschäftigt. Ein Tristan-Roman gehört noch heute zu meinen Traum-Vorhaben. Aber sicher wird das Vorhaben immer Traum bleiben. Zunächst hat mir die Arbeit an *diesem* Buch großes Vergnügen bereitet, schon deshalb, weil ich durch sie Gelegenheit hatte, mich intensiv mit dem Stoff zu beschäftigen. Nachdem ich den (wie ich hoffe: richtigen) Ton gefunden hatte, war das Schreiben dann eine reine Freude, was seltener ist, wenn die Qual des Erfindenmüssens hinzukommt.
Frage: Sie haben zu einer Zeit, da das Buch noch nicht vorlag, ich mich aber dafür interessierte, bescheiden abgewehrt: Sie hätten ja nur Gottfried von Straßburg *nacherzählt.*
Werner Heiduczek nun hat für seinen *Parzifal* das Wort Nacherzählung abgelehnt. Er spricht von einer Neuerzählung. Ähnlich Franz Fühmann. Werner Heiduczek sieht in seinem *Parzifal* eine »Auseinandersetzung um das Problem Individuum und Gesellschaft«, er will »anhand einer alten Geschichte bestimmte Lebenshaltungen auch bei uns beleuchten«. Vom Tradieren und Neufassen von Mythen als einem »wesentlichen Bestandteil unserer Literatur« spricht Franz Fühmann in Zusammenhang mit seinem *Prometheus* und sieht im »uralten, jahrhunderterprobten Konzentrat vieltausendfacher Menschenerfahrung« eine »Art Kompaßfunktion«. Nicht im Sinne einer »rückwärtsgerichteten Romantik, eines utopischen Zurücksehens auf Zeiten, die unwiederbringbar sind«, sondern im Sinne einer in sich durchaus widerspruchsvollen Aufnahme großer menschlicher und sozialer Grundfigurationen des Vergangenen zur Vertiefung der menschheitsgeschichtlichen Perspektive des Gegenwärtigen: »Ver-

gleiche dich; erkenne, wie du bist.« »Man braucht den Kompaß mit der blauen Nadelspitze nach Norden auch dann«, so sagt Franz Fühmann, »wenn man selbst nicht nach Norden segeln will.« Wenn Sie nun den Akzent auf nacherzählen legen, heißt das, daß Sie einen Anspruch, den Ihre genannten Schriftstellerkollegen stellen, für sich nicht formulieren würden? Daß Sie sich nur als ›Mittler‹, als sprachsensibler ›Übersetzer‹ Gottfried von Straßburgs sehen?
de Bruyn: Genau definiert sind die Begriffe des Neu- und Nacherzählens ja nicht. Ich habe mich deshalb auch nicht dagegen gewehrt, daß der Verlag, seinen Gewohnheiten folgend, den von mir benutzten Begriff des Nacherzählens durch den anderen ersetzt hat. Wenn ich mich inhaltlich auch ziemlich genau nach dem Original gerichtet habe, so ist die Form natürlich doch neu. Es ist wohl besser, diese Begriffe beiseite zu lassen, und auch den des Mythos möchte ich hier nicht anwenden. Schließlich habe ich nicht die uralte Tristan-Sage erzählt, sondern deren Umformung durch einen großen Dichter, der sie aus nebelhaften Fernen, aus der Frühzeit des Feudalismus, in seine Zeit, die des Hochmittelalters, versetzt hat. Ansprüche, etwas Neues geschaffen zu haben, das über Gottfried hinausgeht, erhebe ich keinesfalls. Der von Ihnen benutzte Begriff des ›Mittlers‹ scheint mir die Sache zu treffen.
Frage: Kommt dem vielleicht auch sehr entgegen, daß Gottfried von Straßburg tatsächlich ein erstaunlich moderner Erzähler ist? Das ist eine Entdeckung, die ich Ihrem Buch verdanke. Während des Studiums war Gottfried für uns ein ›toter Hund‹; allenfalls begegneten wir ihm mit Respekt, weil er zu den Großen der Literaturgeschichte gehörte.
Modern aber ist er natürlich nicht in seiner Erzählart, sondern modern, uns nahe ist er in seiner Menschenkonzeption, in seinen ethisch-moralischen Auffassungen. Den in vielen Versionen überlieferten Tristan-Stoff hat er – die Zeit des Umbruchs und das Erwachen des frühen Bürgertums vorausspürend und reflektierend – in kühner und menschlicher Weise neu erzählt, so daß, wie Heine sagte, seine Zeit das Tristan-und-Isolde-Epos für »gottlos« und »gefährlich« hielt und sein Verfasser über Jahrhunderte des amoralischen Zynismus bezichtigt wurde.
de Bruyn: Von der Forschung ist immer schon Gottfrieds Charakterisierungskunst hervorgehoben worden. Er gestaltet nicht, wie andere mittelalterliche Dichter vor ihm, Typen, sondern wirkliche Individuen. Das hat schon etwas Modernes. Und noch mehr betrifft das, da

bin ich ganz Ihrer Meinung, seine ethischen Auffassungen, die, was die Liebe zwischen Mann und Frau betrifft, von den Dogmen der Kirche nicht berührt zu sein scheinen, ganz dem Menschlichen verpflichtet sind. Aber damit steht er durchaus nicht allein. Die Troubadour-Dichtung, der Minnesang sind ja erotisch, ganz frei vom asketischen Ideal der Kirche. Für Gottfried trägt rechte Liebe ihre Rechtfertigung in sich selbst; sie steht auf der Wertskala höher als gesellschaftliche und kirchliche Normen. Als Marke, der betrogene königliche Edelmann (eine sehr differenziert gezeichnete Gestalt übrigens, die viel Stoff zum Nachdenken bietet), die Kirche einschaltet, die das Gottesurteil an Isolde vollzieht, zeigt sich das besonders deutlich; denn da stellt sich selbst Gott an die Seite der Liebenden, gegen Kirche und Staat.
In gängige Vorstellungen vom Mittelalter, die meist vom pauschal benutzten Beiwort ›finster‹ bestimmt sind, paßt das wenig. Wenn wir über Gottfrieds ›Modernität‹ erstaunen, zeigen wir nur, wie wenig wir vom Mittelalter wissen, wie starr, einheitlich, entwicklungslos wir es sehen. Auf die Entwicklung des Städtebürgertums wiesen Sie schon hin; aber man darf auch nicht vergessen, daß das ganze Mittelalter hindurch die Ketzerbewegungen nie zur Ruhe kamen, immer einen ideologischen Untergrund bildeten und zum Teil ein Menschenbild tradierten, das vom Urchristentum her kam und also gegen die Hierarchie von Feudalgesellschaft und Kirche stand. Da trieb verdeckt, weil scharf verfolgt, immer weiter, was erst ans Licht kam, als sich reale Chancen boten: bei Thomas Müntzer zum Beispiel. Auch ist es ein Irrtum, anzunehmen, daß im Mittelalter antike Überlieferungen völlig verlorengegangen seien. Nicht nur Aristoteles und Platon, die von der Scholastik ja wie Kirchenväter verehrt wurden, waren lebendig, auch die Mythen waren es. Gottfried spielte ja mehrmals auf sie an (was in meiner Nacherzählung leider verlorengehen mußte). Auch ideologiegeschichtlich ist eben das Mittelalter keine Zeit der Stagnation. In ihm mußte die Renaissance vorbereitet werden. In dieser Linie müssen wir Gottfried von Straßburg sehen.
Frage: Diese ideologiegeschichtliche Linie, in der Sie Gottfried von Straßburg sehen, finde ich sehr bedenkenswert. – Nun zu einem ganz anderen Aspekt, dem der Form. Die Erzählform einer Epoche in die einer anderen Epoche zu übertragen ist ja ein nicht ganz unproblematischer Vorgang. Die Rezeptionsbedingungen, denen die mittelalterlichen Sänger sich gegenüber sahen, sind nicht wiederholbar. Eine »dem modernen Leser angemessene Art des Erzählens«, wie Sie im

Nachwort sagen, muß gefunden werden. Während Sie im Erzählgang, im Fabelablauf weitgehend das Original respektieren, sind Sie in der Erzählform zu einem gegenläufigen Vorgehen gezwungen: weitgehendem Entfernen vom Original. Der Vers wird durch die Prosa ersetzt. Sie verzichten auch vom Schriftbild her auf eine rhythmische Gliederung dieser Prosa. Das ermöglicht sicherlich den Zugang zum Stoff, zu dieser großen Geschichte von Tristan und Isolde. Aber besteht nicht auch die Gefahr, über diese »angemessene Art des Erzählens« dem Leser vom Original zu entfernen? Ich möchte es zuspitzen und ein bißchen simplifizieren: Erben wir den Inhalt, aber nicht die Form? Sie selbst verweisen im Nachwort auf das Original und sagen: »Denn die Schönheit der Verse läßt sich nur an diesen selbst entdekken.«
de Bruyn: Leute, die das mittelhochdeutsche Original lesen können, gibt es wenig. Die paar hochdeutschen Versübertragungen, die seit 130 Jahren entstanden sind, taugen nicht viel, denn kein wirklicher Dichter hat sich dessen angenommen. Um der in allen Fällen bisher mißglückten Reimerei zu entgehen, hat Günter Kramer in seiner Übersetzung, die 1966 im Verlag der Nation erschien, auf den Endreim verzichtet und seine ziemlich wortgetreue Übertragung nur rhythmisch gegliedert. Dem Original kommt das am nächsten, es fehlt nur dessen Schönheit. Ich benutzte die Kramersche Fassung wie eine Rohübersetzung, das heißt, ich las sie neben dem Original. Das habe ich im Nachwort auch meinen Lesern empfohlen, um sie zum Original hinzuführen, mit dem verglichen ich meine Erzählung für einen Notbehelf halte. Mir ist aber klar, daß nur wenige dieser Empfehlung folgen werden. Den andern wird meine Prosa-Form genügen, weil sie leichter lesbar ist. Sie erben also, wie Sie sich ausdrücken, tatsächlich nur den Inhalt. Aber wenn der sie nun in der neuen Form beeindruckt, mehr beeindruckt als ein in Versform gebotener, ist das doch schon viel, denke ich.
Frage: Wo lagen im Nacherzählen für Sie die größten Schwierigkeiten bei der Bewahrung der sprachlichen Schönheiten und der kompositorischen Vollkommenheit des Gottfriedschen Tristan?
de Bruyn: Um den Fabelablauf übersichtlich zu halten, mußte ich oft straffen und kürzen, auch manches nicht zur Geschichte Gehörige (wie zum Beispiel die lange literaturgeschichtliche Passage) ganz tilgen. Daß damit auch manche Schönheiten wegfielen, bereitete mir oft Kummer. Auch war es oft schwer, die lyrischen Sprachbilder, die ich

erhalten wollte, dem Fluß der Prosa anzupassen. Leicht dagegen fiel mir die Ausführung meines Vorsatzes, sowohl falsche Modernität in Satzbau und Wortwahl zu vermeiden als auch mich nicht zur Altertümelei verführen zu lassen – eine Gefahr, die groß zu sein scheint. Vor Günter Kramer haben zum Beispiel, soweit mir bekannt ist, alle Übersetzer für ›Liebe‹ das mittelhochdeutsche ›Minne‹ verwendet – sicher nicht nur der historisierenden Wirkung wegen, sondern auch, um das moralische Empfinden des bürgerlichen Lesers zu schonen. Mit der Benutzung des Wortes ›Minne‹ hat man den Vorgang entaktualisiert.
Frage: Mit letzterem geben Sie mir ein Stichwort. »Groß werden Liebesgeschichten immer durch die Hemmnisse, die sich zwischen die Liebenden stellen«, heißt es in Ihrem Nachwort zu *Tristan und Isolde*. Dieser Satz macht mich betroffen. Steckt in seiner konsequenten Verallgemeinerung nicht etwas Fatalistisches? Hieße es in bezug auf das Heute, daß mit dem Zurückgehen gesellschaftsbedingter, sozialer und klassenmäßiger »Hemmnisse« die Entwicklungsbedingungen für eine »große« Liebe fehlen? *Buridans Esel* könnte man als eine Demonstrationsgeschichte zu einer solchen These lesen. Die Liebe von Karl Erp und Fräulein Broder hält nicht stand, sie »zerbricht bereits an Lappalien«, an Gewohnheiten, Bequemlichkeit, Unaufrichtigkeit sich selbst gegenüber. Zugleich enthält *Buridan* – und das macht dieses Buch für mich besonders produktiv – eine listenreiche, weil aus der Negation entspringende Aufforderung zu einer neuen Qualität zwischenmenschlicher Beziehungen in unserer Gesellschaft. Für Freundlichkeit ist der Boden bereitet, aber nichts vollzieht sich von allein! Die Verantwortlichkeit des einzelnen wächst, auch und gerade im intimen zwischenmenschlichen Bereich. Wir kommen jetzt etwas ab vom Gegenstand unsres Gesprächs, doch vielleicht bietet das Ins-Verhältnis-Setzen beider Werke – *Buridans Esel* und *Tristan und Isolde* – interessante Aspekte.
de Bruyn: Sie mißverstehen mich hier. In dem von Ihnen zitierten Satz ist von Liebes-Geschichten, nicht von Liebe die Rede, also von Geschehnissen, die zu erzählen sich lohnt, weil sie bedeutungsvoll sind, exemplarisch und auch – nicht zu vergessen – interessant. Es ist also nicht gesagt, daß, wo Hemmnisse fehlen, auch Liebe fehlt. Nur eine große Geschichte wird es nicht, wenn ich erzähle, wie zwei sich lieben und ohne Schwierigkeiten kriegen, schon deshalb nicht, weil ich nichts habe, an dem ich die Größe der Liebe messen und also deutlich machen kann. Zum Betroffensein ist also kein Grund. Wenn solche großen

Geschichten wie die von Tristan und Isolde in einer Gesellschaft nicht mehr möglich sind, weil diese menschlicher ist, sollte man die Gesellschaft dafür preisen und auf Geschichten dieser Art verzichten. Die heutigen werden anders sein, aber sicher – wenn wir mit vergleichbaren Höhepunkten unserer Literatur rechnen wollen – nicht weniger groß. Was ich Hemmnisse nannte, müssen doch nicht die deutlich sichtbaren Klassenschranken sein. Die von Ihnen geäußerte Sorge wäre nur berechtigt, wenn wir in idyllischen Zuständen lebten. Aber die Welt ist doch in Bewegung, es gibt Kriege, Revolutionen, Verbrechen, Hunger, Krankheit, Grenzen, die Gefährdung der Umwelt, und es gibt Hemmnisse im Individuum selbst, die auch von der Gesellschaft erzeugt sein können. Womit ich bei *Buridans Esel* bin, in dem ja auf Tristan mal angespielt wird, als eine Art Gegenpol. Doch führt hier, glaube ich, ein Vergleich zu nichts, weil Tristan und Karl Erp nichts Vergleichbares haben. Einen Erp hätte auch ein großes Hemmnis nicht zum großen Liebenden gemacht.
Frage: Wir erben ja nicht, um etwas nur aufzubewahren, sondern um es zu bewahren. Und das ist etwas anderes, das ist mehr. Zu diesem Tristan-Stoff, der durch die Jahrhunderte gegangen, mit menschlicher Erfahrung und poetischer Schönheit angereichert ist, muß es doch eine innere Beziehung geben, ein Bedürfnis! Etwas, was uns unruhig macht, was wir unbedingt gegenwärtig auch brauchen. Was ist das nach Ihrer Ansicht bei *Tristan und Isolde*?
de Bruyn: Zum Wesen großer Literaturwerke gehört, daß sie mehr bedeuten, als sie erzählen, daß sie beispielgebend sind über den speziellen Fall, ja über die spezielle Gesellschaft hinaus. Das allein macht ihre Wirkung auch in anderen Zeiten möglich. Ganz allgemein gesagt: Es geht im Tristan doch um das Recht auf individuelles Glück. Und wie verschieden stark auch die unterschiedlichen Ordnungen dieses Recht beschnitten, die Forderung danach blieb immer aktuell.
Frage: Meines Wissens haben Sie noch nichts speziell für Kinder und junge Erwachsene geschrieben. Neue Leser wachsen Ihnen zu. Was erwarten Sie von einem Publikum, über das Fühmann einmal sagte: »Das Wertvollste, was ich ihnen verdanke, ist eine entschiedene und immer noch erfolgende Korrektur meiner Anfangsauffassung von der geistig-psychischen Aufnahmefähigkeit und Reife dieses Publikums. Man kann Kinder nicht hoch genug fordern, was verlangt, daß man sich selbst aufs höchste im Durchdenken und in der Klarheit des Ausdrucks fordert.«

de Bruyn: Dem, was Fühmann sagt, stimme ich voll zu. Ich habe mich deshalb auch nicht um Kindertümlichkeit oder Jugendmäßigkeit, sondern vor allem um Klarheit und Genauigkeit bemüht.
Frage: Sicher erschließt sich dieser Stoff Kindern, die, wie Fühmann sagt, »begierig auf Bereicherung ihres Bewußtseins und ihrer Persönlichkeit aus sind«, sehr schnell, zumal er ja auch bekannte Märchen-Motive enthält. Zwei sinntragende Symbole allerdings – der Zaubertrank und das mit dem Tod verbundene Schlußbild der sich über den Gräbern der Liebenden vereinenden Rebe und Rose – sind vielschichtig und kompliziert. Wie würden Sie ihren jungen Lesern den Zugang dazu erleichtern, wenn Sie mit ihnen sprechen würden?
de Bruyn: Ich glaube nicht, daß es nötig ist, jungen Menschen Symbole zu erklären, vor allem nicht, wenn sie so naiv-märchenhaft sind wie diese. Die Vielschichtigkeit und Kompliziertheit wird doch erst deutlich bei näherem Eindringen in die historischen Bedingtheiten – und das ist ein Schritt über die unmittelbare Literaturwirkung hinaus, den ich Kindern ersparen würde, um nichts zu zerstören. Wenn solche Art Dichtung nicht von sich aus wirkt, bessern auch Erklärungen nichts.
Frage: Friedrich Engels sah in *Tristan und Isolde* ein Buch, das die »Liebe feiert«, und er mochte die »herrliche Bearbeitung« von Gottfried von Straßburg. Über die deutschen Volksbücher aber – die Sammlungen von Marbach, Simrock und Schwab vor Augen – schrieb er 1839: »Es gibt kein Buch, das weniger dem Volk in die Hände gegeben werden dürfte als gerade dieses. Zwar liegt hier eine moderne Frage wieder nah, die Emanzipation der Frauen, ein geschickter Dichter würde bei einer Bearbeitung des Tristan jetzt diese Frage gar nicht mehr von seiner Arbeit ausschließen können, ohne darum in eine gesuchte und langweilige Tendenzpoesie zu verfallen. Aber im Volksbuch, wo von dieser Frage keine Rede ist, kommt die ganze Erzählung auf die Entschuldigung des Ehebruchs heraus – und das in den Händen des Volkes zu lassen, ist doch sehr bedenklich.« Würden Sie hier mit Engels einer Meinung sein oder streiten wollen?
de Bruyn: Wäre ich dieser Meinung, hätte ich die Nacherzählung natürlich gar nicht geschrieben, denn nicht nur das Volksbuch, auch Gottfrieds »herrliche Bearbeitung« kommt, wenn man sich diesen moralistischen Maßstab zu eigen machen wollte, auf die »Entschuldigung des Ehebruchs heraus.« Man muß zu Engels' Entschuldigung

aber sagen, daß er zu dieser Zeit, als er das schrieb, erst neunzehn Jahre alt war.

Frage: Mich interessiert an Engels' Ausführungen der Gedanke zur Emanzipation. Ist nicht an Gottfrieds Darstellung gerade die Schilderung einer gegenseitigen, beglückenden und erfüllten Liebe emanzipatorisch? War nach dem höfischen Ideal der Minne, so bei Hartmann von Aue, Wolfram von Eschenbach (ausgenommen seine wunderbaren Tagelieder), die Frau dazu da, den Ritter zu veredeln, ihm Lohn für seine Erfolge im Kampf durch die Minne zu spenden? Bleibt die Frau nicht letztlich immer Objekt? Ist es in *Tristan und Isolde* nicht anders? Sind nicht beide Subjekte, zumindest in der Beziehung zueinander? Ich weiß nicht, ob man es so sehen kann. Und berührt nicht gerade damit Gottfried – seiner Zeit voraus – das Problem der Menschwerdung, das für uns heute die geschichtliche Entwicklung als praktisch zu Bewältigendes auf die Tagesordnung gesetzt hat?

de Bruyn: Ich würde da vorsichtig sein. Jede Geschichte von wirklicher Liebe setzt voraus, daß beide Liebenden, wie Sie sagen, Subjekt sind. Und das gibt es schon in der Spätantike (denken Sie an Amor und Psyche, Daphnis und Chloe, Hero und Leander), wo die Frau in der gesellschaftlichen Realität nicht nur unterdrückt, wo sie eigentlich Sklavin, Beute, Besitz des Mannes war. Wollte man dort von emanzipatorischen Bestrebungen sprechen, könnte man auch sagen: jede Liebe ist eine Art der Emanzipation. Dann wäre die Weltliteratur voller Emanzipationsgeschichten, besonders aber die des hohen Mittelalters, der höfischen Kultur, die schon, nicht ganz abwegig, als Frauen-Kultur bezeichnet wurde. Von Frauenunterdrückung ist doch da – in der Literatur – keine Rede, nur von Frauenlob und -preis. Aber die Frau, die da besungen wurde, war immer die Herrin, nämlich die Lehnsherrin, von der man abhängig war. Ob da nun wirkliche Liebe im Spiel war oder, wie man vermutet hat, nur das Herrscherlob auf die Frau des Herrschers übertragen wurde – ein Bewußtsein von der unterdrückten Rolle der Frau hat diese Dichtung nicht. Und nur im Vorhandensein dieses Bewußtseins kann ich doch von Emanzipationsbestrebungen sprechen. Um aber auf Gottfried zurückzukommen: der bewegt sich in dieser Hinsicht doch ganz auf der Bahn der übrigen Dichtung seiner Zeit, benutzt die gleichen Muster. Tristan (unter anderem ist er auch Spielmann, Minnesänger) ist der Vasall, Isolde die Herrin; und auch nur den Schein einer Alternative zu der Gesellschaft, die sie leiden macht, haben weder die beiden Liebenden noch Gottfried. Emanzipation ist doch Veränderung. Und von der ist hier nichts in Sicht. Daß Gottfrieds Betonung des Rechts auf individuelles Glück vielleicht in irgendeiner Weise verändernd gewirkt haben kann, ist eine andere Sache.

1976

Der Einzelne und die Macht

Günter de Bruyn im Gespräch mit Frank Hafner am 5. 5. 1983 in Ulm

Frage: Sie sagen, der Dichter Schwedenow in den *Märkischen Forschungen* sei Fiktion. Haben Sie Biographisches historischer Personen einfließen lassen? Das Geburtsjahr des Dichters Schwedenow, 1770, ist ja zum Beispiel das Geburtsjahr Hölderlins.
de Bruyn: Die Gestalt ist eine Erfindung von mir, sozusagen ein Phantasieprodukt, nur ist es mit der Phantasie so, daß sie sich immer aus Teilen von Realität zusammensetzt. Schwedenow ist also eine Kompilation aus verschiedenen Gestalten jener Zeit. Man könnte alle möglichen Verbindungen herausfinden, z. B. zu Jean Paul und zu Hölderlin. Man merkt ihr die Freude an, die es macht, aus dem Wissen über diese Zeit eine Figur zusammenzusetzen. Ich habe solche Einzelheiten im Kopf, verwende sie wie Zitate.
Frage: Bei Ihrem Vortrag vor der Goethe-Gesellschaft in Halle 1980 sagten sie, daß es für die Figuren Brattke und Frau Dr. Eggenfels in den *Märkischen Forschungen* Vorbilder gebe. In der Erzählung ist der Wissenschaftsbetrieb sehr genau geschildert, wie auch bereits in der früheren Erzählung *Preisverleihung*. Kennen Sie sich in dem Wissenschaftsmilieu gut aus?
de Bruyn: Nein. Ich habe ja nie eine Universität absolviert. Ich kenne es nur von außen, durch Beobachtung und durch Freunde. Meine Einblicke sind immer nur vermittelte.
Frage: Und Brattke und Eggenfels?
de Bruyn: Da gibt es reale Vorbilder aus meinem Erfahrungsbereich.
Frage: In jenem Vortrag erwähnten Sie auch, daß es für den fiktiven Ort Liepros ein reales Vorbild gebe.
de Bruyn: An sich geht das aus dem Vortrag fast hervor. Sie können darüber nachlesen in dem Band *Oderland* der *Wanderungen durch die Mark Brandenburg* von Fontane. In dem Kapitel *Cossenblatt* finden Sie die entsprechende Textstelle.
Frage: Aufgefallen ist mir die sehr pointierte Schilderung, wie Pötsch

bei seinen Forschungen an die Berliner Mauer stößt. Das hat eine ironische Note. Was war da für Sie der Erzählanlaß?

de Bruyn: Ich versuche in meinen Büchern immer, den geringen Freiraum des Erlaubten etwas zu erweitern, und die Mauer als solche ist ja schon ein Tabu. Aber davon abgesehen, gehörte die Erwähnung ihrer Existenz zwingend zu der Geschichte dazu. Denn in Berlin ist es so, daß viele alte Friedhöfe im Mauer-Sperrgebiet liegen und man sie, auch wenn sie zu Ost-Berlin gehören, heute nicht mehr betreten darf. Teilweise kann man sie bloß mit Passierschein betreten. An das Grab Theodor Fontanes zum Beispiel kommt niemand heran. Helga Schütz, die vor kurzem einen DEFA-Film über Fontane drehte, war es nicht möglich, das Grab filmen zu lassen. Ich hatte in der Erzählung den Invaliden-Friedhof im Auge, wo z. B. das kostbare Grabdenkmal Scharnhorsts steht.

Frage: Am Anfang eines Kapitels der *Märkischen Forschungen* steht eine fast essayistische Passage über Mode. Das Thema ›Mode‹ taucht hier nicht zum ersten Mal auf. Es finden sich schon feine Hinweise in der *Preisverleihung*. Ist das ein Thema, das Sie beschäftigt?

de Bruyn: Nein, nein, das beschäftigt mich überhaupt nicht.

Frage: Man kann diese Passage natürlich auch anders lesen. Sie ist für mich auch eine Metapher für einen gewissen Opportunismus.

de Bruyn: Sicher, es ist eine Art Metapher. Wenn ich diesen Abschnitt in der DDR vorlese, ist die Reaktion stark. Man freut sich, weil man merkt, daß damit etwas anderes gemeint ist. Der Abschnitt beginnt ja sinngemäß mit dem Satz: Mit den Diktaturen der Mode geht es einem wie mit anderen auch. Diese Anspielung ist ja kaum versteckt. Mich interessiert also nicht die Mode, sondern die Tatsache der Beeinflussung, die Frage von Anpassung und Nicht-Anpassung.

Frage: Am Anfang der Erzählung erörtert Menzel das bekannte Faust-Zitat »Was Du ererbt…«. Dieses Zitat spielt in der Diskussion um das kulturelle Erbe eine große Rolle. Können Sie mir eine kurze Definition Ihres Erbe-Verständnisses geben?

de Bruyn: Dieses Goethe-Zitat ist abgegriffen, aber doch treffend, es wird nur verschiedenartig ausgelegt, früher im Bildungsbürgertum, heute in der DDR. Für mich heißt erwerben und besitzen: es aktuell zu sehen, das Gestrige zum Heutigen machen. Also das Gegenteil von Versteinerung und Denkmalssockel. Wenn Bedeutungen institutionell festgelegt werden, heißt es mißtrauisch zu sein. Ganz schlimm aber wird es, wenn festgelegt wird, was Erbe zu sein hat und was nicht.

Frage: Für Wolfgang Harich ist Jean Paul ein Jakobiner. Ist das eine richtige literaturhistorische Einordnung? Können Sie Jean Paul als einen Jakobiner bezeichnen?
de Bruyn: In dieser allgemeinen Form nicht. Jean Paul hatte in seiner Jugend durchaus Sympathien für den Jakobinismus, aber prinzipiell unterscheidet sich seine Haltung zur Revolution kaum von der der meisten anderen Intellektuellen dieser Zeit. Anfangs war die Begeisterung groß, aber die Terrorphase der Revolution erschreckte ihn, wie die anderen auch. Ihn als Jakobiner zu bezeichnen, ist unsinnig. Selbst in dem Roman *Hesperus*, der noch am stärksten revolutionäre Züge hat, zeigt sich schon Skepsis. Beides ist reflektiert: die Freiheitsbegeisterung und das Entsetzen über die Schreckensphase. Im Unterschied zu anderen Intellektuellen erfolgte jedoch bei Jean Paul nachträglich keine völlige Ablehnung der Revolution. Das Ideal bürgerlicher Freiheiten gab er nie auf. Nie hat er seine Revolutionsbegeisterung zurückgenommen.
Frage: Ist für Sie Jean Paul ein volkstümlicher und realistischer Erzähler?
de Bruyn: Das ist er nie gewesen, obwohl er zu seinen Lebzeiten einige Jahre als Modeautor galt.
Frage: Nochmals zu den *Märkischen Forschungen*: Menzel wirft Pötsch vor, mit seinen Forschungen einen zweiten Aufguß des Positivismus zu betreiben. Der Positivismus gilt in der DDR als reaktionär, da er das Wesen der Erscheinung als sinnlos bezeichne. Der Vorwurf in der Erzählung ist sehr herb, da Pötsch über Faktensammlung zu einem Bild Schwedenows zu kommen versucht, während Menzel deduktiv arbeitet, indem er seine Thesen a priori für gültig nimmt. Wenden Sie sich hier gegen eine bestimmte Erscheinung, die Sie nicht nur einfach, sondern mehrfach beobachten konnten?
de Bruyn: Mich hat diese Verurteilung des Positivismus immer empört. Auch wenn man Wesentliches in ihm vermißt, hat man ihm dankbar zu sein, denn alle diese kühnen Interpreten leben von den Ergebnissen dieser positivistischen Forschungen. Man benutzt die aufbereiteten Fakten, wenn sie einem in den Kram passen, und wenn sie unbequem werden, unterschlägt man sie. Harich ist ein Musterbeispiel dafür. Wenn man seine Interpretation des *Titan* betrachtet, so scheint sie, wenn man das Buch nicht kennt, in sich völlig schlüssig. Sie ist aber unrichtig, weil sie bestimmte Fakten, die ihr widersprechen, einfach nicht zur Kenntnis nimmt. So wird z. B. der ganze Schluß nicht

erwähnt. Der Roman endet eben nicht mit einer Revolution, sondern damit, daß der revolutionäre Held eine Fürstin heiratet und sich vornimmt, das Land besser zu machen.

Frage: Sie schildern in der Erzählung *Märkische Forschungen* den Opportunismus der Karrieristen am Beispiel Menzel. Die Figur Liebscher in der *Preisverleihung* ist eigentlich der gleiche Typ. Besteht dieses Phänomen in der DDR schon immer in gleichem Maße, oder nimmt es vielleicht sogar zu?

de Bruyn: Das ist schwer einzuschätzen. Was die Literaturwissenschaft betrifft, so ist eine Wende zum Besseren festzustellen. Es wird wissenschaftlicher und differenzierter gearbeitet. Aber natürlich ist mit solch einer Figur nicht nur die Literaturwissenschaft gemeint. Und insgesamt auf die Gesellschaft bezogen, glaube ich nicht, daß diese Erscheinung abnimmt. Vielleicht ist der Typ Menzel schon etwas veraltet, aber es gibt ihn noch, reichlich.

Frage: Wenn ich die Frauenfiguren in Ihrem Werk betrachte, so beobachte ich einen Wandel in der Darstellung. In *Buridans Esel* zeigt sich für Elisabeth Erp eine Perspektive, indem ihre Selbstverwirklichung möglich erscheint. Die Figuren in den anderen Erzählungen verharren in einer gewissen Untätigkeit, ihnen fehlt mehr oder minder das Bewußtsein für ihre Situation. Elke Pötsch oder Irene Overbeck lösen sich nicht aus der ihnen zugeschriebenen Rolle in der Familie. Können Sie einen Wandel in der Darstellung der Frauenfiguren nachvollziehen? Hat sich Ihre Sichtweise geändert?

de Bruyn: Sie haben Recht mit dem, was Sie sagen. Sie dürfen das aber nicht als eine Veränderung meiner Position ansehen. Nicht meine Sichtweisen sind hier anders, sondern die Geschichten und die Figuren. Der Vorwurf wird mir auch von Frauen gemacht, so als hätte ich einen Rückzug vollzogen. Aber den hat es bei mir nicht gegeben. Die Anlage der Figuren könnte auch anders sein; das hängt eben von der jeweiligen Geschichte ab.

Frage: Könnten Sie Ihre Einstellung skizzieren?

de Bruyn: Sie ist positiv zu dem, was Frauenemanzipation betrifft, aber mein eigentliches Thema ist das nicht, auch wenn es manchmal in meinen Büchern erscheint, manchmal auch stärker, wie in *Buridans Esel* oder im *Geschlechtertausch.* Sicher hat es mich damals auch noch mehr interessiert. Ich neigte damals zu einer starken Idealisierung der Frauen. Alles, was mir an der Welt nicht gefiel, schob ich den Männern in die Schuhe, das Gute aber machte ich zur Sache der Frauen.

Frage: Zu einem Thema, das in Ihrem Werk gar kein Thema ist: der Arbeiter. Bei Ihnen erscheinen Arbeiter nur marginal, z. B. in den *Märkischen Forschungen*, als Pötsch Arbeitern im Vorortzug begegnet. Weshalb stellen Sie keine Arbeiter dar?
de Bruyn: Das hat einen ganz banalen Grund: ich habe zu wenig Erfahrung mit ihnen. Mit anderen Berufsgruppen, auch auf dem Lande, kenne ich mich besser aus.
Frage: Ich möchte Ihr Verhältnis zur Friedensbewegung ansprechen. Wie sieht denn Ihr Engagement aus? Lesen Sie, führen Sie private Gespräche in Wohnungen? Wie eng sind Ihre Kontakte zur autonomen Friedensbewegung in der DDR?
de Bruyn: Ich habe rege Kontakte zur Friedensbewegung, die fast ausschließlich im Bereich der Kirche existiert. Es sind aber nicht nur religiös gebundene Leute, die sich hier treffen. Die Begegnungen spielen sich im Bereich einzelner Gemeinden ab, die zwar untereinander Verbindungen haben, voneinander wissen, denen es aber unmöglich gemacht wird, zentrale Veranstaltungen durchzuführen. Das Ganze wird in gewisser Weise vom Staat toleriert, aber natürlich auch genau überwacht. Eingeschritten wird von staatlicher Seite immer in dem Moment, wo eine Art von Zentralisierung zustande kommt.
Die Kirchenleitungen stehen den Veranstaltungen zum Teil reserviert gegenüber. Es gibt Unterschiede zwischen den einzelnen Landeskirchen. Eine gewisse Toleranz diesen Gruppen gegenüber haben sie alle, aber Angst vor Zugriffen des Staates natürlich auch.
Frage: Ist der Anlaß für ein Gespräch in den Kirchen eine Lesung?
de Bruyn: Nicht unbedingt. Manchmal sind es auch nur Gespräche. Den Friedenskreisen ist sympathischerweise mehr an ernsthaften Gesprächsteilnehmern als an profilierungssüchtiger Prominenz gelegen.
Das Bündnis zwischen evangelischer Kirche und kritischen Schriftstellern besteht schon seit vielen Jahren. Die Kirche hatte schon immer Autoren, die dem Staat unliebsam waren, ihre Räume zur Lesung zur Verfügung gestellt.
Frage: Auf welchem Boden wurzelt die Friedensbewegung? Ist dies ein marxistischer oder ein christlicher?
de Bruyn: Da die Initiatoren dieser Basisgruppen in den Gemeinden meist junge Pfarrer sind, herrscht eine christliche Einstellung natürlich vor. Es gibt aber auch vereinzelt marxistische Gruppen, die sich als Opposition zum Staats-Marxismus verstehen. Verallgemeinernd aber

kann man wohl sagen, daß alle diese Gruppen keine antisozialistischen sind. Sie haben Schwierigkeiten mit dem Staat, lehnen ihn aber nicht grundsätzlich ab.
Frage: Also wird die Behauptung Stephan Hermlins, daß Sozialismus und Pazifismus zusammengehen, von der Friedensbewegung bestätigt?
de Bruyn: Grundsätzlich sind alle diese Gruppen auf Gewaltlosigkeit, im Großen wie im Kleinen, eingestellt. Das wird immer sehr betont. Alt-Bischof Schönherr hat das Wort von der ›Kirche im Sozialismus‹ geprägt – das trifft ihre Einstellung ziemlich genau. Man will den Sozialismus nicht abschaffen, sondern ihn pazifistisch machen. Man lebt also eine Utopie. Prowestlich ist man nur in dem Sinne, daß man sich der starken westlichen Friedensbewegung verbunden fühlt.
Frage: Günter Grass spricht von der Friedensbewegung als einer »unkommunistischen« Bewegung. Ist ein Ziel des Kommunismus der Pazifismus?
de Bruyn: Das Endziel des Kommunismus ist nicht nur eine Welt ohne Waffen, sondern auch eine Welt ohne Staat. Insofern nimmt die Friedensbewegung Fernziele des Kommunismus ernst. Das aber paßt dem real-existierenden Sozialismus nicht in den Kram. Er wird sozusagen utopisch überholt. Denken Sie nur an das absurde Verbot des Emblems ›Schwerter zu Pflugscharen‹, das dem sowjetischen Denkmal für die UNO in New York nachgebildet ist. Man nimmt hier also kommunistische Utopien ernst – und erregt bei Kommunisten Anstoß damit, weil man Kriegsdienstverweigerung nicht will. Letztendlich geht es also nicht um ethische Ziele, sondern um Machtpolitik.
Frage: Hermlin hat es abgelehnt, eine Verbindung zwischen Friedensbewegung und Menschenrechten herzustellen.
de Bruyn: Da bin ich zwar nicht seiner Meinung, aber ich glaube zu wissen, was ihn dazu bewegt. Er befürchtet, glaube ich, daß die Diskussion dadurch von der aktuellen Problematik der drohenden Raketen-Stationierung abgelenkt wird. In der Realität aber ist eine Trennung von Friedens- und Menschenrechtsbewegung nicht möglich. Wenn in Jena Pazifisten verhaftet werden, wird das deutlich wie nie.
Frage: Können Sie die Menschenrechtsfrage in einen Zusammenhang mit dem marxistischen Menschenbild stellen?
de Bruyn: Die utopische Theorie des Kommunismus ist eine von der Durchsetzung der Menschenrechte. Wenn sie sich aber bei der Realisierung ihrer Ziele menschenrechtsfeindlicher Mittel bedient, diskre-

ditiert sie sich selbst. Aber auch die Menschenrechtspolitik Präsident Carters verfolgt handfeste machtpolitische Ziele. In der Konfrontation der Machtblöcke heute sind wir hier und dort dazu verdammt, immer nur die Menschenrechtsverletzungen der anderen Seite zu sehen.
Frage: Wo läßt sich Ihrer Meinung nach die Legitimation für Menschenrechte hernehmen? Aus dem Marxismus, dem Christentum oder anderswoher?
de Bruyn: Bei mir in erster Linie aus der christlichen Ethik. Unsere Moralvorstellungen sind vorwiegend von ihr geprägt, von ihr und von den Ideen der Aufklärung.
Frage: Können Sie einer Realität zustimmen, die aus irgendwelchen Gründen Menschenrechte verweigern muß? Besteht da nicht ein Zwiespalt, daß man einerseits in dieser Realität lebt, andererseits ein Ungenügen an ihr empfindet?
de Bruyn: Natürlich gibt es da Unsicherheiten, Zwiespältigkeiten, Gewissenskonflikte, aber das sind auch Herausforderungen, die etwas Anregendes für einen Schriftsteller haben. Es ist einerseits Grund zum Verzweifeln, andererseits aber ist es auch produktiv. Lebte ich in der Bundesrepublik, wären diese Konflikte wahrscheinlich auch da, nur viel schwächer. Das Leben wäre leichter und bequemer, die Antriebe zum Schreiben würden aber wohl geringer sein.
Das Leben in der DDR ist aber doch leichter zu ertragen, als man im Westen gewöhnlich denkt. Man darf da den Faktor der Gewöhnung nicht vergessen, der auch das Schlimme zum Selbstverständlichen macht. Man findet Auswege, auch für das Gewissen, man findet Nischen, in denen man sein eigenes Leben leben kann und das Unangenehme nicht ernst nimmt, wegschiebt, verdrängt. Das ist auch bei mir teilweise so. Andererseits hüte ich mich davor, aus Gewissensgründen und auch weil es mein Schreiben lähmt. Ich müßte mich viel mehr den Konfrontationen stellen.
Frage: Hat die Literatur durch das starke Vordringen der Themen ›Frieden‹ und ›Abrüstung‹ ihre eigentliche Funktion eingebüßt? Muß man heute in der DDR Auseinandersetzungen anders vorantreiben?
de Bruyn: Man müßte, aber es geht nicht, da die Journalistik stärker gefesselt ist als die Literatur. Deshalb muß die Literatur auch Ersatz für eine kritische Presse sein – was ihr vielleicht nicht gut bekommt. Andererseits aber spielt ihr das auch eine große Bedeutung zu. Sie ist glaubwürdiger als die Presse, die mehr Propaganda- als Informationsmedium ist.

Frage: Das Engagement für den Frieden fördert aber doch eine zusätzliche Ausdrucksmöglichkeit: neben das geschriebene Wort tritt das gesprochene Wort des Schriftstellers.
de Bruyn: Ich habe mich noch nie soviel mit dem Schreiben von Reden beschäftigt, wie jetzt. Mir fällt das sehr schwer. Ich sehe es aber nicht als Gegensatz zu meiner literarischen Arbeit, sondern als deren Ergänzung. Sicher fließt das in die literarische Arbeit später in irgendeiner Weise wieder ein.
Frage: Welche Hoffnungen knüpfen Sie an die Wirkung Ihrer literarischen Arbeit?
de Bruyn: Nach den Erfahrungen der letzten Zeit bin ich da optimistisch, weil ich spüre, daß ich verstanden werde. Ich mache mir keine Hoffnungen, irgendwelche Änderungen erreichen zu können, aber ich glaube, daß die Art, in der ich versuche, DDR-Wirklichkeit darzustellen, für viele Leser zumindest eine Bestätigung ihrer eigenen Haltung ist. Meine Bücher (und übrigens auch die Tatsache, daß ich noch in der DDR lebe) sind für die Leute eine Ermutigung. Daran erkennen sie ihre eigene Haltung wieder, dadurch fühlen sie sich bestärkt.
Frage: Ihre Erzählungen wirken relativ unpolitisch. Ist der Bereich der Innerlichkeit der primäre Bereich? Ist es gar nicht Ihr Anspruch, politisch zu schreiben?
de Bruyn: Ich glaube, daß auch meine privaten Geschichten politische Bedeutung haben. Von den Lesern in der DDR jedenfalls werden sie als solche gelesen. Sie handeln doch immer von der Spannung zwischen Individuum und Gesellschaft, vom Einzelnen und der Macht. Dieses Verhältnis wird immer vom ohnmächtigen Einzelnen aus gesehen und von ihm reflektiert. Das ist es, was mich interessiert und was ich kann. Wenn Sie so wollen, ist alles, was ich geschrieben habe, immer eine Verteidigung des Individuums gegen die Ansprüche der Macht.

Keine Lösungen, keine Lebenshilfe

Günter de Bruyn im Gespräch mit Frank Hafner am 11. 11. 1984 in München

Frage: In diesen Tagen ist in der *Neuen Rundschau* vorab ein Kapitel aus Ihrem noch im Entstehen befindlichen Roman *Zivilisten* veröffentlicht worden. Wie kam es, daß dieser Vorabdruck zuerst in der Bundesrepublik erschien?
de Bruyn: Das hängt mit einer Veranstaltung im Frühjahr in Tübingen zusammen, zu der mich Walter Jens eingeladen hatte. Jens veranstaltete zusammen mit Hans Küng ein Symposium über *Theologie und Literatur.* Einige Autoren sollten dort zum Thema passende Texte lesen. Dafür hatte ich vorzeitig dieses Kapitel fertiggestellt. Da es dort schon so viele Leute gehört hatten und es ein ziemlich abgeschlossenes Kapitel ist, stimmte ich der Vorveröffentlichung zu.
Frage: Diesem Kapitel ist zu entnehmen, daß der Roman kurz nach dem Krieg spielt.
de Bruyn: Nicht nur, er umfaßt einen größeren Zeitraum. Es soll eine ganze Lebensgeschichte werden. Da ich das bisher noch nicht gemacht habe, habe ich Bedenken, ob ich das überhaupt kann.
Es ist die Lebensgeschichte eines Menschen, der in der Weimarer Republik geboren wurde und in DDR-Zeiten stirbt. Da Sie schon auf den Titel angespielt haben: *Zivilisten* steht als Gegensatz zu ›uniformiert‹, in vielfachem Sinne. Dies umreißt in etwa das Thema, das mir vorschwebt dabei.
Frage: Wird der Lebensweg der Hauptfigur bis zur Gegenwart reichen?
de Bruyn: Wahrscheinlich bis in die siebziger Jahre, aber das steht noch nicht fest. Diesen Roman will ich schon seit etwa 15 Jahren schreiben. Es ist die Geschichte eines Freundes von mir. Sie wird aber in starkem Maße durch Autobiographisches ergänzt.
Frage: Für die DDR-Literatur sind Stichworte wie ›Beichtgang‹ oder ›Marienkult‹ doch außergewöhnlich. Wie ist denn Ihr Bezug dazu?
de Bruyn: Ich bin halt katholisch.

Das Katholische spielt in dem Roman eben eine Rolle. Alles, was zu der Frage ›Krieg und Militär‹ gehört, ist immer vor dem Hintergrund einer christlichen Ethik gesehen. Das Entscheidende für die Lebensgeschichte dieses Menschen ist aber weniger das Katholische als die Tatsache, daß er als strenger Katholik in einer nicht-katholischen Welt aufwächst. Diese Isolation seiner selbst und seiner Familie ist prägend für ihn.

Frage: Haben Sie irgendwelche Verbindungen zur Kirche in der DDR?

de Bruyn: Meine Verbindungen sind viel stärker zur evangelischen Kirche. Das hängt mit der Rolle der beiden Kirchen in der DDR zusammen.

Frage: ... weil die evangelische Kirche in bezug auf die Friedensbewegung stärker Partei ergreift?

de Bruyn: Ja. Die katholische Kirche hält sich da sehr zurück. Und das hängt nicht nur damit zusammen, daß sie, bis auf die Großstädte, kaum vorhanden ist. Die evangelische Kirche dagegen ist offener, und sie hat Freiräume, die sie auch nutzt, politisch und kulturell, was für manche Schriftsteller immer schon wichtig gewesen ist.

Frage: Lesen Sie in der DDR regelmäßig in kirchlichen Einrichtungen?

de Bruyn: Ja, in letzter Zeit fast nur dort.

Frage: In diesem Zusammenhang: Was für eine Atmosphäre ist in kirchlichen Räumen gegeben? Welche Art von Fragen werden Ihnen gestellt? Wie nehmen Sie die Leser wahr; was meinen Sie, ihnen geben zu können?

de Bruyn: Im wesentlichen ist es das gleiche Publikum, das ich auch hätte, wenn ich irgendwo öffentlich lesen würde. Denn es ist nicht so, daß zu diesen Veranstaltungen nur Leute kommen, die etwas mit der Kirche zu tun haben. Viele Leute gehen da hin, um Autoren zu hören, die sie sonst nicht hören können, aber auch, weil dort eine offenere Atmosphäre in der Diskussion herrscht. Das ist insofern erstaunlich, als doch allen klar ist, daß da immer Aufpasser sitzen, also alles Kritische weitergemeldet wird.

Anders ist es natürlich, wenn die Veranstaltung speziell für Leute der Kirche bestimmt ist und also das Religiöse mehr in den Vordergrund tritt. Aber auch dann kann man überrascht werden. Kürzlich zum Beispiel habe ich eine Lesung vor fünfzig Pfarrern der Brandenburgischen Landeskirche gehalten. Da habe ich festgestellt, daß auch die in erster

Linie ganz normale Leser sind, die sich für Literatur interessieren und gern irgendwas lesen, was die DDR-Welt, und zwar kritisch, beschreibt. Der religiöse Aspekt kam dann erst später, und dazu gehört die Neigung, Lösungen von der Literatur zu fordern. Da kommt ein Ton rein, gegen den ich manchmal die Literatur verteidigen muß.

Frage: Gibt es Fragen nach Lebenshilfen – anhand der Figur Viktor Köslings etwa?

de Bruyn: Ja, das gibt es fast immer, bei allen Leuten. Man will zwar Kritik, aber auch Verhaltensregeln, und bei manchen gibt es auch ein Unbehagen an Ironie. Der Ton der *Neuen Herrlichkeit* empört manche Leute. Sie wollen zwar Kritik, aber nicht diesen abwertenden Ton. DDR-Kritik soll aufbauend oder erbaulich sein. Diese Staatsgläubigen, die es auch in kirchlichen Kreisen gibt, werden, was ich verstehen kann, durch Ironie gekränkt.

Frage: Zum Verbot der *Neuen Herrlichkeit* in der DDR: Meines Wissens ist dies auf höchster Ebene entschieden worden.

de Bruyn: Ja, anders kann es nicht sein.

Frage: Wie haben Sie das erfahren?

de Bruyn: Vor allem durch meinen Verlag.

Frage: Ruft Sie dann der Leiter, Dr. Günther, oder die Cheflektorin, Frau Duty, an?

de Bruyn: Über Dr. Günther, der ja vor seiner Verlagstätigkeit Zensurbeamter im Ministerium war, hat ja schon Erich Loest in seinem *Der vierte Zensor* geschrieben, und ähnlich wie bei ihm ging es auch mit der *Neuen Herrlichkeit* zu.

Das Buch ist von mir ganz normal beim Mitteldeutschen Verlag eingereicht worden, es wurde nach den üblichen Streitereien über politisch anstößige Stellen dort angenommen, passierte auch die Genehmigungsstelle, wurde den Buchhändlern angekündigt und auch gedruckt. Wie üblich wurde auch ein Lizenzvertrag mit dem S. Fischer Verlag abgeschlossen. Darin wurde vereinbart, daß das Buch im Frühjahr gemeinsam in beiden deutschen Staaten erscheinen sollte. In der DDR wurde es aus technischen Gründen nicht fertig. Ich hatte damals leichte Zweifel, ob es tatsächlich technische Gründe waren, es war aber offensichtlich wirklich so. Der S. Fischer Verlag hat dann das Buch vereinbarungsgemäß ausgeliefert, so daß im Westen schon Rezensionen erschienen, bevor die DDR-Ausgabe vorhanden war. Vorbote des Verbots war die Anfrage von Herrn Dr. Günther, ob ich auf westliche Rezensionen, die das DDR-feindliche des Buches betonten, eine Ge-

gendarstellung, in dem Sinne: so habe ich das Buch nicht gemeint, veröffentlichen würde – andernfalls drohe aus dem ZK ein Verbot. Man hatte dort oben offensichtlich, zwar nicht mein Buch, aber die *Welt* gelesen und der auch geglaubt.

Frage: Sie wissen, daß der Anstoß zum Veröffentlichungsverbot aus dem ZK kam?

de Bruyn: Ja, wenn auch nur gerüchteweise. Denn Klaus Höpcke, der Kulturministerstellvertreter, der das Buch erst genehmigt hatte und nun auch das Verbot auf seine Kappe nehmen mußte, konnte nur von dort den Befehl dazu erhalten haben, was ihm sicher nicht sehr angenehm war.

Denn Leute wie er, die speziell mit Literatur zu tun haben, wissen natürlich, daß solche Buchverbote politische Dummheiten sind, weil sie für das Buch Reklame machen und mehr schaden als das feindlichste Buch das könnte. Aber diese Zensurfachleute werden dann eben auch noch zensiert.

Frage: Glauben Sie, daß dies ein einmaliger Vorfall bleibt?

de Bruyn: Kaum, denn er fiel ja zusammen mit dem Verbot des Buches von Gabriele Eckert, über das ja auch schon viel bekannt war.

Frage: Könnte sich denn jemand durch die Figur Jan Kösling direkt betroffen fühlen?

de Bruyn: Ich kann es mir kaum vorstellen, aber auszuschließen ist es natürlich nicht. Denn alle Leser neigen dazu, in der *Neuen Herrlichkeit* einen Schlüsselroman zu vermuten, der er wahrhaftig nicht ist. Möglich ist es natürlich, daß jemand aus den höchsten Funktionärsetagen sich hier wiederzufinden glaubt.

Frage: Stimmt es, daß die Leser in der DDR ein intimeres Verhältnis zur Literatur haben, daß sie ihnen mehr als im Westen Lebenshilfe ist?

de Bruyn: Ich bin skeptisch gegenüber diesen allgemeinen Urteilen über DDR und DDR-Literatur, weil ich finde, daß man sich in der Bundesrepublik oft verklärende Vorstellungen von der DDR macht.

Natürlich gibt ein Teil der DDR-Literatur Lebenshilfe, aber gibt die ein Teil der Literatur der Bundesrepublik nicht auch? DDR-Literatur ist ja nicht nur Christa Wolf, sondern auch Heiner Müller, so wie neben Heinrich Böll auch Arno Schmidt existiert. Ich bin da sehr vorsichtig im Urteilen.

Frage: Was verbinden Sie – ganz allgemein – mit dem Wort ›Heimat‹?

de Bruyn: Man hat, durch den Mißbrauch in der Nazi-Zeit, diesen Begriff lange vermieden, weil er diffamiert schien, aber man kann ihn, da er etwas Tatsächliches bezeichnet, nicht auf die Dauer meiden, und es gibt keinen Ersatz für ihn. In der DDR hatte man wenig Skrupel damit, versuchte aber, ihn nur politisch und staatlich zu sehen, was natürlich nicht geht. Nicht das Dorf, die Stadt, die Region sollte Heimat sein, sondern das sozialistische Dorf, die sozialistische Region. Das was Heimat eigentlich ausmacht, die Landschaft, die Geschichte, fiel dabei also weg. Aber das ändert sich jetzt. Man entdeckt, daß es ohne Verbindung zur Geschichte nicht geht. Die aber bietet der Agitation Schwierigkeiten, da sie meist gesamtdeutsche Geschichte ist.

Frage: Was würden Sie als Ihre Heimat bezeichnen – lokal und sozial?

de Bruyn: Der Begriff ›Heimat‹ ist für mich vom Politischen und vom Staatlichen völlig gelöst. Wer ihn benutzt, um politische oder soziale Zugehörigkeit zu bezeichnen, macht von ihm als Metapher Gebrauch.

Frage: Ihre persönliche Heimat: Ist das Berlin oder – allgemeiner – die Mark?

de Bruyn: Beides, und zwar unabhängig von der Grenze, die Berlin heute teilt.

Frage: Ihr Werk zeigt eine gewisse Tendenz zum Ländlichen. Besteht in den *Märkischen Forschungen* oder der *Neuen Herrlichkeit* zwischen Stadt und Land eine Opposition?

de Bruyn: Falls Sie damit meinen, daß das Gute, Moralische auf dem Lande zu Hause ist, so wie früher in der alten Heimat-Literatur – nein, so sehe ich das nicht. Jede moralische Wertung liegt mir in dieser Hinsicht fern.

Frage: Wenn ich an die *Neue Herrlichkeit* denke, wie da die alte Großmutter Tita in ein Altenheim abgeschoben wird, so ist es da doch ganz offensichtlich, welche Unmenschlichkeit die Auflösung dieser Landidylle hervorbringt. Da stoßen die beiden Welten auf Kosten der ländlich-idyllischen Welt zusammen.

de Bruyn: Ja, das meine ich doch: das Land wird nicht als Idylle gesehen, nicht idealisiert.

Frage: Wenn man das Ländliche als die Naturwelt und das Städtische als die Kulturwelt betrachtet, dann zeigt sich eine recht ausgeprägte Sympathie für das Ländliche.

de Bruyn: Das will ich nicht leugnen. Aber ich beschreibe doch die

Moderne, mit ihren Schäden und Unmenschlichkeiten, auch auf dem gar nicht mehr idyllischen Land. Der Reiz der ländlichen Darstellung besteht für mich darin, daß alles so schön übersichtlich und abgeschlossen ist.
Frage: Ist Ihr Blick auf die »Intelligenz« kritischer geworden? Sebastian in der *Neuen Herrlichkeit* äußert sich z. B. sehr kritisch über wissenschaftliches Arbeiten.
de Bruyn: Diesen Sebastian möchte ich nicht so ganz ernstgenommen wissen. Zwar gibt er, wenn er zum Beispiel über Ordnung philosophiert, Autormeinungen wieder, aber insgesamt darf man ihn nicht als Sprachrohr des Autors sehen. Er ist eine Figur für sich, eine Gegenfigur zu Viktor, aber keine, die durchweg positiv ist. Ich meine damit: man darf seine Ansichten nicht für oder wider den Autor benutzen, so wenig wie die Auslassungen Frau Erikas über Marxismus und Wiedergeburt.

Stimme einer Stimmung

Günter de Bruyn im Gespräch mit Regina General

Frage: Auf einer Tagung von Germanisten in der Europäischen Akademie von West-Berlin haben Sie 1988 gefordert, die Kulturpolitik der DDR müsse sich ändern. Zwar gebe es keine Hoffnung, daß sich das unter der damaligen Führung vollziehe, sagten Sie, aber Sie setzten auf eine neue Generation. Nun hat ein Generationswechsel, vielleicht sogar eine Revolution stattgefunden. Entspricht das dem, was Sie damals meinten?

de Bruyn: Nein. Ich hatte kaum eine Vorstellung davon, was nach einem »Generationswechsel« passieren würde. Die Dimensionen gegenwärtiger Entwicklung habe ich nicht einmal geahnt. Das, was ich meinte, ging vom Machbaren in den herkömmlichen Bahnen aus, nicht von einem radikalen Bruch. Es war die Fortschreibung einer Hoffnung, die sich, was man heute leicht vergißt, durch die auf Kongressen und Tagungen möglichen Äußerungen der Künstler in den Jahren 1988/89 ergab. Da zeichnete sich einiges ab, was auf eine stärkere Liberalisierung der Kulturpolitik deutete. Auf mehr hoffte ich nicht.

Frage: Dabei sind Sie, wenn man von Ihrer Literatur ausgeht, ein eher leiser, unspektakulärer Mensch. Spätestens seit Beginn der achtziger Jahre aber haben Sie sich auf allen nationalen und internationalen Treffen vehement und deutlich geäußert. Ich erinnere mich an die erste Berliner Begegnung, an Den Haag, an den Schriftstellerkongreß 1988 und Ihre Rede zur Abschaffung des ›Druckgenehmigungsverfahrens‹. Ihre Wortmeldungen waren unmißverständlich kritisch gegenüber der damaligen Kulturpolitik. Sind Ihnen daraus Nachteile entstanden? Inwieweit hat auch ein Betroffener reagiert?

de Bruyn: Meine Stellungnahme gegen die Zensur, gegen Reglementierungen in diesem Bereich hatte nichts mit den Schwierigkeiten zu tun, die mein Roman *Neue Herrlichkeit* gehabt hatte. Ich gehörte nicht zu den verbotenen Autoren, aber ich wußte, daß Kunst Freiheit braucht, um sich zu entwickeln. Wer die Entwicklung der Kunst will, muß ihre Freiheit wollen. Daß ich das öffentlich sagen konnte, hing einmal mit meinem gewachsenen Selbstbewußtsein zusammen und zum anderen mit der Erfahrung, daß es sinnvoll war, sich derartig zu äußern. Ich hatte in den letzten Jahren oft das Gefühl, daß wir uns zuviel gefallen ließen.

Frage: Mit Ihrer Rede auf der »Berliner Begegnung« haben Sie versucht, die damals subversiv genannte DDR-Friedensbewegung in die allseits beklatschte europäische Friedensbewegung einzuschließen und so Verfolgungen zu erschweren. Es war ein Plädoyer für Denkprozesse außerhalb der genehmigten Strukturen. Fühlen Sie sich als einer der Väter dessen, was im Herbst 1989 begann?

de Bruyn: Da ist natürlich eine Wechselwirkung, man glaubt, sich als Individuum zu äußern, und ist doch Teil des Stroms. Schriftsteller sind Echo für Ablaufendes. Der Autor hatte die Möglichkeit, etwas öffentlich zu machen. Ich war Stimme einer Stimmung, die an sich schon da war. Ich drückte mehr als nur eine Überzeugung aus. Ich wollte Sprecher für die sein, die sich nicht äußern konnten.

Frage: Wie ist Ihrer Meinung nach die schreibende Zunft insgesamt mit dem Privileg des Sich-äußern-Könnens umgegangen? Es gibt den Vorwurf – vehement an die Journalisten, gedämpfter an die Schriftsteller gerichtet –, daß sie die Möglichkeiten nicht genutzt, daß sie versagt hätten.

de Bruyn: Das ist ein Problem, über das ich häufig nachdenke. Natürlich haben wir uns viel vorzuwerfen. Wahrscheinlich wäre der Spielraum größer gewesen, als wir meinten. Andererseits muß man sich in die Lage zurückversetzen, in der wir tatsächlich waren. Auch wenn es wie eine Ausrede klingt, hat es was Wahres. Immer dann, wenn einer zu weit ging, wurde er entfernt. Das galt für Journalisten wahrscheinlich noch stärker als für Autoren. Man mußte also ein Maßsystem finden, in dem man das tat, was man tun mußte, ohne sich effektlos zu gefährden.

Frage: Vielleicht war das Maßsystem falsch angesetzt?

de Bruyn: Ja, sicher war das so. Eben deshalb habe ich mir, meinen Kollegen, den Journalisten Vorwürfe gemacht, damals schon, nicht erst nachträglich. Die Grenze zwischen Vernunft und Feigheit ist in solchen Lagen schwer zu ziehen.

Frage: Die meisten Ihrer literarischen Figuren sind Durchschnittstypen, die in scheinbar festgefügten gesellschaftlichen Strukturen agieren, sie ablehnen, sie hinnehmen, sie ausnutzen. Sie nehmen Partei und Staat als Gefahr von oben wahr, nutzen sie aber auch, um in eine vorteilhaftere Position zu kommen. Das könnte als Verquickung von Schuld gesehen werden und entspräche dann ziemlich genau dem, was wir gerade erleben. Viele fühlen sich mitschuldig.

de Bruyn: Es ging mir immer um die Frage, inwieweit man ehrlich sein kann innerhalb einer Gesellschaft, die das Individuum daran hindert, ehrlich zu sein. Dabei entsteht dann, oft aus Angst, auch persönliche Schuld.

Frage: Die Frage nach der individuellen Schuld durch Inanspruchnahme der neuen Herrlichkeit bleibt: Ab wann wird einer schuldig, wann hätte er aufwachen müssen?

de Bruyn: Das ist individuell verschieden. Für Leute, die an die Ziele dieser Gesellschaft geglaubt haben, war das anders als für mich, der ich nie daran glaubte. Zu Teilen ist das auch eine Generationsfrage.

Frage: Weil Sie am Ende des Krieges schon relativ erwachsen waren, die Zeit des Faschismus, den Umbruch von damals bewußt erlebten und dadurch gefeit waren? Sehen Sie denn Parallelen?

de Bruyn: Ich hüte mich sehr vor solchen Parallelen. Damals ging es um Verbrechen von einem Ausmaß, wie sie in der deutschen Geschichte einmalig sind. Bei allem, was man der ehemaligen DDR-Führung nachsagen kann, das wäre ungerecht. Das waren zwei verschiedene Umbruchsituationen. Trotzdem aber gibt es Ähnlichkeiten in der psychologischen Situation der ehemaligen Anhänger oder Mitläufer. Dieses Sich-Mitschuldig-Fühlen, weil man unkritisch glaubte, trotz persönlicher Unschuld. Das Psychogramm solcher Menschen hat mich damals beeindruckt, und heute denke ich manchmal: Das hast du doch schon einmal erlebt.

Frage: In *Neue Herrlichkeit* weisen Sie auf etwas hin, was jetzt in bedrückender Form Bestätigung gefunden hat: die Verselbständigung von Macht, die Entfernung von denen, die der eigentliche Souverän sein sollten, die Ausnutzung der Macht zur persönlichen Bereicherung. Manchmal entsteht das Gefühl eines zwanghaften Prozesses, der schon fast etwas Mystisches hat.

de Bruyn: Mystisch gefällt mir nicht. Ich glaube aber, daß ein Prozeß der Gewöhnung stattfand. Man kam aus kleinen Verhältnissen und wuchs ins Privilegiertendasein hinein. Und der herrschenden Ideologie widersprach das durchaus nicht. Die besagte doch, daß der, der für den Staat, für die Partei am meisten tat, es auch am besten haben soll.

Viele haben davon profitiert, es wurde offen gesagt. Es ging nicht um Gerechtigkeit, um Mitleid, um Barmherzigkeit. Der Staat behielt sich vor, zu strafen oder zu belohnen. Wer sich verdient machte, kriegte eine Wohnung, eine Prämie... Und die führenden Leute waren natürlich davon überzeugt, sie hätten sich auch am meisten verdient gemacht. Also nahmen sie sich das Recht, besser zu leben. Hinzu kam, daß keine Institution da war, die sie hätte kontrollieren können.

Frage: Ist das nur in sozialistischen Ländern denkbar?«

de Bruyn: Nein. Korrumpierung durch Macht ist grundsätzlich da. Hier widersprach das nur besonders kraß den sozialistischen Idealen, die ständig gepredigt wurden. Anderswo nimmt man als selbstverständlich hin, daß, wer die Macht hat, auch das Geld hat – und zwar ein bißchen mehr als unsere Duodezfürsten.

Frage: In der Erzählung *Freiheitsberaubung* – eigentlich eine Liebesgeschichte – wird sehr drastisch auf die Zustände bei der Wohnungsvergabe verwiesen, im Roman *Neue Herrlichkeit* auf Privilegienwirtschaft, Machtmißbrauch, Jahre bevor all das öffentlich wurde. Gemessen an dem, was jetzt ans Tageslicht kam, ist die »Neue Herrlichkeit« aber eher bescheiden. Denken Sie über einen zweiten Band nach?

de Bruyn: Als ich *Neue Herrlichkeit* schrieb, wußte ich wenig. Ich hatte keine Beziehung zu solchen Leuten, nur ein paar Beobachtungen hatte ich gemacht. Die Tatsache zum Beispiel, daß im Buch der alte Kösling mit einem Pferdeschlitten ankommt, entspricht so einem Erlebnis. Ich hatte gesehen, wie ein Bezirksfürst mit dem Pferdeschlitten zur Jagd gefahren wurde, daneben zwanzig Stasileute. Das schien mir bezeichnend. Übrigens hat das doch eigentlich jeder gewußt. Die Aufregung darüber fand ich ein wenig künstlich. Ein Ablenkungsmanöver. – An einen zweiten Band denke ich nicht. So schnell geht das Plänemachen bei mir nicht.

Frage: Sie beschäftigten sich viel mit dem *Märkischen Dichtergarten*, also mit Figuren weit weg von den Problemen der achtziger Jahre. Wollten Sie ausruhen, ausweichen oder sich einfach mehr deutsche Literaturgeschichte erarbeiten?

de Bruyn: Weder ausruhen noch ausweichen. Ich habe immer doppelgleisig gearbeitet, mich mit Geschichte, Literaturgeschichte befaßt und daneben Gegenwartsbücher geschrieben. Man merkt es, glaub' ich, den Romanen an, daß Gegenwärtiges immer stark vom Geschichtlichen bestimmt wird.

Frage: Schmidt von Werneuchen fällt mir da ein, ein eigenwilliger Ein-

zelgänger, gesehen mit freundlicher Ironie. Sie schlagen ihm gegenüber einen ähnlichen Ton an wie in Ihren Romanen.
de Bruyn: Ich habe eine Vorliebe für solche Gestalten, ich kann sie verstehen, analysieren. Vielleicht auch weil etwas von ihnen mir verwandt ist. Auf Schmidt von Werneuchen bin ich durch Fontane gestoßen. Wie er liebe ich die Landschaft, die Örtlichkeiten. Auch interessiert mich das Phänomen gesellschaftlicher Schuldlosigkeit durch Rückzug aus der Gesellschaft, das andererseits aber ebenso Schuld sein kann. An der Gestalt Jean Pauls zeigt sich ähnliches. Er lebte zeitweilig als zurückgezogener Kauz und war doch sehr viel politischer als die meisten Autoren seiner Zeit. Mich fesseln diese Gegensätze, und sie sind doch sicher nicht gegenwartsfern.
Frage: Würden Sie gern ähnlich zurückgezogen leben?
de Bruyn: Meiner eigentlichen Natur nach, ja. Öffentliches Auftreten ist mehr Verantwortungsgefühl. Wenn Sie wüßten, wie ungern ich rede. Das ist immer nur Pflicht, Neigung nie.
Frage: In einer Würdigung, die Rulo Melchert zu Ihrem Geburtstag im *Sonntag* veröffentlichte, schreibt er, daß Ihr Werk unverwechselbar eigenständige DDR-Literatur sei. Sie selbst haben das immer etwas anders gesehen.
de Bruyn: Ich habe meine Bücher immer als Teil der deutschen Literatur gesehen und die Existenz einer eigenständigen DDR-Nationalliteratur bestritten. Denn stärker als alles andere wirken hier die Sprache und die Traditionen. Natürlich hatte die DDR-Literatur – und ich sage schon »hatte«, als ob es sie nicht mehr gäbe – immer eine besondere Note. Thematisch, soweit sie DDR-Stoffe aufnahm, und natürlich auch durch die besondere Lage der Autoren bedingt, sie schrieben unter außergewöhnlichen Umständen. Das gab ihr eine besondere Färbung, die ich nicht missen möchte. Aber sie war Teil der deutschen Literatur, wie andere, regional bestimmte, auch. Die Diskussion um die zwei deutschen Literaturen war unsinnig. Dort und hier baute man auf gleichen Traditionen, hier und dort wurde ähnlich rezipiert. Vielleicht bin ich traditionsbewußter als andere, weiß also, wo meine geistigen Haltungen und historischen Mittel herkommen. Vielleicht habe ich mir deshalb nie ausreden lassen, daß vierzig Jahre kultureller Entwicklung ein Nichts sind gegen Jahrhunderte nationaler kultureller Tradition.
Frage: Sie haben 1989 den Thomas-Mann-Preis der Hansestadt Lübeck bekommen. In der Begründung heißt es, Günter de Bruyn erhält den

Preis für sein Bemühen, »die Wahrheit zu sagen, im Kleinen wie im Großen, in Teilen wie im Ganzen«. Wie wollen Sie in dieser Zeit einem solchen Vollkommenheitsanspruch genügen?
de Bruyn: Zunächst, ich habe den Preis noch nicht, die Verleihung ist erst im Mai.
Frage: Aber Sie kennen die Begründung?
de Bruyn: Sie ist ein Zitat von mir, aus Frühzeiten, aus einem Essay über Arnold Zweig, aus dem Anfang der sechziger Jahre. Und es bezog sich damals nicht auf mich, sondern auf Zweig. Aber meinen Anspruch an die Literatur benennt es schon, obwohl ich ihn heute nicht mehr so pathetisch formulieren würde.
Frage: Einen Anspruch, der nicht nur für die Literatur gelten sollte. Wie aber setzt man ihn gegenwärtig um, wie korrespondiert er mit einer Bemerkung, die ich im *FAZ-Magazin* las und die lautete: »Die Revolution hat wahrhaftig ohne Zutun der Schriftsteller stattgefunden«?
de Bruyn: Diese Bemerkung ist einfach falsch. Die Literatur hat seit Jahren Vorarbeit geleistet auf ihrem, dem geistigen Feld. Die Stärke ihrer Wirkung ist natürlich schwer meßbar, aber sie war da. Daß bei dem eigentlichen Geschehen im Oktober, November anderes auslösend wirkte, spricht doch nicht gegen diese vielleicht notwendige Bodenbereitung. Auch die französischen Schriftsteller des 18. Jahrhunderts haben nicht die Bastille gestürmt, aber daß sie den Sturm mit anblasen halfen, ist doch nicht zu bestreiten. Ich weiß, der Vergleich greift zu hoch und ist deshalb unstatthaft, aber was ich meine, macht er wohl klar.

1990

Blick zurück

Günter de Bruyn im Gespräch mit Helmtrud Mauser im Januar 1991

Frage: Seit vielen Jahren lebst du, als gebürtiger Berliner, vorherrschend auf dem Lande, nicht weit von der Grenze zu Polen entfernt. Die ehemalige preußische Provinz Brandenburg hat eine bewegte Geschichte hinter sich und mußte auch in den vergangenen Jahrzehnten viel ertragen: schlimme Kriegshandlungen, die Auflösung traditioneller Strukturen in der NS-Zeit und nach Kriegsende – und schließlich das SED-Regime.

Wenn man deine Texte liest, spürt man, wie wichtig dir diese Region ist. Mich interessiert, auf welche Weise dein Leben und dein Werk mit ihr zusammenhängen. Geht deine Liebe zur Mark Brandenburg schon auf die Kindheit zurück?

de Bruyn: Wahrscheinlich kommt da vieles zusammen. Um bei der Kindheit anzufangen: die Problematik von Heimat und Fremde wurde mir wohl damals schon dadurch bewußt, daß mein Vater aus Bayern war. Er war ein bewußter Bayer, sehr antipreußisch. Meine Mutter aber war Preußin. Mehr oder weniger spielerisch teilte sich unsere relativ große Familie in eine preußische und eine süddeutsche Partei. Ich, der Jüngste, war immer auf seiten der Mutter, und damit in Opposition zum Vater und den älteren Geschwistern, die Preußen nicht mochten. Vielleicht hat durch diese Verteidigungsstellung sich schon die Verbindung zum Vertrauten gefestigt. Aber ausschlaggebend war dann sicher die einjährige Entfernung während des Krieges. Wichtig wird Heimat doch erst, wenn man sie nicht mehr hat.

Frage: Hat denn die Landschaft, die Natur für das Stadtkind schon eine Rolle gespielt?

de Bruyn: Ja, ich war schon als Kind naturbegeistert, in etwas sentimentaler Weise, wie viele Großstädter. Aber ich war viel auf dem Lande, das heißt in der Mark. Meine Mutter hatte ländliche Verwandtschaft, Bauern, Dorfgastwirte.

Frage: Warst du da in Ferien?

de Bruyn: Ja, oft mehr der Natur als der Leute wegen.
Frage: Interessiertest du dich für die Geschichte der Gegend?
de Bruyn: Nein, gar nicht. Das kam erst später, ich glaube erst durch Fontane. Relativ früh habe ich die *Wanderungen durch die Mark Brandenburg* gelesen.
Frage: Noch als Schüler?
de Bruyn: Nein, erst 1945, also mit 19, und dabei habe ich sofort den Entschluß gefaßt, so etwas auch einmal zu schreiben. Ich fing auch damit an, Anfang der fünfziger Jahre, aber es wurde nichts draus.
Frage: Wie schade.
de Bruyn: Aber die Fontane-Lektüre traf natürlich auch auf etwas Vorbereitetes. Wahrscheinlich habe ich doch in der Familie etwas davon mitbekommen, von dieser Verbindung von Ort und Geschichte, daß man also in einem Ort immer danach fragt, wie es eigentlich dazu gekommen ist, daß das dort so oder so ist. – Ja, es war wohl die Familie, in der ich historisch zu denken gelernt habe, denn die Familiengeschichte wurde mir schon als Kind beigebracht.
Frage: Waren die de Bruyns Hugenotten?
de Bruyn: Nein, obwohl das in Berlin nahe läge. Die de Bruyns waren katholische Holländer, die aus den niederrheinischen Gebieten, so um 1790 ungefähr, nach Bayern gezogen sind. Seitdem war die Familie immer in Bayern. Nach Preußen ist nur mein Vater gekommen und meiner Mutter wegen geblieben. Er hat aber, glaube ich, gelitten darunter.
Frage: Da spielte wahrscheinlich auch das Problem des Katholizismus in einer protestantischen Umwelt eine Rolle.
de Bruyn: Ja. Meine Mutter war ursprünglich Protestantin und ist durch ihre Heirat katholisch geworden, auf eine etwas krampfhafte Art. Für meinen Vater und für meine älteren Geschwister war der Katholizismus selbstverständlicher und damit normaler.
Frage: Gab es in der Familie so eine Minderheitenrolle?
de Bruyn: Nein. Minderheit war man draußen, außerhalb der Familie. In der Schule spielte es immer eine Rolle, daß ich katholisch, also anders als die Mehrheit war.
Frage: Welche Erinnerungen hast du an deine Schulzeit? Du bist ja in der NS-Zeit zur Schule gegangen, und das brachte für einen Jugendlichen sicher auch Probleme.
de Bruyn: Natürlich. Ich bin 1933 eingeschult worden und hätte 1945 mein Abitur gemacht. Das ist genau meine Schulzeit gewesen, diese

zwölf Jahre. Aber viel sagt das nicht; denn es gab viele Einflüsse auf ein Kind, auch in dieser Zeit. Meine Oberschule z. B. war wenig nazistisch, eher deutsch-national, sehr preußisch. Das Preußische wurde dem Nazihaften oft entgegengesetzt, für mich recht eindrucksvoll. Das ist der einzige Einfluß, der mir von der Schule überhaupt in Erinnerung ist. Aber auch das ist insofern widerspruchsvoll, als nach 1945 das Preußische und das Nazihafte für mich fast dasselbe war. Denn wenn man Preußen sagte, hat man damals nur an Militarismus gedacht.

Frage: Konntest du dich denn als Jugendlicher der allgegenwärtigen Propaganda entziehen?

de Bruyn: Das ist schwer zu sagen. Wahrscheinlich konnte ich mich dem deshalb entziehen, weil ich so fest in diese katholische Familie eingebunden war. Gläubigen Nationalsozialisten bin ich nie begegnet, zumindest keinen, die mich hätten beeinflussen können. Bei Kriegsende hatte ich die Vorstellung, ich sei ganz frei davon gewesen, aber das stimmte nicht. Etwas vom Nationalismus war doch hängengeblieben und eine falsche Vorstellung von Demokratie.

Frage: Wann wurden dir denn die Auswirkungen der Nazi-Herrschaft, vor allem die Verfolgung und Vernichtung der Juden, bewußt?

de Bruyn: Kurz vor Kriegsende. Ich kam im Lazarett mit SS-Leuten zusammen, die ganz offen, in entsetzlicher Weise über die Erschießung von Juden redeten. Es war gräßlich für mich. Vorher habe ich nichts gewußt oder nichts wissen wollen. Meine Gedankenlosigkeit damals ist mir heute unverständlich. Denn meine Erinnerungen an Berliner Straßen, in denen viele Juden lebten, sind sehr genau. Ich kannte das Scheunenviertel, hatte dort Juden mit Judenstern gesehen, aber ich kann mich nicht daran erinnern, daß mir aufgefallen wäre, daß sie plötzlich fehlten. Ich ging oft ins Kino in dieser Gegend, ich war noch in Berlin, als die letzten Juden verschleppt wurden, aber mir fiel nichts auf, ich dachte über nichts nach. Es ist unbegreiflich, aber so war es.

Frage: Hat man denn unter Freunden, in der Familie oder in kirchlichen Kreisen nicht über die Verfolgung der Juden, ihr plötzliches Verschwinden geredet?

de Bruyn: Wir hatten einen jüdischen Hausarzt, den wir sehr liebten, aber der wanderte 1935 nach England aus. In der Kirche, in der Familie war man über die Diskriminierung der Juden empört. Aber später schwieg man sich über dieses gefährliche Thema aus. Es war Krieg, man hatte mit seiner Angst um sich selbst zu tun.

Frage: Du warst dann ja auch schon bald beim Militär.
de Bruyn: Seit 1943 war ich schon kaserniert, vorher evakuiert oder auf Ernteeinsätzen, seit 1940 also selten in Berlin.
Frage: Hattet ihr denn als Jugendliche nicht eine riesige Wut über dieses Leben, das Euch aufgezwungen wurde, auch darüber, daß ihr noch an die Front mußtet?
de Bruyn: Nein, keine Wut. Es war selbstverständlich, man wußte es ja schon lange genug. Angst oder Unbehagen versteckte man voreinander so gut es ging.
Frage: Man wollte nicht feige sein?
de Bruyn: Selbst unter vertrauten Freunden blieb das Thema meist unberührt. Man machte sich über die Partei lustig, das gehörte zum guten Ton. Bei der Wehrmacht konnte man sich auch über militärische Karrieristen lustig machen, aber immer nahm man Hitler dabei aus.
Frage: Wie ist das zustande gekommen?
de Bruyn: Das war wahrscheinlich das Übergreifen einer allgemeinen Haltung des Volkes auf den einzelnen. Die Person Hitler war tabuisiert. Ich entsinne mich der Äußerung einer Tante, die Schauspielerin in Stuttgart war: Den Hitler müßte man umbringen. Das war 1943, anläßlich Stalingrads. Ich war auch der Meinung, hatte aber doch das Gefühl, daß man das nicht sagen dürfe. Das war wie Blasphemie.
Frage: Aber das Unbehagen in dir muß in dieser Zeit schon sehr kräftig gewesen sein. In einem deiner Essays erzählst du von Leseerfahrungen aus dieser Zeit, von der Begegnung mit Tonio Kröger und Grischa.
de Bruyn: Ja, dieser Widerspruch war da, in mir, und nicht nur in mir. Eben ein Tabu, sicher auch aus Angst entstanden. Denn Gefährlicheres als Hitler zu lästern gab es nicht. Tabuverletzung bedeutet ja Tod.
Frage: Hatte das auch mit dem Glauben an staatliche Autorität zu tun?
de Bruyn: Sicher, bei meiner Mutter z. B. ganz stark. Das war von Kaisers Zeiten noch in ihr drin und wirkte auch in DDR-Zeiten noch.
Frage: Für dich scheint es vor allem eine schreckliche Erfahrung gewesen zu sein, dem Druck von Gruppenzwängen ausgeliefert zu sein.
de Bruyn: Die übliche HJ-Begeisterung, von der ich jetzt in Autobio-

graphien oft lese, kannte ich nicht. Aber das war nicht mein Verdienst. Es war kein bewußter Protest, es war Unfähigkeit, ich konnte das einfach nicht. Ich litt darunter, mußte mich dem entziehen.
Das Nachdenken darüber kam erst später, während der Zeit bei der Flak.
Frage: Was hat das ausgelöst?
de Bruyn: Politisches Bewußtwerden, oder eine Vorform davon, die durch Freunde in Gang kam und natürlich durch die militärische Lage. Genau als ich, noch als Schüler, zur Flak eingezogen wurde, begann die Katastrophe von Stalingrad.
Frage: Hattet ihr denn Informationen darüber?
de Bruyn: Nein. Man ist beim Militär informationsloser, als man zu Hause ist. Aber die verlorene Schlacht war ja eine öffentliche Information. Auch hatte man gelernt, die Wehrmachtsberichte richtig, das heißt zwischen den Zeilen zu lesen. Und es gab in der Wehrmacht genug Leute, auch Offiziere, die aus ihrer Verzweiflung über den Kriegsverlauf kein Hehl machten.
Frage: Seit wann etwa wußtet ihr von der Existenz der KZs, und wie habt ihr auf diese Ungeheuerlichkeiten reagiert?
de Bruyn: Der Schock über die Enthüllungen der KZ-Greuel war groß, vielleicht auch aus Angst, weil man eine schreckliche Rache der Sieger erwarten konnte. Von den Massenvernichtungen hatte man in weiten Kreisen ja wirklich nichts gewußt – sicher auch nichts wissen wollen, da solches Wissen gefährlich war.
Als ich im Mai 1945 in der Tschechoslowakei nach Bayern unterwegs war, fragte mich eine sudetendeutsche Bauersfrau ganz verzweifelt, ob ich denn glauben könne, was sie im Londoner Rundfunk gehört hatte: daß Hitler so viele Juden umgebracht habe. Sie konnte es nicht glauben, das konnte doch der Führer nicht gemacht haben. Ich hörte aus ihrem Mund zum erstenmal diese Nachricht, wußte aber sofort, daß es stimmte; denn ich hatte ja wochenlang im Lazarett die SS-Leute erlebt.
Frage: Daß viele nichts von den Vernichtungslagern wußten, scheint mir noch einleuchtend. Aber manche behaupten ja immer noch, auch von der Existenz der vielen anderen, dicht über das Land verteilten KZs nichts gewußt zu haben.
de Bruyn: Davon wußte man. Man wußte seit 1933 schon, daß es KZs gab. Ihre Erwähnung war üblich, fast redensartlich. Man sagte: diese Äußerung kann dich ins KZ bringen. Man wußte von ihrer Existenz,

aber nicht, was dort geschah. KZ war schlimmer als Gefängnis, aber von der Vernichtungsmaschinerie wußte man nicht. Aber entschuldigen kann das wenig. Man wußte, im KZ saßen die politischen Gegner. Es war verboten, mit ihnen Mitleid zu haben. Und weitgehend richtete man sich danach.

Frage: So konnte man vermeiden, sich dem Schrecklichen auszusetzen, konnte vielleicht auch eigene Angst leichter verdrängen.

de Bruyn: Es gab weithin eine Unempfindlichkeit, die der Kriegsmentalität entsprach. Mitleid änderte für die Betroffenen nichts, und man selbst begab sich damit in Gefahr. Man sah also lieber nicht hin. Auf S-Bahn-Fahrten begegnete man im Kriege manchmal Gruppen von Elendsgestalten, nicht KZ-Insassen, aber sogenannten Ost-Arbeitern, die sich nicht setzen durften, obwohl sie aussahen, als ob sie gleich umfallen würden. Kontakt mit ihnen zu suchen, war verboten, also blickte man lieber weg. Man war ohnmächtig, konnte ihnen nicht helfen. Aber ich kann mich auch nicht erinnern, daß ich vor Empörung krank geworden wäre. Auch das Mitgefühl wurde verdrängt. – Das wurde übrigens anders, wenn man einige als Individuen erkennen konnte. Die hungernden kriegsgefangenen Russen in unserer Flakstellung wurden trotz des Verbots von uns oft mit Brot versorgt.

Frage: Daß man Unangenehmes am liebsten übersehen möchte, kenne ich auch aus dem Alltag unserer Gesellschaft. Wenn ein Obdachloser in der Fußgängerzone etwas verloren Mundharmonika spielt und mit einem Pappschild auf seine soziale Lage hinweist, sieht man lieber weg. Wenn einen ein Fixer um Geld anbettelt oder ein Roma-Kind heulend hinter einem herläuft, wird einem unbehaglich. Man fühlt sich hilflos und möchte der Spannung, in die man gerät, entgehen.

de Bruyn: Genau so. Nie erlebt habe ich Haßausbrüche von Deutschen gegen Gefangene oder Zwangsarbeiter. Man behandelte sie nicht schlecht von sich aus. Aber da man nicht verantwortlich für sie war, guckte man eben nicht hin.

Frage: Dann kam das Kriegsende. Ein tiefer Einschnitt. Wie hast du die Anfangsphase der DDR erlebt?

de Bruyn: Die war dem Anschein nach kaum anders als hier. Man knüpfte an die Weimarer Demokratie an.

Frage: An welchen Punkten hat man denn z. B. als junger Mann den Einfluß der Besatzungsmacht gemerkt?

de Bruyn: Die Besatzungsmacht war immer präsent. Einerseits als Bedrohung, andererseits als Hilfe bei der Umgestaltung, die sich demokratisch nannte.
Frage: Hat man das als Doppelspiel durchschaut?
de Bruyn: Ja, sehr früh. Man war überrascht, daß die Kommunisten, die aus Moskau kamen, sich auf Demokratie einließen, und das Mißtrauen war groß.
Frage: Es folgte ja bald die Vereinnahmung der SPD.
de Bruyn: Ja, teils durch Überzeugung, teils durch Zwang. Das Doppelspiel mit der Demokratie ging noch einige Jahre weiter. Man wollte angeblich die deutsche Einheit und die parlamentarische Demokratie, in Wahrheit aber war die SED schon die führende Kraft. Sie übte mit Hilfe der Besatzungsmacht die wirkliche Macht aus. Mir begegnete sie zum erstenmal (noch als KPD) im Januar 1946, als ich meine Lehrerausbildung begann. Da wurde schon sanfter Zwang zum Eintritt in die Partei ausgeübt.
Frage: Wie ging das vor sich?
de Bruyn: Ganz plump. Der Mensch, der meinen Bewerbungsfragebogen entgegennahm, legte mir gleich einen Aufnahmeantrag für die KP zur Unterschrift vor, als gehöre das mit dazu.
Frage: Glaubte man sich dem ohne Gefahr entziehen zu können?
de Bruyn: Ich hatte damals das Gefühl, daß es gefährlich sei, nein zu sagen, aber das war es nicht. Es schloß nur früh schon Karrieren aus.
Frage: Du bist dennoch nicht in die Partei eingetreten. Warum nicht?
de Bruyn: Ich wollte nicht, konnte nicht. Das war nicht anders als zuvor in der Hitlerzeit. Ich war schockiert darüber, daß der Zwang wieder begann, daß die schöne Zeit, die unmittelbare Nachkriegszeit, in der man das Gefühl hatte, von allen Zwängen befreit zu sein, vorüber war.
Frage: War das für euch junge Kriegsheimkehrer ein kurzer Moment der Anarchie?
de Bruyn: Genau das. Es war eine Illusion, aber das Gefühl war da. Ein Glück, das kaum eine Generation erlebt. Man war vom Staat, auch von der Nation befreit.
Frage: Hatte dieses Gefühl mit dem Scheitern des Nationalsozialismus zu tun?
de Bruyn: Ja, sicher. Noch lange hielt ich alles Nationale für diskreditiert.
Frage: Das ist eine Einschätzung, die viele meiner Generation, der er-

sten Nachkriegsgeneration, noch heute teilen. Wie hast du denn in diesen Anfangsjahren die Entwicklung in der DDR eingeschätzt?

de Bruyn: Lange, vielleicht bis zum Bau der Mauer, lebte ich wie viele andere in der Vorstellung, daß die DDR eine vorübergehende Angelegenheit sei. Das war vielleicht immer eine Wunschvorstellung, die auch damit zusammenhing, daß man sich in Berlin in einer Ausnahmesituation wähnte.

Frage: Aber wie wirkten sich die Belastungen aus, die die politischen Verhältnisse mit sich brachten?

de Bruyn: In vielfacher Weise, zum Beispiel, daß man mehr als im Westen auf sich selbst verwiesen war, mehr nach innen lebte. Entscheidend aber war wohl eine deformierende Angst, die im Laufe der Jahre und Jahrzehnte jedoch immer geringer wurde. Einmal, weil der Druck abnahm, zum anderen auch, weil man besser verstand, damit umzugehen. Auszuhalten war das vorwiegend deshalb, weil man einen Kreis von Gleichgesinnten um sich hatte. Und es gab natürlich auch eine gewisse Lust an der Angst. Es ist ja z. B. auch ein besonderer... Reiz ist zu wenig gesagt... wenn man ständig verbotene Literatur liest.

Frage: Lag der Reiz vielleicht auch darin, daß man sich selbst stärker spürte, wenn man sich an den Grenzen rieb, die gesetzt waren?

de Bruyn: Ja, man hatte eine ständige Bestätigung seiner selbst. Außerdem gab es zwischen 1950 und 1960 immer das Gefühl der Übereinstimmung mit anderen. Als wir aus dem Krieg heimkamen, verbanden uns die Lebensschwüre, die wir getan hatten, zu denen vor allem die pazifistischen gehörten. Aber schon bei denen, die bloß zwei, drei Jahre jünger waren, die nicht mehr Soldat hatten sein müssen, war das anders. Sie konnten sich leichter in die neuen Verhältnisse fügen. Und nach dem Bau der Mauer begann man sich mit den Verhältnissen einzurichten. Einerseits war der Mauerbau ein großer Schock, andererseits war er für viele auch eine Erleichterung. Sie standen z. B. nicht mehr vor der Frage, ob sie rübergehen sollten oder nicht.

Frage: Nach dem Ende des Krieges waren viele deiner Generation fasziniert von sozialistischen Ideen. Fühltest du dich davon gar nicht angesprochen?

de Bruyn: Ich glaube, mein Individualismus hinderte mich daran, meine schlechte Erfahrung mit Organisationen. Die formalen Ähnlichkeiten zwischen kommunistischen und nazistischen Äußerlichkeiten stießen mich ab, das Marschieren, die Fahnen, die Vergottung des Herrschers.

Frage: Die Strukturen der Massenerfassung waren ja ähnlich, und die alten Rituale wurden von den neuen Machthabern auch bewußt genutzt.
de Bruyn: Viele haben das ganz anders empfunden als ich. Vor allem jene, die in der Nazizeit schon so etwas gläubig Idealistisches hatten, haben leichter die gleichen Formen mit nun ganz anderen Inhalten akzeptiert. Man darf auch nicht vergessen, daß es bei denen, die sehr nazigläubig waren, auch ein großes Schuldgefühl gab. Natürlich war auch ich beeindruckt von Kommunisten, die in der Nazizeit im Gefängnis gesessen oder Widerstand geleistet hatten. Doch begegnete ich auch alten Kommunisten, die über den Stalinismus entsetzt waren. Und ich habe früh Arthur Köstlers *Sonnenfinsternis* gelesen. Daß viele ihn als Renegaten abtaten, beeindruckte mich wenig, das Buch aber sehr.
Frage: Auf das Identifikationsangebot, das der Kommunismus für viele darstellte – gerade weil er einen utopischen Kern hatte –, bist du also nicht eingegangen. Könnte deine intensive Beziehung zur Landschaft und zur Geschichte der Mark irgendwie mit dieser Verweigerung zusammenhängen?
de Bruyn: In Gedanken habe ich solche Beziehung auch schon hergestellt, aber mir scheint das fadenscheinig und gefährlich. Es könnte leicht der Eindruck entstehen, als ob das Politische das Sekundäre sei. Aber es gab schon so ein Gefühl, daß das meine Gegend ist, die von anderen okkupiert ist, ein Gefühl des Vorübergehenden, Aufgesetzten auch.
Frage: Das Politische ist ja zunächst auch etwas Abstraktes, richtig greifbar wird es erst im einzelnen. Besonders bei deinen Essays fällt die Liebe zum Detail auf, zum historischen, geographischen, psychologischen Detail.
de Bruyn: Das liegt vielleicht daran, daß für mich die Beschäftigung mit historischen oder literarhistorischen Dingen etwas Konkretes haben muß, daß ich nicht als Wissenschaftler, sondern mehr vom Künstlerischen darangehe. Das Detail transportiert etwas, was nicht direkt ausgesprochen werden kann. Und mein Verhältnis zur Landschaft hängt ganz stark mit Geschichte zusammen.
Frage: Warum interessiert dich vor allem die Zeit um 1800?
de Bruyn: In der Zeit fängt vieles an, was bis heute nachwirkt, die Auseinandersetzung mit nationalen Fragen oder Probleme der Geschlechterbeziehung z. B. Der Adel wird in dieser Zeit interessant, weil sein

Selbstverständnis abbröckelt, als er sich mit alten Vorstellungen in einer neuen Wirklichkeit wiederfindet. Das hat Aktuelles. Geschichte interessiert mich immer in bezug auf die Gegenwart.

Frage: Das macht ja auch die große Lust beim Lesen dieser Essays aus. Man liest den zeitgenössischen Text immer mit, die Gegenwart erscheint dann auf der Folie der Vergangenheit vielschichtiger, perspektivenreicher. Hat dein Interesse an dieser Zeit auch damit zu tun, daß du bestimmte Aspekte in der Gegenwart nicht genug gewichtet findest?

de Bruyn: Vielleicht. Bei der Beschäftigung mit geschichtlichen Dingen stößt man manchmal auch unverhofft auf die Wurzeln von Gegenwärtigem. Bei Marwitz z. B. sieht man diese Anfänge moderner antisemitischer Muster. Und natürlich ist das immer ein Nachdenken über Sinn und Unsinn von Tradiertem. Ich weiß, da ist etwas, was immer noch in den Leuten drinsteckt, auch in mir, und ich frage nach der Rolle, die das hatte und heute noch hat. Zum Beispiel diese sogenannten preußischen Tugenden. In der DDR-Geschichte spielen sie eine große Rolle. Die Leute, die ich in der Mark Brandenburg kenne, sind ausgesprochen preußischer Prägung, mit allen Vor- und Nachteilen: sehr verläßlich, arbeitsam, leicht zu lenken, immer nach Obrigkeit Ausschau haltend. Diese treue Nüchternheit in kleinen Verhältnissen hat schon etwas historisch Geprägtes.

Frage: In deinem Jean-Paul-Buch ist das ja auch eines der Themen: auf welche Weise man die Verhältnisse, aus denen man kommt, ein Leben lang mit sich trägt. Aber laß uns nochmal auf diese Pflichtethik kommen. Du bist in der DDR geblieben und deine Familie auch. Hatte das mit dem Gefühl einer gewissen Verpflichtung zu tun?

de Bruyn: In unserer Familie hatten alle ein starkes Pflichtbewußtsein, was bis zur Selbstverleugnung ging. Das kam vor allem durch meine Mutter, daß man z. B. zu Hause nie klagte. Ich kann nur Gutes über meine Familie sagen, aber irgendwas stimmte trotzdem nicht. Wir haben allesamt nicht gelernt, auch nur ein Wort des Jammerns zu Hause zu sagen.

Frage: Wie schrecklich, wenn alle so heroisch sein müssen. Mir scheint das etwas sehr Charakteristisches für die Situation in der DDR zu sein. Als manche Autoren den jungen Übersiedlern im Herbst '89 Pflichtvergessenheit und Schlimmeres vorwarfen, war ich entsetzt. Sie schienen gar nicht zu bemerken, daß sie sich damit in den Dienst von Sozialdisziplinierung stellten.

de Bruyn: Ich erschrecke auch darüber, vor allem über mich selbst. Als Problem habe ich mir das relativ früh bewußt gemacht, ohne das Psychische richtig bewerten zu können.
Es gibt eine wunderbare Stelle in den Memoiren von Marwitz, wo dieser erzählt, wie gut ihn sein Vater erzogen habe. Als er als Kind das erste Mal nach Berlin reitet, schreibt er seinem Vater nach Friedersdorf, daß dieser Ritt schrecklich gewesen wäre, es habe die ganzen fünf Stunden lang immerzu geregnet, und er habe entsetzlich gefroren. Die böse Antwort des Vaters war: das würde ihm ja wohl nichts geschadet haben, da er schließlich nicht aus Zucker sei. Und das führt der Sohn als hervorragendes Beispiel für gute Erziehung an.
Frage: War der Gedanke, etwas aushalten zu müssen, auch eine Art Gegenmittel gegen den Wunsch wegzugehen, von dem du in deinem Merian-Gespräch mit Günter Grass sagst, daß er in verschiedenen Lebensstadien immer wieder auftrat?
de Bruyn: Sicher auch das. Ich kann auch bei aller rationalen Kritik nicht darüber hinweg, daß Schwierigkeiten auszuhalten eben doch das Wertvollere ist.
Frage: Die Einstellung, daß das Schwierigere das Edlere sei, glaube ich auch bei Vertretern eurer Bürgerrechtsbewegung zu erkennen. Obwohl ich politisch mit ihnen sympathisiere, erschrecke ich oft über den Anspruch, der da sichtbar wird. Doch ich will das nicht bewerten. Mich interessiert, welche Folgen das Gefühl hatte, daß es unwürdig sei, sich solchen Verhältnissen zu entziehen, wie man mit dem Leidensdruck umgehen konnte, ohne zerstört zu werden.
de Bruyn: Du hast doch den Leidensdruck auch, wenn du im Westen lebst und arm bist oder am Arbeitsplatz Probleme hast. Das zerstört dich doch nicht, wenn du deine selbstgewählten Aufgaben woanders siehst.
Frage: Das ist richtig. Aber ein Schriftsteller ist schließlich auf besondere Weise mit der Gesellschaft, in der er lebt, verknüpft.
de Bruyn: Ja, aber doch nicht mit ihr identifiziert. In dem Augenblick, wo ich verordneten Pflichten nicht nachkomme, brauche ich sozusagen ein moralisches Gesetz in mir, eine mir selbst auferlegte Ethik, zu der geistige Verselbständigung gehört, Ehrlichkeit sich selbst gegenüber, vor allem die Pflicht, die Dinge durchschauen zu lernen.
Eine Identifizierung gab es bei mir allerdings mit einer imaginären Leserschaft. Wobei mir jetzt klar wird, daß ich sie mir teilweise falsch vorgestellt, nach meinem Wunschbilde geformt habe. Es war nicht

immer so, daß die Leute, die vorgaben, meine Bücher zu brauchen, mit mir politisch einer Meinung waren. Es waren oft Menschen, die den Staat ganz und gar bejahten und mich als Repräsentanten des Staates ansahen. Das Kritische in meinen Büchern ist vielfach als Bestätigung ihrer eigenen Bejahung aufgenommen worden.

Frage: Daß man das so gebrauchen könnte, das hast du vorher nicht...

de Bruyn: Nein. Das war mir nicht deutlich. Nachträglich erkläre ich es mir dadurch, daß der Leser die Konfrontation, unter der das Buch entstand, nicht miterlebte, daß er nichts wußte von dem Ärger mit der Zensur. Er kannte nur das Buch, das gedruckt vorlag, und es war für ihn ein Bestandteil der DDR. Auch der Staat selbst konnte ja mit der kritischen Literatur, die man ihm abgerungen hatte, prahlen. – Aber das schien mir nicht wichtig zu sein. Ich hoffte, als kritischer Schriftsteller etwas bewirken zu können. Aufgeben wäre mir da ein bißchen wie Fahnenflucht vorgekommen.

Frage: Bezieht sich dieses Gefühl jetzt auf die Leser, weil diese dir wichtig waren, oder glaubst du, daß du auch unabhängig von einer Leserschaft so empfunden hättest?

de Bruyn: Wenn ich kein Publikum gehabt hätte, hätte ich auf eines in der Zukunft gehofft. Also die Leser spielen schon eine Rolle. Mein Verantwortungsgefühl bezog sich auf sie. Ich glaubte, von ihnen gebraucht zu werden.

Frage: Gebraucht wofür?

de Bruyn: Von den einen zur Festigung ihrer kritischen Haltung, von den anderen zur Bestätigung ihres Leids. Mir war klar, daß ich, wenn ich dem Staat hätte schaden wollen, ihm mehr durch Weggehen geschadet hätte. Aber das wäre auch ein Schlußpunkt gewesen. Man machte ja die Erfahrung, daß jemand, der sich aus der DDR entfernt hatte, an Einfluß verlor. Wenn Bücher von DDR-Autoren, die in den Westen gegangen waren, in die DDR geschmuggelt wurden, fanden sie dort nicht mehr so großes Interesse wie vorher. Für die Leser war wichtig, daß man ein Mitleidender war.

Frage: Es gab also eine Art Leidensgemeinschaft.

de Bruyn: Natürlich. Auch Leidensstolz. Das hat manchmal unangenehme Formen angenommen, die mich erschreckten. Man hat Autoren das Weggehen übelgenommen, sie als moralische Instanz abgeschrieben, ihren Seitenwechsel als eine Ausnutzung der Privilegien betrachtet.

Frage: In gewisser Weise war es das ja auch. Im Ausharren mancher Autoren in der DDR habe ich immer ein Element des Offenhaltens gesehen, einen Versuch, den Ideologen nicht allen inneren Raum zu lassen. Kompromisse schienen mir da notwendig.
Im Unterschied zu einigen deiner Kollegen kann bei dir der Glaube an die Reformierbarkeit des Realsozialismus aber nicht sehr ausgeprägt gewesen sein. Als ich die *Neue Herrlichkeit* las, war mein erster Eindruck, das kann nur jemand geschrieben haben, der innerlich mit dem System fertig ist.
de Bruyn: Das ist auch so. Und es war interessant, daß dieses Buch in der DDR nicht besonders gut angekommen ist. Man fand es zu bitter, meinte, so könne man doch nicht umgehen damit. Da habe ich gemerkt, daß viele Leser, die ich auf meiner Seite zu haben glaubte, doch ein bißchen anders dachten.
Frage: Du hast mal gesagt, du verstehst dich als Moralist. Der Begriff steht in einer langen Tradition, wirkt aber auf viele in meiner Generation eher abschreckend. Was bedeutet er für dich?
de Bruyn: Mein Schreiben ist auf gesellschaftliche Umstände ausgerichtet. Schreibanlaß ist ein ganz individueller, der Anlaß zur Veröffentlichung aber ein aufklärerischer. Ich mache mir Gedanken darüber, wie das auf die Leser wirkt, und ich will, daß es wirkt, sonst würde ich das doch für mich behalten.
Frage: Öffentlichkeit kann man aus den unterschiedlichsten Motiven suchen: Man kann die Reaktionen testen, das Bedürfnis nach Anerkennung und Ruhm befriedigen, Meinungsführerschaft oder Meinungsstreit anstreben. Es kann auch einfach Spaß machen, öffentlich präsent zu sein; manche scheinen gar süchtig danach zu sein.
de Bruyn: Bei mir ist es, glaube ich, wirklich so, daß ich schreibe, um mich mit meinen eigenen Problemen auseinanderzusetzen, wenn ich das aber veröffentliche, vermittle ich damit doch auch etwas, keine Botschaft natürlich, aber vielleicht eine Haltung der Welt gegenüber, und die spricht jene Leser an, die dafür offen sind, andere sicher nicht. Ich weiß doch, wie es mir selbst geht beim Lesen. Was wäre ich ohne den Einfluß von Literatur?
Frage: Daß dir Leser wichtig sind, finde ich schön. Viele zeitgenössische Autoren geben ja vor, nur für sich zu schreiben. Aber ohne Leser gäbe es wohl auch keine Literatur.
de Bruyn: Wenn ich für mich etwas aufschreibe, genügt es mir, wenn ich es selbst wieder verstehe. Aber bei jedem Satz, den ich für die Öf-

fentlichkeit schreibe, überlege ich doch, wie ein anderer den lesen, verstehen könnte. Nein, ich schreibe tatsächlich für andere Leute. Sonst sähe ich keinen Sinn in Veröffentlichungen. Ich könnte natürlich sagen, ich verdiene mein Geld damit, aber das ginge in anderer Weise leichter. Wenn ich mich lange mit einem Satz herumquäle, so nicht nur, um ihn schön, sondern auch und vor allem, um ihn so verständlich wie möglich zu machen. Die Suche nach dem treffenden Ausdruck ist die nach der richtigen Mitteilungsform.
Frage: Welche Rolle spielt dann für dich die Ironie?
de Bruyn: Sie dient in erster Linie der Distanzierung, weil ich von Natur aus ein sentimentaler Schreiber bin. Die ironische Brechung zwingt auch zu genauerem Durchdenken der Dinge.
Frage: In deinem Jean-Paul-Buch steht der schöne Satz: »Die Öffentlichkeit nimmt niemanden auf, ohne Opfer zu fordern.« Manche Künstler scheinen an einer herausgehobenen Position in der öffentlichen Diskussion beinah stärker interessiert zu sein als an ihrer künstlerischen Tätigkeit. Du mischst dich eher verhalten ein. Warum?
de Bruyn: Ich fühle mich für vieles nicht zuständig. In den Medien herrscht oft die Vorstellung, Schriftsteller müßten über alles reden, jede politische Entwicklung bewerten können. Dagegen wehre ich mich. Ich glaube nicht, daß Schriftsteller vieles besser wissen als andere. In mancher Hinsicht wissen wir vielleicht sogar weniger, weil wir oft doch relativ isoliert leben. Da werden Ansprüche an einen gestellt, die ich unangemessen finde. Dennoch meine ich, daß man, wenn man veröffentlicht, auch eine gewisse Verantwortung gegenüber der Öffentlichkeit hat. Sich besser als andere ausdrücken zu können, birgt auch eine Verpflichtung. Sinn hat das aber nur, wenn man sich die Unabhängigkeit des Denkens bewahrt.
Frage: Wird aus dem Gefühl einer besonderen Verantwortung nicht leicht die Versuchung, sich selbst als moralische Instanz und das Publikum als unmündig zu betrachten?
de Bruyn: Ich sehe die Verantwortung mehr darin, daß man ein gewisses Privileg abzuarbeiten hat. Ich meine damit nicht die vielberedeten DDR-Privilegien, sondern die der Sprachbeherrschung, des Ausdrucks, auch des Nachdenkens über Mensch und Welt. Ich lebe von den Leuten, die sich für meine Texte interessieren, und die stellen mir Fragen, sind auch an meiner Meinung interessiert. Ich versuche zwar, mich dem zu entziehen, indem ich sage, ich weiß das auch nicht besser als ihr, aber immer gelingt das nicht, und dann wird man leicht in eine

Rolle gedrängt, die zu übersteigerter Auserwähltheitsvorstellung verführen kann. Davor muß man sich hüten. Mir fällt das, eigner Unsicherheit wegen, leicht, anderen offensichtlich nicht.

Frage: Ich möchte nochmal zurück zu den fünfziger Jahren. Da warst du im Zentralinstitut für Bibliothekswesen, aber nicht in der Partei. Wurde deshalb Druck auf dich ausgeübt?

de Bruyn: Sicher. Niemals später war der Druck so stark wie damals.

Frage: Wie sah dieser Druck aus?

de Bruyn: Das ist schwer zu schildern, weil es einem nachträglich läppisch vorkommt, wenn nichts weiter passiert ist. Ganz klar war, daß man keine Karriere machen konnte. Aber das wollte ich auch nicht, das war nie das Problem. Entscheidend war die Angst, die sich schwer reproduzieren läßt. Man wußte doch von Leuten, die eines kritischen Wortes, eines blöden Witzes wegen in Gefängnissen saßen. Dieser Staatsterror wurde weitgehend verschwiegen, aber er übte seine erwartete Wirkung aus.

Frage: Daß nichts Schwerwiegendes passiert, heißt ja nicht, daß Schwierigkeiten läppisch sind. Die Folgen von Gefängnisaufenthalten sind meist sichtbar, aber die dauerhaften Wirkungen von Schikanen z. B. bleiben oft verborgen, obwohl sie die individuelle und gesellschaftliche Entwicklung prägen. Deswegen interessieren mich die Verhältnisse damals am Zentralinstitut doch noch etwas genauer.

de Bruyn: Wir waren am Institut nur wenige Leute, die nicht in der Partei waren. Halten konnten wir uns durch fachliche Kompetenz. Die wurde einfach gebraucht. Mir machte die Arbeit dort auch Spaß, und erfolgreich war sie auch. Bibliothekswissenschaft lag mir, nur ihre ideologische Ausrichtung nicht, weil die auch ihre Entstellung war. Es reizte teilweise auch, die Ideologie zu unterlaufen. Schlimm aber war die Zwischenstellung, in der man sich dort befand. Im Institut war ich der Außenseiter, in den Bibliotheken aber, denen wir fachlich übergeordnet waren, war ich der Vertreter der Macht. Da man dort oft als selbstverständlich annahm, ich sei auch Parteigenosse, kam es manchmal zu komischen Situationen, die aber auch peinlich und demütigend waren. Die entscheidenden Dinge wurden doch immer in der Parteigruppe beraten. Dann hieß es, daß die Nichtgenossen den Raum verlassen müßten, und es gingen einige Sekretärinnen – und ich, der Vertreter der übergeordneten Dienststelle. Nein, das war eigentlich doch nur komisch. Schlimm wurde es, wenn Kollegen verhaftet wurden,

und bedrückend waren auch die Jahre, in denen die Kampfgruppen eingerichtet wurden und man ständig zu Einzelgesprächen geholt wurde, die eigentlich Verhöre waren.
Frage: Hast du bei diesen Kampfgruppen nie mitgemacht?
de Bruyn: Niemals. Ich war Pazifist und habe das nie verhehlt, habe mich auf keine Diskussionen eingelassen, nur nein gesagt. In diesem Punkt war ich nie kompromißbereit. Als »bürgerlicher Subjektivismus« wurde das irgendwie respektiert.
Frage: So viel Subjektivität mußte aber doch als ständiger Störfaktor erscheinen, der die anderen auch provoziert hat, dich umzustimmen, dich von der Partei zu überzeugen.
de Bruyn: Die Versuche, mich zum Parteieintritt zu bewegen, waren immer relativ schnell abgetan, weil ich auch da konsequent war. Karrierehoffnungen hatte ich ja nicht zu verlieren. Ein anderes Problem war, daß die Leute, die den Druck ausübten, selbst auch unter Druck standen und durch Weigerungen, wie meine, in Schwierigkeiten gerieten. Oft haben die mir leid getan, und ich wurde ihretwegen kompromißbereit. Aber in bezug auf Partei und Kampfgruppe nie. Sonst aber gab es auch bei mir immer eine Mischung aus Mitmachen und Widerstand, die manchmal auch Spaß machte und Befriedigung brachte. So tobten damals, in den fünfziger Jahren ideologische Kämpfe unter den Bibliothekaren um die Freihandbüchereien, die als bürgerlich-liberalistisch galten und in der sowjetischen Bibliothekswissenschaft, nach der man sich ausrichten sollte, verpönt waren. Da erfand ich eine Theorie, mit der anhand von Marx und Stalin bewiesen wurde, daß die Freihandbibliothek doch das Richtige sei. Meine Schrift, ein kleines Heftchen, wurde auch ins Russische übersetzt und ich kriegte nachher verehrungsvolle Dankbriefe aus der Sowjetunion mit der Anrede »Sehr geehrter Herr Professor«.
Frage: Das hat dir doch bestimmt Vergnügen bereitet, die Leute so zu überlisten.
de Bruyn: Ja, es war einesteils zum Lachen, andernteils aber auch ein ernsthafter Sieg. Die Freihandbibliothek durchzusetzen, war damals wichtig für mich. So unredlich wie in diesem Fall ging es damals überall zu. Man braucht sich nur die Dissertationen aus den DDR-Jahren anzusehen.
Frage: Da liegt ein Problem, über das wir im Westen zu wenig nachdenken, wenn wir sehen, daß manche Arbeiten mit bestimmten Zitaten garniert sind.

de Bruyn: Manchmal wurde das zu einer Art Sport.
Als ich z. B. meine Prüfung in der Bibliothekarschule machte, gab es zwei Prüfungsthemen, über die wir schreiben konnten. Das eine war irgend etwas über die fortschrittliche deutsche Klassik und das andere etwas über die Rolle der sowjetischen Literatur beim Aufbau des Kommunismus in der UdSSR. Da habe ich prompt das letztere genommen, sehr gut abgeschnitten, und immer damit geprahlt, daß ich nicht einen einzigen sowjetischen Roman dazu gelesen hatte. Es war so leicht, die Dummheit zu überlisten, nur wurde man zynisch dabei.
Frage: Das gibt es auch bei uns in Prüfungen. Je weniger man innerlich beteiligt ist, um so leichter kann man den Erwartungen entsprechen und bleibt sogar noch ziemlich unberührt vom Prüfungsstreß. Das setzt allerdings voraus, daß man Teile von sich gut abspalten kann.
de Bruyn: Im wesentlichen war das selbstverständlich alles andere als spaßig – nicht nur deshalb, weil zwei meiner parteilosen Freunde verhaftet und wegen unsinniger Anschuldigungen verurteilt wurden. Ich habe in dieser Zeit eine Arbeit über die Entwicklung des Katalogwesens in deutschen öffentlichen Bibliotheken geschrieben, eine historische Arbeit. Die wurde mir mit Entrüstung zurückgegeben, weil sie angeblich bürgerlich war. Nur sowjetische, nicht deutsche Erfahrungen zählten. Später wurde das anders, aber da war es mit meiner Begeisterung für die Bibliothekswissenschaft schon vorbei.
Frage: Welche Aufgaben hattest du denn z. B. im Institut?
de Bruyn: Das Institut war die fachlich anleitende Stelle für alle öffentlichen Bibliotheken. Damals war seine wichtigste Aufgabe die völlige Zentralisierung. Dazu gehörte auch, eine Systematik für alle Bibliotheken in der DDR zu erarbeiten. Das war meine Aufgabe, und da ich sie ernst nahm, machte sie mich kaputt.
Da gab es z. B. die Vorgabe, daß die Gruppe A Marxismus–Leninismus sein mußte, was unsinnig, unpraktisch und in jeder Hinsicht idiotisch war. Und ich sollte einer Kommission von Fachleuten aus der ganzen DDR, die jeden Monat unter meiner Leitung zusammentraf, nun klarmachen, daß dieser Blödsinn keiner war. Da das alles sehr vernünftige Leute waren, versuchten wir das Schlimmste zu verhindern, aber im Grunde waren es nur Lappalien, die wir gegen den Widerstand der Partei durchsetzen konnten. Mir ist an diesem Beispiel deutlich geworden, daß ich nichts als ein Instrument war, und daß ich

das auf Dauer nicht aushalten konnte. Ich flüchtete dann auch bald und habe den Abschluß dieser Arbeit nicht mehr miterlebt.
Frage: Du hast dich dann entschlossen, als freier Schriftsteller zu leben, das muß für einen Nicht-Sozialisten in der DDR doch ziemlich schwierig gewesen sein.
de Bruyn: An die politische Seite dieser Anfänge erinnere ich mich ungern, weil ich da aus Unsicherheit ziemlich duckmäuserisch war. Ich geriet da plötzlich unter gläubige Kommunisten, schwieg viel, war feige, heuchelte wohl auch, denn ich wollte veröffentlichen. Man hat mich auch in den Schriftstellerverband geholt, mich dort mit offenen Armen aufgenommen. Ich habe längere Zeit mehr oder weniger mitgemacht in der Rolle eines bürgerlichen Zauderers, der es nicht zum Zerwürfnis kommen läßt.
Frage: Das heißt, du hast es auf einen politischen Konflikt nicht ankommen lassen. Aber dieser hätte ja wohl, wie bei vielen deiner Kollegen, auch Rausschmiß, Veröffentlichungsverbot und Übersiedlung in den Westen bedeutet. Damit wäre auch die Chance vertan gewesen, als »Mitleidender«, wie du das oben charakterisiert hast, Erzählungen, Romane und Essays zu veröffentlichen, die in Hinblick aufs System subversiv, bezogen auf den einzelnen aber solidarisch waren. So habe ich deine Arbeiten jedenfalls immer gelesen. War es denn möglich, mit Kollegen über das Problem grundsätzlicher Nicht-Übereinstimmung zu reden?
de Bruyn: Nein, ich hatte anfangs unter den Autoren keinen, mit dem ich ehrlich hätte darüber reden können. Und mein Freund, der damals noch lebte, fand die Tatsache, daß ich überhaupt in der DDR veröffentlichte, so schrecklich, daß unsere Freundschaft daran fast zerbrach.
Frage: Dieser Freund konnte sich sicher nicht vorstellen, daß ohne die Texte derjenigen, die uns aus der Innenperspektive kritische Einblicke in die DDR-Gesellschaft vermittelten, die Fremdheit noch größer wäre, die gerade jüngere Westdeutsche oft gegenüber Menschen und Verhältnissen in den neuen Bundesländern empfinden. – Was hat sich für dich als Schriftsteller unter den gewandelten Umständen verändert? Worin siehst du heute deine Aufgabe?
de Bruyn: Die Bedingungen der materiellen Existenz sind schwieriger geworden, aber das ist eine Geringfügigkeit gegen das Gefühl der Befreiung, das mich seit dem Fall der Mauer und dem Ende der Zensur beherrscht. Sicher ist auch eine Lockerung der Beziehung zwischen

Autor und Leser eingetreten. Ob die mein Schreiben beeinflussen wird, bleibt abzuwarten, aber ich glaube nicht.
An meiner selbstgestellten Aufgabe ändert sich prinzipiell nichts. Meine kritische Begleitung der Wirklichkeit wird weitergehen, nur hat sich die Wirklichkeit verändert. Und – um das nicht zu vergessen – die Themenwahl ist von allen Fesseln befreit.

Analysen

PETER VON MATT

Die Ehe als politisches Sinnbild im Nachkriegsroman

Zu Bölls *Ansichten eines Clowns* und de Bruyns *Buridans Esel*

Die Ehe und die Ordnung des Ganzen, sie sind nicht zu trennen. Wenn die Literatur über die Ordnung nachdenkt, konkretisiert sie ihr Denken mit dem Konfliktpotential der Ehe; wenn sie die Ehe schildert, wird sie ihr früher oder später zur Metapher für die Ordnung.

Das ist in der Literatur nach dem 2. Weltkrieg nicht anders als bei Schnitzler und Hofmannsthal und Musil vor und nach dem 1. Weltkrieg. Heinrich Bölls *Ansichten eines Clowns* (1963) und Günter de Bruyns *Buridans Esel* (1968), zwei Romane, die je ganz entschieden auf ihren Staat – hier die DDR, dort die Bundesrepublik – bezogen sind, führen ihre kritische Argumentation ganz mit dem symbolischen Potential, das dem Konfliktfeld von Liebesverrat und Ehe in der Literatur zukommt. Dabei wird allerdings unterschiedlich gewertet. Nicht nur Ehe und Liebe und Sexualität erscheinen bei den beiden auf schroff andere Normen bezogen, auch die gesellschaftlich-politische Ordnung, in die das Ganze eingelassen ist und auf die es verweist, zeigt sich verschieden und wird verschieden beurteilt. Als dritten Text könnte man Max Frischs *Stiller* (1954) daneben stellen mit seinem leidenschaftlich kritischen Eingehen auf die Schweiz der Nachkriegsjahrzehnte, das ja ebenfalls seine subtilsten, grimmigsten und schmerzlichsten Zuspitzungen im metaphorisch auflösbaren Drama einer Ehe findet. *Stiller* ist das schwierigere, ist ein formal bis zum Tückischen hinterhältig angelegtes Werk. Während sich Bölls und de Bruyns Romane in ihrer exemplarischen Beschaffenheit auf kurzem Raum präsentieren lassen, würde das gleiche Unternehmen bei *Stiller* eine breitangelegte Arbeit erfordern.

Es ist nun allerdings auch nicht so, daß Böll und de Bruyn zueinander in einem Kontrast wie Schwarz und Weiß oder Plus und Minus stünden, so daß man je von einem Element bei diesem auf das gegensätzliche beim andern schließen könnte. Schon die unterschiedliche politische Überwachung des Schreibens in den zwei deutschen Staaten führt zu sehr verschiedenen Strategien der Kritik. Wo Böll direkt bezichtigt und in heller Wut beschimpft, kann sich de Bruyn, was das offizielle Ganze betrifft, nicht mehr als einige feine Töne leisten. Was darüber hinaus geht, muß der Leser selbst machen, indem er dem symbolischen Gehalt der privaten Ereignisse für die öffentlichen Dinge nachspürt – eine Tätigkeit, die im Umgang mit Literatur aus der DDR ja überhaupt gelernt sein will, besser vielleicht: eine Tätigkeit, die sich dabei besonders gut lernen läßt.

Bölls Roman ist nicht eben ein Meisterwerk – aber was soll ein solches Urteil angesichts der Tatsache, daß die Taschenbuchauflage der *Ansichten eines Clowns* im August 1986 das 1330. Tausend erreicht hat! Da droht der Richter rasch sich selbst zu richten. Trotzdem: Dieses redliche, zornige, klagende, zankende, fromme und sentimentale Buch ist künstlerisch so schwach, wie es als Manifest einer Überzeugung stark ist. Um einer Überzeugung willen wurde die Geschichte erfunden, und um der Überzeugung willen wird ihr alles geopfert, was nur immer psychologische Plausibilität heißen kann in einem Roman. Man glaubt keiner Figur, daß sie in solcher Situation je so handelt, und zieht doch den Hut vor dem wilden Engagement, das sich in dem Bericht manifestiert.

Der Roman handelt von einer einzigen Treulosigkeit, einem »Verrat«, der mehrfach so genannt wird. Eine Frau, Marie, verläßt den Mann, geht zu einem andern, wird diesen heiraten, und der Verlassene verkommt. Er wird schließlich Straßenmusikant, sitzt – das weiß auch, wer das Buch nicht gelesen hat; das ist als Situation ins kollektive Bilderbuch der Nachkriegszeit eingegangen – auf der Bahnhofstreppe von Bonn, als Clown geschminkt, und singt geistliche Lieder. Warum verläßt sie ihn? Aus dem seltsamsten Grund, aus dem je eine Frau ihrem Mann davongelaufen ist. Dieser Mann will kein Formular unterschreiben, mit dem er sich verpflichtet, die Kinder, falls er je solche haben sollte, katholisch zu erziehen. Wohlverstanden, er hat nichts dagegen, daß die Kinder katholisch aufwachsen. Er würde sogar mithelfen bei solcher Seelenformung. Nur unterschreiben will er nicht. Und die Frau, die ihn genau kennt, die mit ihm jahrelang in Liebe und Ehevergnügtheit gelebt hat, obwohl die zwei nicht offiziell verheiratet waren, die also gerade das nicht amtlich Gesegnete und Besiegelte mitgemacht hat und ihre Freude hatte daran – die verändert sich nun völlig. Sie kämpft nicht etwa um seine Unterschrift, stellt ihm kein Ultimatum, versucht nicht lockend und drohend, schmeichelnd und kratzend die Formalität ihm abzugewinnen, nein, sie geht plötzlich weg und zu einem andern, einem Mann, der so offiziell und abgestempelt katholisch ist, wie ihr bisheriger Clown es eben nicht sein wollte.

Dieser nun fühlt sich weiterhin mit ihr verheiratet, unauflöslich, obwohl sie vor keinem geistlichen oder weltlichen Beamten je Ja gesagt und Ringe getauscht haben. Nach dem Gesetz des Staates wie der Kirche haben die beiden nur zusammengelebt; bindend getraut und verbunden ist die Frau dann erst mit ihrem offiziellen Katholiken. Nach dem höheren Gesetz, das der Clown zwar nicht begrifflich benennt, das er aber lebt, weil er gar nicht anders kann, ist sie auf immer seine Gattin, er auf immer ihr Gatte, und alles andere ist »Verrat oder Hurerei«.[1]

So einfach ist die Sachlage, so einfach ist die Geschichte, und innerhalb dieser einfachen Umstände spielt sich alles ab. Zu einer Konfrontation zwischen den beiden Partnern kommt es nicht – die absurde Konstruktion müßte in dem Moment auch schon in sich zusammenfallen, die psychologischen Unmöglichkeiten würden dabei so manifest, daß sie dem literarischen Unternehmen den Garaus machten. Deshalb endet der Roman, und das ist das Raffinierte im Verfehlten, damit, daß der Clown auf diese Begegnung wartet. Die Frau wird mit ihrem frisch Angetrauten aus dem Bahnhof kommen und den Clown, den Gatten höheren Rechts, halbverhungert und kläglich singend auf der Treppe finden. Was dann passiert, bleibt der Vorstellungskraft des Lesers überlassen.

Nicht daß da eine literarisch mißglückte Liebes- und Ehegeschichte vorliegt, macht den Roman aufschlußreich, auch nicht – was schon bedenkenswerter wäre –, daß diese mißglückte Liebesgeschichte zwei Jahrzehnte lang zu den deutschsprachigen Erfolgsbüchern gehörte. Wichtig ist vielmehr die Art, wie hier Treulosigkeit und politisch-gesellschaftliche Ordnung verknüpft werden, der Liebesverrat zum Testfall, zur Stunde der Wahrheit für die letztere wird. Je mißlicher es nämlich um die psychologische Begründung der Vorgänge steht, um so genauer und eindeutiger erscheinen die polemischen Thesen, die der Roman an die Kirchentüren seiner Zeit nagelt. Sie sind so furios in ihrem anklägerischen Ethos, daß sie den Leser über alles wegreißen, was ihn sonst stutzen lassen und ärgern müßte. Entscheidend ist, daß die Zielrichtung nicht irgendwie ins Allgemeine geht – Freiheit gegen Gesetz, Geist gegen Buchstabe –, sondern ins geschichtlich höchst Konkrete. Der Schauplatz Bonn macht es in fast naiver Weise klar:

Attackiert wird die Ordnung, die im westlichen Deutschland nach Krieg und Faschismus eingerichtet wurde, insbesondere das schleichende Staatskirchentum, das sich durch die Vernetzung von Religion und Partei installierte. Dieses stellt der Roman als Verrat am ursprünglichen Christentum hin. Es ist keine schwierige Religiosität, was da als Wahrheit gesetzt wird, und was ihr als das Falsche und Verkehrte gegenübergestellt wird, ist auch nicht weiter komplex. Kirchenvertreter, Politiker und Wirtschaftsführer bilden die Komplizenschaft der Institutionen. Sie zimmern und halten die Ordnung, setzen sie durch und leben von ihr, leben sehr gut von ihr. Die spontane Ehe des Clowns mit Marie, die nicht besiegelte und nicht registrierte Lebensgemeinschaft, die kein Haus hat, sondern nur immer wechselnde Hotelzimmer, sie ist die Gegenaktion gegen allen offiziellen Staat, alle offizielle Kirche und alle offizielle Wirtschaft im westlich-kapitalistischen Sinn. Das Geld wird demonstrativ zum Thema. Der Clown versucht, es in seiner Ursprünglichkeit zu erfassen, vorkapitalistisch gewissermaßen. Er lehnt »Schecks und andere ›Zahlungsmittel‹ grundsätzlich ab«.[2] Sobald er oder seine Frau Geld in der Hand haben, geben sie es auch schon aus, verwandeln sie es in Dinge – meist indem sie für den erstbesten Armen kaufen, was er im Moment braucht. Vom Vater, dem Großunternehmer, heißt es: »Er konnte sein Geld nicht einem Clown geben, der mit Geld nur eins tun würde: es ausgeben, genau das Gegenteil von dem, was man mit Geld tun mußte. Und ich wußte, selbst wenn er mir eine Million gegeben hätte, ich hätte sie ausgegeben.«[3]

Das ist eine recht simple Kapitalismuskritik. Der Tauschhandel verhält sich zur ökonomischen Gegenwart wie das Urchristentum zur kirchlichen. Das zeigt aber auch die grimmige Konsequenz, mit der der Roman darauf besteht, alles in eine kindliche Optik zu rücken. Die Utopie, die in dem Werk steckt, ist ein bedingungslos franziskanisches Weltverständnis, das sich seiner absurden Infantilität bewußt ist, diese aber rechtfertigt mit dem Bezug zum altchristlichen Begriff des Kindes und des heiligen Narren.

Eine Zeitlang ist die Utopie verwirklicht in der gesetzwidrigen Gemeinschaft der beiden, einer Art Ur-Ehe, die würdiger ist als alle in den Kirchen eingeläuteten Verbindungen. Sie bildet eine anarchische Zelle, an welcher die ganze politisch-ekklesiastisch-soziale Realität der Bundesrepublik gemessen wird, vor welcher diese versagt, auch wenn sie äußerlich triumphiert.

Die Handlung des Romans besteht eigentlich allein in der Liquidation

dieser Ur-Ehe. Und was das Buch folgerichtigerweise als Ganzes vermeldet, ist das Urteil über einen Staat und eine Gesellschaft, in denen diese Liquidation für richtig befunden wird. Wer immer aufmarschiert an Vertretern bundesrepublikanischer Institutionen, an Machtträgern und Einflußreichen, hat die einzige Funktion, dies zu dokumentieren.
Was Böll bewogen hat, den Konflikt statt zwischen dem Paar und der Welt der Institutionen – wie es der Logik der ganzen Anlage entsprochen hätte – zwischen den beiden selbst austragen zu lassen, bleibt sein Schriftsteller-Geheimnis. Nur dadurch ist er in den Motivierungs-Notstand geraten und muß ihm die psychologische Überzeugungskraft versagen, die sich in den satirischen Partien des Romans und in den Passagen über das Leben im Nationalsozialismus imponierend bewährt. Dieser Clown und seine Marie hätten das Zeug zu einem anarchokatholischen Bonnie-and-Clyde-Paar gehabt. Statt dessen wird die Frau »coniux infidelis«[4], Liebes- und Eheverräterin, eine Treulose, von der man einfach glauben muß, daß sie es plötzlich nicht mehr aushält, außerhalb dessen zu leben, was sie die »Ordnung« nennt: »Sie sagte, es ginge jetzt nicht mehr um sie und um mich, sondern um die ›Ordnung‹«.[5]
Jenes Schriftsteller-Geheimnis: Ganz unzugänglich bleibt es wohl doch nicht, sobald man bedenkt, welches Sinn- und Mitteilungspotential für die Literatur im dramatischen Geschehen des Liebesverrates liegt. Daß ein Autor wie Böll auch dort zu dem Stoff greift, wo er ihm psychologisch nicht gewachsen ist, muß mit der außerordentlichen semantischen Offerte des Themas als solchen zusammenhängen. Tief verletzt von der Entwicklung, die die Bundesrepublik genommen hat, will er ihre Ordnung insgesamt anklagen. Er hat deren Anfänge erlebt und die Hoffnungen, die sich damals, gleich nach dem Krieg, mit der Aufgabe einer neuen Einrichtung des Ganzen verbanden. Er erlebt diesen Staat als etwas vor seinen Augen Entstandenes. Darauf beruht sein Schmerzgefühl, es hätte so nicht herauskommen müssen. Und nur weil dieses Schmerzgefühl da ist, entwickelt sich auch die unbändige Aggressivität. Das bundesrepublikanisch Offizielle in jeder Gestalt, es ist nicht, was nun halt einmal da ist, verkörpert nicht, wie die Dinge nun halt einmal sind, sondern zeigt sich als etwas, das ganz anders sein könnte. Das Bewußtsein der Prozeßhaftigkeit dieser Ordnung bestimmt die Arbeit des Autors und schleift ihm die Messer. Das muß deshalb betont werden, weil bei de Bruyn, dessen Roman zu Bölls Arbeit vielfach parallel steht, die Voraussetzung im versteckten eine verwandte ist.

Böll wollte sein Unternehmen so rabiat und verständlich wie möglich. Deshalb griff er zum literarisch erfolgversprechendsten Mittel, zum Liebesverrat, der durch eine falsche Ordnung bewirkt wird und diese entlarvt, nicht nur rational, sondern mit dem Aufgebot aller starken Gefühle. Ist ja doch das Geheimnis dieses Themas, das Geheimnis seiner heftigen Wirkung in der Literatur, der Zusammenschluß des intimsten Erlebens mit den öffentlichsten Dingen.

In Bölls Roman ist es die Frau, die sich vergeht, sie ist »infidelis«. Der Mann ist Opfer, in einer etwas gar ausschließlichen Weise. Bei de-Bruyn versagt der Mann, und sein Opfer sind beide Frauen, die Ehefrau und die Geliebte. Die eine verläßt er um der andern, die andere wieder um der einen willen. Zuletzt steht er da wie Buridans Esel, das Tier, das nach einer alten Fabel zwischen zwei Heuhaufen verhungert, weil es sich für keinen von beiden zu entscheiden vermag. Nach dieser Fabel heißt dann eben der Roman von 1968: *Buridans Esel*, und das Stück, das Ulrich Plenzdorf 1975 daraus gemacht hat, trägt den gleichen Titel.[6] 1986 ist es im Druck erschienen: Ein schönes Zeugnis für die Lebenskraft des Romans und der Geschichte, die er erzählt.
Von Ehe–Mystik im Sinne Bölls kann bei de Bruyn keine Rede sein. Wo jener das katholische Dogma der sakramentalen Unauflösbarkeit zum Fluchtpunkt setzt, vor dem die Frau, die Kirche, der Staat und die offizielle Gesellschaft versagen – Liebesverräter alle zusammen –, da hat de Bruyn zum Fluchtpunkt die Fähigkeit des Menschen, sich zu verändern und zu verwandeln und also gegebenenfalls eine Ehe berechtigterweise aufzulösen. Verwandlung und Veränderung besitzen bei ihm den Akzent einer Wahrheit von letzter Verbindlichkeit. So gegensätzlich sich Böll und de Bruyn ausnehmen, gemeinsam ist ihnen die Kritik am Erstarren und Verfestigen. Auch das Wesen von Bölls Utopie der Ur–Ehe ist ja ein unbedingt dynamisches, das sich jeder Festschreibung widersetzt.
Allerdings: Die holzgeschnitzte Psychologie Bölls trifft bei de Bruyn auf ihr Gegenteil. Da ist alles subtil, in Nuancen abgestuft und doch scharf konturiert. Was immer geschieht, ist seelisch motiviert, ohne daß sich aber die moralische Bewertung in den psychologischen Zwischentönen auflösen würde. De Bruyns Roman stellt unter anderem auch eine Charakterstudie nach alter aufklärerischer Manier dar, geistreich und wissend und bei herzlicher Einfühlung doch gnadenlos satirisch.

Für diesen untergründigen Zusammenhang mit der Arbeitsweise kritischer Literatur des 18. Jahrhunderts spricht auch der komödienhafte Grundriß. Er ist es nur in der Struktur. Wenn man darauf schaut, was erlebt wird und wie es den drei Protagonisten zuletzt geht, ist alles eher bedrückend. Aber die Ereigniskurve als solche hat dialektischen Witz. Karl Erp, Vater und Ehemann mit beneidenswertem Haus und Garten in Berlin, verliebt sich an seinem Arbeitsplatz in eine neue Kollegin, Fräulein Broder. Er erfährt einen inneren Aufbruch. Sein bisheriges Leben, seine Frau Elisabeth vor allem, erscheinen ihm als etwas, was nie ganz seinem Wesen entsprochen habe. Auch geliebt, will ihm scheinen, hat er nie. Die neue Freundin ist lange Zeit zurückhaltend, traut ihm nicht. Er insistiert und wirbt, erzählt von seinem Traum, neu anzufangen, weit draußen in der Provinz, wo es mühsam wäre, äußerlich glanzlos, aber innerlich befriedigend, weil man da ganz anders gebraucht, die tägliche Arbeit ganz anders Frucht und Nutzen bringen würde. Eine Team-Arbeit könnte das sein, Mann und Frau zusammen im gleichen Beruf, pionierhaft anstrengend und pionierhaft begeisternd. Jetzt lebt er noch in konventioneller Arbeitsteilung mit seiner Frau: Sie besorgt Haus und Kinder, er arbeitet in der öffentlichen Bibliothek; pionierhaft ist da gar nichts. Es ist diese Vision von einem neuen, ganz partnerschaftlichen Leben, was die junge Frau gewinnt. Die beiden ziehen zusammen. Er verläßt sein schönes Haus und erlebt in einer schäbigen Wohnung ein herrliches Glück.

Am Arbeitsplatz ergeben sich Schwierigkeiten, und auch die Scheidung sollte in die Wege geleitet werden. Die endgültige Entscheidung über das ganze kommende Leben wird fällig: Jener Neubeginn, jener pionierhafte Aufbruch wäre jetzt zu planen. Und da beginnt Karls Zögern. Zuerst merkt er selbst es kaum, aber es wird immer deutlicher, daß er, wo zugegriffen werden müßte, nicht zugreift und insgeheim sabotiert, was Klärung schaffen würde. Er verschleppt die Formalitäten der Scheidung. Er erschrickt, als man ihm von vorgesetzter Seite die beruflichen Schwierigkeiten aus dem Weg räumt. Er redet sich heraus, flunkert, lügt auch, ohne es je zu merken. Schließlich zwingt ihn die Geliebte zur Entscheidung – immer noch im Glauben, es werde sich alles zugunsten des neuen Lebens lösen, er habe nur den derben Anstoß nötig. Da kneift er endgültig. Sein beredtes Erläutern und Verständnisfordern ist leer und fadenscheinig. Die junge Frau fährt allein in die Provinz. Er kehrt mit seinen Koffern wieder in das alte Haus, an den alten Familientisch zurück – nicht aber in das alte Ehebett. Denn, und das ist die Pointe, ist der hohe und gescheite Witz des Ganzen, in der Zwischenzeit hat sich seine Frau geändert. Die Wandlung, zu der er aufgebrochen ist und zu der er nicht fähig war, hat sie durchgemacht, ohne es gesucht zu haben, schmerzhaft, in schweren Wochen. Da steht er denn tatsächlich als der Esel da. Er möchte so rasch wie möglich wieder alles ganz wie früher. Aber von solcher Arbeitsteilung, handwerklicher wie seelischer, will sie nun nichts mehr wissen. »Das alte Nebeneinander, das Oben-und-Unten, das Herr-und-Magd-Sein«, dies alles, das ganze »alte Unbehagen«, das ihr »jetzt endlich bewußt«[7] geworden ist, kann es für sie nicht mehr geben. Er steht da, und vor ihm ist eine »neue Elisabeth«[8], die er nicht kennt und lieber auch nicht kennenlernen möchte. Was die alte Elisabeth auszeichnete, »Zurückhaltung, Ehrgeizlosigkeit, Anpassungsfähigkeit oder gröber gesagt: Bereitschaft zum Dienen«, hat sich verflüchtigt.

Komisch also, durchaus glänzend komisch ist dieses Finale: Der das Neue nicht aushielt, kehrt ins Alte zurück und findet dieses neu. Der dunkle Einschlag aber wird deutlich, wenn man an die zwei Frauen denkt. Die eine, die Geliebte, die er nun auch verraten hat, fährt einsam weg. »Die Nacht war da, die Kälte, der Winter. Sie nahm, fast noch ohne Schmerz, leer, betäubt von Wahrheit, ihren Mantel und ging...«[9] Die andere, die Ehefrau, sagt sich, als er an die Schlafzimmertür klopft, die sie abgeschlossen hat und nicht öffnen wird: »Wenn die Kinder nicht wären, wüßte ich, was zu tun ist; es ist wirklich nur wegen der Kinder!«[10] Sie würde ihn vor die Tür setzen, und da wäre, so läßt der Roman deutlich erkennen, auch sein Platz.

Liebesverrat und die öffentliche Ordnung der Dinge – um den Zusammenhang soll es hier gehen, aber wo steckt er denn in dieser privaten Dreiecksgeschichte aus der DDR? Der ganze Roman hat etwas merkwürdig Listiges. So treibt er den größten Aufwand um Karl und die Geliebte, um deren inneres und äußeres Zusammenfinden. Das ist, man zweifelt lange nicht, die erzählerische Hauptsache. Aber gegen Schluß merkt man plötzlich, daß die wichtigste Figur vielleicht doch die Ehefrau Elisabeth sein könnte, die immer nur so als die notwendige Dritte im Dreieck da war, ohne daß man sie besonders beachtete. Auch als Leser, merkt man, macht man ihr gegenüber den Fehler des Mannes. Was sie zuletzt verkörpert, als einzige fraglos verkörpert, ist die Wandlung als Realität. Sie erbringt den Beweis für die Möglichkeit der

Veränderung, für das also, was dem Roman über die Zufälle eines banalen Beziehungsgewirrs hinaus als das Verbindlichste am Herzen liegt.
Die gleiche List spielt auch in dem, was den öffentlichen Gehalt des Buches ausmacht. Nur nebenbei werden die politischen Dinge angesprochen. Als Garnitur eher will das erscheinen: die Generation der Eltern – ihr Festhalten an preußischem Pflichtdenken einerseits, so bei Karls Vater; ihre Verklärung des Westens und klischeehafte Kritik an der DDR andererseits, so beim Vater Elisabeths. Das nimmt sich als Erzählfüllsel aus, bis man merkt, daß hier, genau da, die Parallele gezogen wird zwischen privater und politischer Starre, privater und politischer Wandlungsfähigkeit. In diesen Nebensachen stecken die Signale, wie das Ganze zu lesen sei: als eine tragisch geränderte Komödie des politisch-gesellschaftlichen Verhaltens. Die Verweise auf die Geschichte – Nazizeit, Weimarer Republik, Wilhelminismus – sind gerade so deutlich gesetzt, daß die Gegenwart als etwas Gewordenes erscheint, die Geschichte als ein dynamischer Prozeß und alle Starre als ein immer auch politisches Verhalten. In höchst raffinierter Art macht der Roman es möglich, daß man ihn staatstreu als Kritik am Alten und am Westen lesen kann, oder aber staatsskeptisch als Kritik am Stehenbleiben, am Stur- und Unbeweglichsein hier in dieser DDR selbst. Direkt sagen darf er das nicht, aber er legt seine Wege so an, daß der Leser früher oder später zu diesem Ergebnis kommen muß.

Damit erscheint nun auch die Dynamik des Liebesverrats in diesem Roman als ein Geschehen, das in seiner Aussagekraft viel reicher ist, als es sich lange ausnimmt. Zunächst ist ja da nur ein Mann, der zweimal treulos ist: der Frau und der Geliebten. Die Analyse der Feinstruktur dieser Treulosigkeit zeigt etwas überraschend anderes.
Es ist unverkennbar: Der erste Liebesverrat, das Verlassen der Ehefrau, wäre nach der Intention des Romans gerechtfertigt, wenn Karl darüber tatsächlich ein neuer Mensch würde, wenn er, wie die Freundin glaubt, wirklich in einem »revolutionären Zustand«[11] wäre. Dem Wort von Marx, das einmal zitiert wird, wonach der Fortbestand einer Ehe ohne Liebe unsittlich sei[12], wird also durchaus Geltung zuerkannt. Die Leistung des Romans besteht nun aber darin, daß er nicht einfach von einem einmal gegebenen Faktum »Ehe ohne Liebe« oder »erstarrte Beziehung« ausgeht, sondern dieses selbst hinterfragt. Die Rückkehr des Mannes im tragikomischen Finale, sein endgültiges Zum-Esel-

Werden, zeigt nicht nur seine Wandlungsunfähigkeit als eine Beschaffenheit mit politischen Implikationen, sie zeigt mehr, nämlich: daß dieser Mann an der Starre, am Gefängnishaften seiner Ehe selbst die Schuld trug. Wovon er sich befreien will, das hat er selbst angerichtet. Daß seine verlassene Frau so rasch eine andere wurde, daß sie als die »neue Elisabeth« nun dem »alten Karl« gegenübersteht, beweist: er selbst hat die Verwandlungsfähigkeit der Frau blockiert. Was sich bei ihr an Wünschen regte, die eingefahrene Arbeitsteilung betreffend und damit auch deren patriarchale Struktur, wurde immer von ihm abgefangen und ausgelöscht, bevor es auch nur ins Bewußtsein gelangte. Was heißt das jetzt für die Kategorien von Treue und Treulosigkeit? Es heißt, daß der Verrat Karls gar nicht die Affäre mit der jungen Kollegin war, sondern jenes andere, schleichende Geschehen. Die Ehe erstarren zu lassen, ist der tatsächliche Ehebruch. Es gibt einen strukturellen Verrat innerhalb der Ehe. Und so kann es dann geschehen, daß der konventionelle Ehebruch des Mannes seiner verlassenen Frau jene Wandlung ermöglicht, welche die konventionelle Treue unmöglich gemacht hat. Damit wird, ungewollt und paradox, der Ehebruch zu einer Handlung der Treue, indem er bewirkt, was diese, wäre sie wahrhaftig vorhanden gewesen, schon immer ermöglicht und befördert hätte. Die Rückkehr aber, bei der signalisiert wird, es solle alles sein wie vorher, wird zum massiveren Verrat, als der Ausbruch es gewesen ist. Das steckt in der großartigen Stelle auf der letzten Seite, die der Dramatiker Plenzdorf instinktsicher aufgegriffen hat. Im Roman heißt es: »›Glaub mir: bald bin ich wieder der alte.‹ – ›Eben‹, sagte Elisabeth, was er nicht begriff und vorläufig auch nicht erklärt bekam.«[13] Und am Ende von Plenzdorfs Stück:

»ERP: Ich will dir jetzt nur soviel sagen: Ich bin bald wieder der alte. Glaubs mir.
(Elisabeth lacht unwillkürlich auf.)
ELISABETH: *(zum Publikum)* Scheußlich, so ein fremder Mann im Haus. Wenn die Kinder nicht wären, wüßt ich genau, was zu tun ist.«[14]

Genau entsprechend ist auch der zweite Liebesverrat, an der jungen Frau, zu qualifizieren. Sobald Karl mit der Geliebten zusammen wohnt, beginnt er nämlich mit dem Versuch, sie nach seinen Wünschen abzurichten, beginnt also in der gelebten Liebe selbst der strukturelle Verrat. Er versucht, ihre Wandlungsfähigkeit zu sabotieren. Und sosehr es sie schmerzt, als er sie wieder verläßt, ist doch diese

äußere Treulosigkeit das Ende einer innern und also ein objektiv sittlicher Akt im subjektiv schäbigen Verhalten.
Der Roman de Bruyns löst den mechanischen Begriff von Treulosigkeit auf und beseitigt die formalistische Moral um einer andern willen. Hier wird Treue definierbar als Arbeit an der Wandlungsfähigkeit des Partners. Insofern ist sie wieder ein Gebot, eine Pflicht, eine klare sittliche Norm. Liebesverrat aber ist nicht der Beischlaf außer Haus, auch nicht das Fortlaufen und Sitzenlassen, sondern die praktizierte Blockierung der natürlichen Veränderbarkeit des Partners, die lautlose Verhinderung, daß aus dem Menschen, mit dem man lebt, von Zeit zu Zeit ein neues Wesen wird.
Von daher aber verstärkt sich die politische Aussagekraft des Buches. Die Forderung, die an die Liebe gestellt wird, ergeht nämlich genauso an die Einrichtung der öffentlichen Dinge. »Genauso« heißt: Weder der Liebe noch dem Staat gegenüber wird, was für richtig erkannt ist, im Klartext ausformuliert. Das ergäbe nur einen Traktat, einen mehr. Hier wie dort läuft die Botschaft über das spezifisch Literarische. Sie steckt in der Geschichte selbst, wird nicht dieser beigegeben oder in kalkulierten Dosen ihr untergemischt. Man käme tatsächlich auf die erwähnten Ergebnisse auch dann, wenn man nur das szenische Arrangement, die Liebes- und Ehe-Orte als literarische Chiffren in der Weise untersuchte, wie es an andern Texten gemacht worden ist. Das Haus des Ehe- und die Wohnung des Liebespaars, beobachtet und ausgedeutet, wo immer sie erwähnt und beschrieben werden, ergäben als Zeichenfolge eine Rede eigener Art, die sich durch den ganzen Roman zieht und so präzis ist wie das, was in den verbalen Konfliktbereinigungen geäußert wird. So wie die Ehe symbolisch für die Ordnung überhaupt steht, für deren Chancen und Gefahren, so stehen Haus und Wohnung symbolisch für Liebe und Ehe. In der Ehebeschreibung kann der Roman am genauesten über die Politik, in der Schilderung der Schauplätze am genauesten über die Ehe reden. Hier wie dort muß man allerdings zu lesen verstehen.

1989

Anmerkungen

1 Heinrich Böll: *Ansichten eines Clowns.* Roman. München 1986 (35. Aufl. der TB–Ausgabe), S. 107.
2 a. a. O., S. 203.
3 a. a. O., S. 176.
4 a. a. O., S. 235.
5 a. a. O., S. 75.
6 Günter de Bruyn: *Buridans Esel.* Frankfurt/Main 1981 (1. Ausg.: Halle [Saale] 1968). Ulrich Plenzdorf: *Buridans Esel. 46 Szenen nach Günter de Bruyns Roman gleichen Namens.* Berlin (DDR) 1986.
7 de Bruyn, a. a. O., S. 116.
8 a. a. O., S. 198.
9 a. a. O., S. 194.
10 a. a. O., S. 199.
11 a. a. O., S. 134.
12 a. a. O., S. 135.
13 a. a. O., S. 199.
14 Plenzdorf, a. a. O., S. 64.

A. R. WIGHTMAN

Ein sozialistischer ›Ehebruchsroman‹

Günter de Bruyns *Buridans Esel*

> Mit der Einzelehe treten zwei ständige gesellschaftliche Charakterfiguren auf, die früher unbekannt waren: der ständige Liebhaber der Frau und der Hahnrei.
>
> *Friedrich Engels*[1]

Das ›Dreiecksverhältnis‹ ist eine der üblichsten literarischen Konstellationen, und der ›Ehebruchsroman‹ ist einer der klassischen Romantypen. Besonders viel Zuspruch fand er im neunzehnten Jahrhundert; Flauberts *Madame Bovary*, Tolstois *Anna Karenina* und Fontanes *Effi Briest* sind markante Beispiele.

Der Ehebruchsroman ist eine Untersuchung nicht nur in bezug auf die an einem Dreiecksverhältnis beteiligten Einzelgestalten, sondern auch in bezug auf die Institution der Ehe selbst, deren Zusammenbruch in einem besonderen, beispielhaften Fall beobachtet wird. Der Einzelfall hat mithin eine repräsentative Funktion: Der Zusammenbruch einer bestimmten Ehe stellt die Institution, so wie sie von den Autoren wahrgenommen wird, in Frage. Die bestehende Form der Ehe wird als unzulänglich offenbart.

Dies hat viel weitergehende Auswirkungen. Die Ehe ist ein Mikrokosmos der Gesellschaft; also ist ihre Untersuchung im Ehebruchsroman notwendigerweise zugleich eine Untersuchung des Zustandes der betreffenden Gesellschaft. Der Ehebruchsroman ist daher eine Vorwegnahme des ›Gesellschaftsromans‹. Insbesondere ist er ein hervorragend geeignetes Medium für die Überprüfung des Verhältnisses zwischen Individuum und Gesellschaft. Das Verhältnis eines Individuums zur eigenen Ehe oder zum Ehepartner läßt sich als repräsentative Darstellung des Verhältnisses betrachten, das dieses Individuum zur Gesellschaft insgesamt hat. Ehebruch ist eine Abweichung von der Norm und läßt als solche die Normalität besonders deutlich hervortreten. Durch eine Untersuchung des Abnormen können wir zu einem Verständnis der Normalität gelangen.

Im Ehebruchsroman konzentriert sich also das Interesse auf das Individuum, das Ehebruch begeht (dieser wird als Ausdruck wie auch als Ursache eines sozialen Konflikts wahrgenommen). Die Interpretation des Ehebruchsromans befaßt sich mithin vorrangig mit drei Fragen: Wer begeht den Ehebruch? Warum wird der Ehebruch begangen? Welches sind die Konsequenzen? Die Untersuchung von Ehebruchsromanen im Lichte dieser Fragen vermag uns auch sehr viel mitzuteilen über die bewußte und/oder unbewußte Einstellung eines Autors zur Institution der Ehe, wie er sie vorfindet, sowie über seine Sicht des Verhältnisses zwischen Individuum und Gesellschaft. Für sämtliche Romane dieses Typs aus dem neunzehnten Jahrhundert sind die Antworten auf die drei gestellten Fragen bemerkenswert ähnlich, während es sich mit Günter de Bruyns *Buridans Esel*[2] in mehrerlei Hinsicht anders verhält.

In diesem Aufsatz[3] wird der Versuch unternommen, de Bruyns Roman als sozialistische Variante eines in der ›bürgerlichen‹ Literatur etablierten Genres zu untersuchen. Indem wir *Buridans Esel* mit seinen bürgerlichen Vorgängern vergleichen, und zwar insbesondere mit Fontanes *Effi Briest*, können wir de Bruyns Sicht des Zustandes der Institution Ehe sowie des Verhältnisses zwischen Individuum und Gesellschaft in der DDR analysieren.

Wäre de Bruyn ein Marxist, müßte er die Ehe als eines der Elemente des institutionellen Überbaus einer Gesellschaft betrachten, und zwar als in einem dialektischen Verhältnis zur ökonomischen Basis stehend. Die bürgerliche oder kapitalistische Gesellschaft beruht auf dem Privateigentum an den Produktionsmitteln und ist durch Ausbeutung sowie durch das daraus resultierende Übel der Entfremdung gekennzeichnet. Die Ehe in der bürgerlichen Gesellschaft erhält ihr charakteristisches Gepräge aus diesen Verhältnissen und ist infolgedessen eine Eigentumsbeziehung, die durch die vollständige rechtliche, wirtschaftliche und gesellschaftliche Unterordnung von Frauen gegenüber Männern gekennzeichnet ist; sie führt daher zur Ausbeutung und Entfremdung von Frauen. August Bebel drückte es so aus: »Die bürgerliche Ehe ist eine Konsequenz der bürgerlichen Eigentumsverhältnisse«[4]. Engels[5] behauptet, daß diese Art von Ehe zusammen mit der Herausbildung des Privateigentums entstand und aus dem Bedürfnis erwuchs, die Erbfolge (zwecks Feststellung der Vaterschaft) zu gewährleisten. Die bürgerliche Ehe entstand also zur selben Zeit wie die antagonistische Klassengesellschaft und ist ihrem Wesen nach eine antagonistische Beziehung. Auf Grund der Art ihrer Entstehung zwingt die monogame Ehe in der Klassengesellschaft den Frauen ein streng monogames Verhalten auf, während sie den Männern verhältnismäßig viele Freiheiten läßt. Dieses Phänomen findet seinen deutlichsten Ausdruck in der ›doppelten Moral‹ der bürgerlichen Gesellschaft, die den Ehebruch zu einer der schwerwiegendsten Missetaten machte, welche eine Frau begehen konnte, während sie dasselbe Vergehen, wurde es von den Männern verübt, stillschweigend duldete. Die untergeordnete Stellung der Frau in der bürgerlichen Ehe wird noch verschlimmert durch die ›Arbeitsteilung‹, durch welche sich die Frau auf die häusliche Sphäre beschränken muß, wodurch sich ihr Horizont verengt, ihre Möglichkeiten zur Selbstverwirklichung geringer werden und ihre Erfahrung der Entfremdung verstärkt wird.

Es ist diese Art der bürgerlichen Ehe, welche im bürgerlichen Ehebruchsroman geschildert wird. Obgleich keiner dieser Romane von dem oben beschriebenen marxistischen Standpunkt aus geschrieben wurde, besteht dennoch ein hoher Grad an Übereinstimmung zwischen der Analyse der bürgerlichen Ehe, wie sie von Engels und Bebel auf der einen Seite vorgelegt wurde, und der gesellschaftlichen Wirklichkeit, wie sie von Romanschriftstellern wahrgenommen und in destillierter Form in ihren Romanen dargestellt wurde. Der bürgerliche Ehebruchsroman ist eine Anklage der Heuchelei und der Unterjochung der Frau, wie sie in der Natur der bürgerlichen Gesellschaft liegen.

In sämtlichen bedeutenden bürgerlichen Ehebruchsromanen ist es eine Frau, die als ehebrecherisch dargestellt wird. Die Gründe dafür sind ziemlich klar: Ehebrecherinnen werden als ›abnorm‹ wahrgenommen, und die Darstellung des Abnormen ist, wie bereits bemerkt, ein Mittel, die Normalität um so deutlicher herauszustellen. All diese Romane decken die Unterdrückung von Frauen auf, indem sie die Rebellion einer Frau und deren Versuch, den Verhältnissen zu entkommen, aufzeigen. Mithin steht im bürgerlichen Ehebruchsroman die Frau im Mittelpunkt der Aufmerksamkeit. Dieses Anliegen drückt sich sogar in den Titeln dieser Werke aus, welche einfach nur aus dem Namen der Hauptperson bestehen; und obgleich man den Standpunkt vertreten könnte, Flauberts Sicht der Emma Bovary sei ziemlich voreingenommen, liegen doch die Sympathien der Autoren größtenteils auf seiten ihrer Heldinnen. Das geschilderte Milieu ist dasjenige, mit welchem das Lesepublikum, das nahezu ausschließlich aus Bürgerlichen und

Adligen bestand, vertraut war. Darüber hinaus war es die Bourgeoisie, bei welcher man die Werte der kapitalistischen Gesellschaft in reinster Form beobachten konnte. Bürgerliche oder adlige Frauen waren also die geeignetsten Hauptfiguren für Schriftsteller, die sich anschickten, die Ehe in der Gesellschaft des neunzehnten Jahrhunderts zu analysieren.

Die Handlung dieser Romane spielt sich *hauptsächlich* im bürgerlichen Milieu ab. Daher sind die Heldinnen den bürgerlichen Sitten und Gebräuchen unterworfen. In den meisten Fällen finden sie sich in Ehen mit (d. h., unter die Haube gebracht bei) Männern, für die sie keine Liebe empfinden und die sie ihrerseits nicht lieben, die aber von ihnen erwarten, daß sie sich der zugewiesenen Rolle der Ehefrau fügen. Solche Eheschließungen nehmen oft die Form einer Besitztransaktion an, bei welcher eine Tochter in jeder Hinsicht an ihren künftigen Ehemann veräußert wird. (Fontanes Schilderung der Art und Weise, wie Effi Briest an Instetten verheiratet wird, ist eine realistische Darstellung der Gepflogenheiten jener Zeit.) Diese Frauen sehen sich der striktesten Arbeitsteilung unterworfen, die man sich überhaupt vorstellen kann; einer Arbeitsteilung, die innerhalb des Proletariats unter dem Einfluß des industriellen Kapitalismus in die Brüche zu gehen begann. Von bürgerlichen Ehefrauen wurde erwartet, daß sie den Haushalt führten, für einen Erben sorgten und ihren Ehemännern als gesellschaftliche Aktivposten dienten. Fontanes Darstellung von Effis Eheleben ist sorgfältig daraufhin strukturiert, all diese Gesichtspunkte mit einzuschließen.

Für Effi Briest, Emma Bovary und Anna Karenina erweist sich die Ehe als zutiefst unbefriedigend. Innerhalb eines solch inhumanen Besitzverhältnisses drückt sich die Entfremdung[6] dieser Frauen in Langeweile, in einem Gefühl der Hoffnungslosigkeit und in einer Sehnsucht nach wahrer Liebe (und sexueller Erfüllung) aus. In dieser Situation stellt der Ehebruch ein Entkommen der Ehefrau aus der Sterilität der bürgerlichen Ehe sowie eine Flucht in Abenteuer, Liebe und mögliche Selbstverwirklichung dar. Er ist, laut Engels, die Revanche der Frau; eine Revanche, die sie nicht nur an ihrem Ehemann nimmt, sondern auch an der Gesellschaft, die ihr eine Position zugewiesen hat, in welcher sie von Liebe abgeschnitten ist und ausgebeutet wird. (Ein Großteil davon wird selbstverständlich so dargestellt, daß es sich auf unbewußter Ebene abspielt.) Für die Frauen in diesen Romanen ist der Ehebruch also ein Mittel zur Flucht aus einer Wirklichkeit, die als unerträglich wahrgenommen wird.

Für die Männer andererseits und darüber hinaus auch für die Gesellschaft (denn die in dieser Gesellschaft herrschenden Werte sind männliche Werte) stellt die Handlungsweise der Heldin ein schweres Vergehen, ja ein Verbrechen dar. Eine Frau, die Ehebruch begeht, bricht das Besitzrecht, das sie an ihren Ehegatten bindet. Ihr Liebhaber wird allerdings viel milder behandelt, wie wir aus dem Fall der Effi Briest ersehen können: Der einzige Grund Instettens, Crampas zu dem Duell herauszufordern, bei welchem der letztere getötet wird, ist die Beleidigung seiner ›Ehre‹. Er zögert, bevor er tätig wird, und entschließt sich erst dazu, Crampas herauszufordern, nachdem er einem Freund davon erzählt hat – mit anderen Worten, nachdem seine mißliche Lage in der Gesellschaft bekannt wird. Instettens Handlungen werden nicht durch seine Beziehung zu Effi veranlaßt, sondern durch seinen Respekt vor gesellschaftlichen Konventionen: Er muß sein in der Öffentlichkeit bestehendes Image als Mann von ›Substanz‹ bewahren. Er bedauert den Ausgang des Duells aufrichtig, aber die gesellschaftlichen Gepflogenheiten bestimmen seine Behandlung Effis: Er läßt sie ganz einfach fallen. Effi trägt die Schuld, nicht Crampas. Die Reaktion von Effis Eltern zeigt, daß diese Ansicht in der Gesellschaft allgemein akzeptiert wird. Die Eltern sympathisieren mit Instetten, weigern sich, Effi zurück zu sich zu nehmen, bis sie von ihren Erfahrungen ganz und gar gebrochen ist, und lassen ihr nur ein Mindestmaß an Unterstützung zuteil werden.

Ehebruch von seiten einer Ehefrau führt also zu deren Zurückweisung und schließlicher Vernichtung durch die Gesellschaft. Sie wird gesellschaftlich, psychisch und letzten Endes auch physisch vernichtet. Die bürgerliche Gesellschaft wehrt sich gegen die von Frauen praktizierte außereheliche Liebe und lehnt sie ab, weil sie diese Liebe als Angriff auf moralische Werte begreift, welche in sich eine Rationalisierung des Besitzverhältnisses zwischen Mann und Frau darstellen. Von Frauen begangener Ehebruch wird mithin als Angriff auf die grundlegende wirtschaftliche und gesellschaftliche Ordnung betrachtet.

Der bürgerliche Ehebruchsroman untersucht also das Verhältnis zwischen Individuum und Gesellschaft hauptsächlich über das Medium der weiblichen Hauptperson; er demonstriert die Unmöglichkeit (für Frauen), zugleich mit sich selbst und mit der bürgerlichen Gesellschaft in Übereinstimmung zu leben. Die Heldinnen dieser Romane vermögen die bürgerliche Ehe nicht zu ertragen; aber die Gesellschaft vernichtet sie, wenn sie einen Versuch machen, ihren Fesseln zu entgehen.

Der Ausgang des bürgerlichen Ehebruchsromans muß daher zwangsläufig tragisch sein.

In *Buridans Esel* unternimmt Günter de Bruyn bewußt den Versuch, ein sozialistisches Gegenstück zum bürgerlichen Ehebruchsroman zu offerieren. In einem Interview mit Heinz Plavius bemerkt er über den Roman: »Dieser Roman unterscheidet sich von älteren ähnlicher Thematik ganz einfach dadurch, daß er in der Gegenwart der DDR spielt«[7]. Auf den ersten Blick scheint er damit eine Selbstverständlichkeit auszudrükken – ein Roman wird unter bestimmten gesellschaftlichen und historischen Umständen verfaßt und von diesen offensichtlich beeinflußt. Ein Roman, der in der DDR der mittleren sechziger Jahre geschrieben wurde, wird sich demgemäß von Romanen unterscheiden, die in der bürgerlichen Gesellschaft des neunzehnten Jahrhunderts entstanden. Allerdings stellt eine Analyse von de Bruyns Roman als einer bewußten Fortsetzung einer literarischen Tradition (welche er offenkundig ist) ein nützliches Verfahren bei dem Versuch dar, die Intention des Romans zu verdeutlichen.

Buridans Esel ist ein ›Gesellschaftsroman‹, wie es auch der bürgerliche Ehebruchsroman ist. Die geschilderten Individuen haben eine stellvertretende Funktion: »Denn, wenn man genau genug hinsieht, genau genug beschreibt, wird auch das Privateste, die Liebe, zu Gesellschaftlichem, weil ja die Charaktere, durch die sie entsteht, sich bekanntlich im Strom der Welt bilden und ihre Folgen fördernd oder hemmend die Umwelt berühren.[8]

Eine Untersuchung dieses Romans kann dadurch beginnen, daß man dieselben drei Fragen stellt, die sich beim Nachdenken über den bürgerlichen Ehebruchsroman stellten: Wer begeht den Ehebruch? Warum wird der Ehebruch begangen? Welches sind die Konsequenzen?

Marxisten vertreten das Argument, im Verlaufe des Überganges vom Kapitalismus zum Sozialismus ereigne sich im Wesen der Ehe eine Wandlung. Sie höre auf, ein Besitzverhältnis zu sein, und die vollständige Abhängigkeit der Frauen gehe zu Ende. Zwar mag dies in der Theorie so sein; die Realität aber scheint doch recht anders auszusehen. Insbesondere ist das fortbestehende Problem der Arbeitsteilung innerhalb der Ehe ein bedeutendes Hindernis für die Gleichberechtigung innerhalb der Ehe. In theoretischer Hinsicht wird die Ehe zu einer demokratischen Beziehung zwischen gleichberechtigten Partnern und schafft eine Umgebung, in welcher beide Partner all ihre Möglichkei-

ten voll entwickeln können. Frauen sehen sich nicht länger ›unter die Haube gebracht‹ bei Männern, deren einzige Qualifikation für die Ehe in ihrer Fähigkeit besteht, eine Ehefrau zu ›ernähren‹ (also zu besitzen und auszubeuten). Bebel drückt es so aus: »In der Liebeswahl ist sie gleich dem Mann frei und ungehindert. Sie freit oder läßt sich freien und schließt den Bund aus keiner andren Rücksicht als auf ihre Neigung«[9].
In der Theorie also haben die Ursachen für weiblichen Ehebruch, wie sie weiter oben in groben Zügen dargestellt wurden, keine Gültigkeit mehr. Auf den ersten Blick könnte man erwarten, daß die Fälle von weiblichem Ehebruch sich als Folge der größeren Unabhängigkeit von Frauen und der Minderung der damit verbundenen gesellschaftlichen Stigmatisierung vermehren. Engels jedoch gibt zu bedenken, daß das Gegenteil geschehen könnte: »Fallen nun noch die ökonomischen Rücksichten weg, in Folge deren die Frauen sich diese gewohnheitsmäßige Untreue der Männer gefallen ließen ... so wird die damit erreichte Gleichstellung der Frau aller bisherigen Erfahrung nach in unendlich stärkerem Maß dahin wirken, daß die Männer wirklich monogam werden, als dahin, daß die Frauen polyandrisch«[10].
Ungeachtet amtlicher Bestätigungen dieser Voraussage in der DDR scheint sich die Institution der Ehe in einer Krise zu befinden. Die DDR hat durchgängig eine der höchsten Scheidungsquoten der Welt aufgewiesen[11], offenbar als unmittelbares Ergebnis der Entwicklung der sozialistischen Gesellschaft und der Frauenemanzipation.
Daher scheint es, daß die Heraufkunft des Sozialismus in der DDR zum genauen Gegenteil dessen geführt hat, was Engels voraussagte. Die Stabilisierung der Institution der Ehe, wie er sie erwartete, hat nicht stattgefunden. Mehr noch: Wenn Individuen innerhalb der Ehe nicht in Harmonie miteinander leben können – ist dies nicht ein Hinweis darauf, daß ihr Verhältnis zur Gesellschaft gestört ist? Eine Analyse von *Buridans Esel* zeigt, daß de Bruyn eine kompromißlose Kritik der zeitgenössischen Einstellung zur Ehe und der Rollen der Geschlechter innerhalb der Ehe vorlegt und damit in erweiterndem Sinne auch eine Kritik der DDR-Gesellschaft selbst.
Buridans Esel hat mit seinen bürgerlichen Vorläufern die Tatsache gemein, daß in diesem Roman der Ehebruch nicht die Ursache, sondern vielmehr ein Symptom des Scheiterns einer Ehe ist. De Bruyn schließt sich in dieser Hinsicht dem DDR-Soziologen Richard Halgasch an, welcher sagt: »Die Aufnahme von Beziehungen zu einem anderen

Partner ist vielfach ein Umstand, der den in der Ehe bereits begonnenen Zerrüttungsprozeß beschleunigt«[12]. Dieser Gesichtspunkt wird besonders betont, da außereheliche Sexualbeziehungen am häufigsten als Ursache für die Zerrüttung von Ehen in der DDR wie in vielen anderen Ländern genannt werden.[13]
Wie die Romane von Flaubert, Tolstoi und Fontane hat *Buridans Esel* eine verhältnismäßig einfache Handlung. De Bruyn hat sie in folgender redensartlicher Wendung zusammengefaßt: »Zwei Frauen machen ihren Weg, ein Mann bleibt auf der Strecke«[14]. Karl Erp, ein vierzigjähriger Bibliothekar, der es in jeder Hinsicht zu etwas gebracht hat, wird zunehmend unzufrieden mit seinem Leben und mit sich selbst; er hat seinen jugendlichen Schwung verloren und ist in Apathie versunken. Er versucht, seine Lethargie abzuschütteln, indem er mit seiner Beziehung zu Fräulein Broder einen Neuanfang macht. Am Ende des Romans zerbricht diese Liebesaffäre jedoch, und er kehrt zu seiner Frau zurück, die in der Zwischenzeit so etwas wie eine Erneuerung ihres Lebens erfahren hat. Erps Versuch einer Selbsterneuerung scheitert, aber den beiden an diesem ›Dreiecksverhältnis‹ beteiligten Frauen kann man dabei zusehen, wie sie vorankommen.
Dieser Überblick zeigt, daß de Bruyn, indem er einen Mann und nicht eine Frau beim Ehebruch vorführt, eine radikale Abkehr vom bürgerlichen Ehebruchsroman vollzogen hat. Da der Ehebruch durch einen Mann weder anomal noch zum Gegenstand gesellschaftlicher Schande geworden ist, benutzt de Bruyn das Abnorme hier nicht als Mittel dazu, die Normalität um so deutlicher hervortreten zu lassen. Im Gegenteil: Er gibt sich Mühe, die Normalität der Ereignisse, die er erzählt, zu betonen.

De Bruyn macht einen Mann zur zentralen Gestalt seines Romans, weil er sich anschickt, ein Verhältnis zwischen Individuum und Gesellschaft zu beschreiben, welches sich von dem in früheren Ehebruchsromanen dargestellten vollständig unterscheidet. Darin wurden dieses Verhältnis als antagonistisch und die Werte der Gesellschaft als zerstörerisch für das Individuum entlarvt. Frauen waren dieser zerstörerischen Wirkung infolge ihrer Abhängigkeit von den Männern auf doppelte Weise ausgesetzt; Autoren, die darauf abzielten, die (von Männern dominierte) bürgerliche Gesellschaft als verkommen bloßzustellen, fanden weibliche Romangestalten daher besonders geeignet als Vehikel für Gesellschaftskritik. De Bruyns Absichten sind ganz anders. Er nimmt keinen grundlegenden Antagonismus im Verhältnis zwischen Individuum und Gesellschaft in der DDR wahr, und daher ist seine Kritik nicht gegen die Gesellschaft als solche gerichtet, sondern gegen Werte und Verhaltensnormen, die sich immer noch bei vielen Individuen finden, für die Erp repräsentativ ist. Diese Normen werden von de Bruyn als Überbleibsel aus der bürgerlichen Gesellschaft betrachtet; und da die bürgerliche Gesellschaft von Männern beherrscht wird, sind es im wesentlichen männliche Normen und Werte. In der marxistischen Theorie pflegte man diese Normen als Teil des kulturellen Überbaus anzusehen, welcher nicht in Einklang steht mit dem Wesen der ökonomischen Basis in der DDR – anders ausgedrückt, sind anachronistisch. De Bruyn unterscheidet sich von seinen bürgerlichen Vorgängern darin, daß er nicht danach strebt, die grundlegende Beschaffenheit der Gesellschaft (die ökonomische Basis), sondern das Verhalten von Individuen (den kulturellen Überbau) zu ändern. Es ist das Spannungsverhältnis zwischen ökonomischer Basis und bestimmten kulturell-ideologischen Phänomenen, welches das zentrale Problem in *Buridans Esel* darstellt. Somit ist die ›Krise‹, der sich die Institution der Ehe gegenübersieht, ein Ausdruck dieses Spannungsverhältnisses – es ist nicht eine Krise der Institution, sondern von Individuen. Dies wird deutlicher, wenn man den Roman genauer untersucht.

Wie wir bereits gemerkt haben, gehört die weibliche Hauptfigur im Ehebruchsroman der Bourgeoisie an. Karl Erp ist von seiner Abstammung her kein Bourgeois, hat sich jedoch vollständig an die Bourgeoisie angeglichen. Seine Ehefrau, Elisabeth, stammt aus einem wohlhabenden Mittelklassemilieu, und das Ehepaar ist von all dem Drum und Dran eines komfortablen Vorstadtlebens umgeben. Karls Umgebung ist ganz und gar bürgerlich. Der begeisterte Kommunist ist im mittleren Alter zu »einem saturierten Wohlstandskommunisten« (127) degeneriert; seine Begeisterung für politischen und beruflichen Aktivismus ist dem Rückzug in die Privatsphäre des Heimes und der Familie gewichen. (Fritz J. Raddatz hat den Roman als »sozialistisches Biedermeier«[15] beschrieben, was eine angemessene Beschreibung von Erps Lebensstil darstellt; diese Bezeichnung jedoch auf den gesamten Roman auszudehnen bedeutet, die kritische Absicht des Autors außer acht zu lassen.)

Erps Ehe ist nach konventionellem Vorbild konstruiert und beruht auf der traditionellen Arbeitsteilung, »dieser von ihm gewünschten Form der Arbeitsteilung« (112), sowie der Unterordnung Elisabeths. Erp ist ganz und gar der ›Herr und Meister‹. Er ist zum Repräsentanten einer neuen, aber gleichwohl überholten Mittelklasse geworden. De Bruyn faßt dies zusammen, indem er sagt: »Und die Spreesiedlung paßte ihm, in jeder Hinsicht« (13). Dieser Parvenü und seine Ehe stehen symbolisch für die Einstellung einer Gesellschaft, die sich, nachdem sie eine Periode revolutionärer Umgestaltung durchlebt und ihre Position gefestigt hat, der Gefahr gegenübersieht, ihren revolutionären Schwung zu verlieren und sich in Quietismus und Konsumerismus zurückfallen zu lassen: ›Verbürgerlichung‹. Auf diese Weise stellt Erps Laufbahn eine Parallele zur Geschichte der DDR bis zur Mitte der sechziger Jahre dar. Diese ›Verbürgerlichung‹ bildete sich in der DDR-Literatur in den späten sechziger Jahren zu einem zentralen Problem heraus, nämlich als ein Aspekt der Debatte über das Wesen des Verhältnisses zwischen Individuum und Gesellschaft. In *Buridans Esel* wird Erps Verhältnis zur Gesellschaft abgelehnt und eine Alternative vorgeschlagen.

In diesem Zusammenhang ist es wichtig, das Wesen des Erpschen Ehebruches und dessen Ursachen zu erkennen. Vom allerersten Anfang an haben Erp und Elisabeth eine Ehe des herkömmlichen Typs geführt, aber infolge der Natur ihrer Ehe wurde der Prozeß der ökonomischen und gesellschaftlichen Konsolidierung von einem allmählichen (und unbemerkten) Verfall der Beziehung zwischen ihnen begleitet. Zu Beginn des Romans ist ihre Ehe effektiv abgestorben. Sie besteht zwar in einem formalen Sinne weiter, ist aber somit nicht besser oder schlechter als die Art von Ehe, welche im bürgerlichen Ehebruchsroman geschildert wird. Karl und Elisabeth haben sich als Persönlichkeiten nicht weiterentwickelt; sie sind in der Fahrspur ihres neubürgerlichen Lebensstils steckengeblieben.

In dieser Situation wirkt Erps Begegnung mit Fräulein Broder auf ihn wie ein Katalysator. Er beginnt die Möglichkeit zu erkennen, mit ihr einen neuen Anfang zu machen: »Angefangen hat es so: Karl Erp lächelte beim Erwachen...« (5). Dieses symbolische ›Erwachen‹ geschieht ganz zu Anfang des Romans und bezeichnet den Beginn der versuchten ›Renaissance‹ des Karl Erp. Der Roman schließt mit Erps Rückkehr zu Elisabeth, nachdem der Versuch gescheitert ist.

Erps Ehebruch ist nicht lediglich eine jähe Marotte, sondern vielmehr das Ergebnis eines langen Verfallsprozesses in seiner Ehe sowie eines allmählichen Abstiegs in die Mittelmäßigkeit: »So etwas fängt nicht mit einem morgendlichen Lächeln und überhaupt nicht plötzlich an. Das entsteht allmählich, unsichtbar, lautlos, langsam« (7). In jeder Hinsicht, bis auf seine Herkunft, ist Karl Erp ein Bourgeois, und sein

Ehebruch ist das Resultat des bürgerlichen Charakters seiner Ehe und seines Lebensstils.
Welches sind für Erp die Konsequenzen seines Ehebruchs? Im bürgerlichen Ehebruchsroman wird die Ehebrecherin, falls sie entdeckt wird, zur gesellschaftlichen Außenseiterin, weil sie gegen das Besitzrecht verstoßen hat; infolgedessen enden die meisten bürgerlichen Ehebruchsromane tragisch mit der Vernichtung der Hauptfigur. In *Buridans Esel* bietet sich ein anderes Bild. Die Gesellschaft widersetzt sich Erps Ehebruch nicht; sie sieht diesen vielmehr als aufrichtigen Versuch der Selbsterneuerung an. Ja, ganz im Gegenteil: Es zeigt sich, daß sie Erp aktiv unterstützt.
Die Gründe für diesen Unterschied liegen in de Bruyns marxistisch geprägter Sicht des Verhältnisses zwischen Individuum und Gesellschaft. Nach diesem Standpunkt besteht das Hauptziel sämtlicher Betätigung in der vollstmöglichen Entwicklung des Individuums. Die Gesellschaft sieht daher die Ehe nicht als unauflöslich an; denn, so drückt es ein Schriftsteller aus: »Eine rechtzeitig geschiedene Ehe ist der Entwicklung sich trennender Partner zuträglicher als eine fortdauernde Ehe, die beiden zum Martyrium wird«[16]. Da es sich bei der sozialistischen Ehe nicht um eine Eigentumsbeziehung handelt, welche um jeden Preis aufrechterhalten werden muß, existiert auch kein äußerer Zwang, weiterhin in einem Eheverhältnis zu verbleiben, welches die Selbstverwirklichung des Individuums behindert und daher letzten Endes eine Gefahr für die Weiterentwicklung der Gesellschaft darstellt. Der Ehebrecher befindet sich infolgedessen nicht in einem unversöhnlichen Konflikt mit der Gesellschaft. Ein tragischer Ausgang ist deshalb unmöglich, wenn das Tragische in der Vernichtung eines edlen Charakters durch von außen wirkende Kräfte besteht (Schicksal, gesellschaftlich ausgeübter Druck, etc.). Das Tragische in der bürgerlichen Literatur, so wird behauptet, ergibt sich aus der antagonistischen Natur der Klassengesellschaft. In der sozialistischen Gesellschaft existieren diese Antagonismen (in der Theorie) nicht mehr. Es gibt keine Konflikte: Die Interessen des Individuums stimmen mit denen der Gesellschaft überein. In einer Situation, in welcher die Gesellschaft das Individuum in die Lage versetzt, die in ihm angelegten Möglichkeiten zu verwirklichen, wird es für ein jedes Individuum zur moralischen Verpflichtung, dieses Ziel aktiv zu verfolgen. Ein Versagen dabei ist mithin das Versagen des Individuums und nicht das der Gesellschaft. De Bruyn selbst drückt es so aus: »Groß werden Liebesge-

schichten immer durch die Hemmnisse, die sich zwischen die Liebenden stellen. Denn nur an Hindernissen kann sich die Stärke des Gefühls beweisen. Schwaches zerbricht schon an Lappalien. Ganz Starkes aber bewährt sich auch, wenn die Hindernisse unüberwindbar sind. Dann endet die Geschichte tragisch«[17].

Daß die DDR-Gesellschaft Erp keine solchen Hindernisse in den Weg legt, wird von der Erzählerfigur offen ausgesprochen: »Wenn es stimmt, daß Größe durch Widerstände entsteht, wäre unsere verständige Gesellschaft kein Boden für große Liebesgeschichten. Möglich. Aber das spricht für die Gesellschaft. Und gegen Karl« (209).

In *Buridans Esel* sieht sich Erp also keinem Widerstand von seiten der Gesellschaft gegenüber; und dennoch ist er am Ende des Romans mit seinem Versuch gescheitert, weil er zu schwach ist, ihn konsequent zu verfolgen; die ›Lappalien‹, die de Bruyn erwähnt, zu überwinden. Laut de Bruyn beweist das Scheitern Erps »... die Kleinlichkeit eines Typus, der Anerkennung und äußere Erfolge mit Persönlichkeitsverlust bezahlt hat«.[18] Auf diese Weise macht die erfolglose Affäre mit Fräulein Broder den Bankrott seiner Persönlichkeit deutlich.

Als sozialistischer Ehebruchsroman unterscheidet sich *Buridans Esel* mithin radikal von Romanen wie *Effi Briest*, indem er sich nicht die Aufgabe setzt, eine Gesellschaft zu kritisieren, welche allein auf Grund ihrer Natur der vollen Entwicklung des Individuums abträglich ist. Ganz im Gegenteil ist es das individuelle Verhalten, welches einer kritischen Analyse unterzogen wird; das Versagen eines Individuums bei der Erfüllung der moralischen Verpflichtung, die ihm von der Gesellschaft auferlegt wurde. Die zugrundeliegende gesellschaftliche Ordnung wird nicht in Frage gestellt: Es ist das Verhalten von Individuen, welches sich ändern muß. Der ideologische Überbau muß mit der ökonomischen Basis in Übereinstimmung gebracht werden. De Bruyns Ziel ist deshalb didaktischer Art: Sein Anliegen ist es, das Bewußtsein seiner Leser umzugestalten. Er benutzt die beiden weiblichen Gestalten des Romans, Fräulein Broder und Elisabeth Erp, um seine Botschaft zu vermitteln.

Im herkömmlichen Ehebruchsroman ist die weibliche Hauptfigur Mittelpunkt der Aufmerksamkeit und Objekt der Sympathie des Autors. Bei ihrem Versuch, der inhumanen Beengtheit der bürgerlichen Ehe zu entkommen, wird sie als Quelle humanistischer Werte dargestellt. Der gesellschaftliche Fortschritt als solcher ist nicht möglich, und daher gehen diese Romane tragisch aus. Die Heldin wird zwar normalerweise als den beiden beteiligten Männern moralisch überlegen vorgestellt; sie ist jedoch keine Repräsentantin des sozialen Fortschritts: Ihr Ausbruch ist eine Rebellion, keine Revolution. Es handelt sich um eine aus Unterdrückung und Frustration geborene individuelle Erfahrung, die keine bleibenden Auswirkungen auf die Gesellschaft hat. Es ist dies hier eine unmittelbare Widerspiegelung der Stellung der Frau in der Gesellschaft des neunzehnten Jahrhunderts. Auf Grund ihrer völligen Abhängigkeit von Männern verfügten Frauen über keine Möglichkeit, ihr eigenes Schicksal in die Hand zu nehmen; daher war es für die Autoren unmöglich, Frauen zu zeigen, welche dies taten: Jede Handlung dieser Art, wenn von Frauen unternommen, ist von Beginn an zum Scheitern verurteilt.

Nach de Bruyns Ansicht hat die Entwicklung hin zur ökonomischen und sozialen Emanzipation der Frau in der DDR all das geändert. Frauen haben die Möglichkeit, zum ›Subjekt der Geschichte‹ zu werden; und sie unterliegen der moralischen Verpflichtung, diese Gelegenheit beim Schopf zu fassen. Auf diese Weise erfüllen die beiden Frauen in *Buridans Esel* eine neue Funktion. Wie im bürgerlichen Ehebruchsroman verkörpern die Frauen Werte, die eine Alternative zu den etablierten männlichen Werten darstellen. Während jedoch diese männlichen Wertvorstellungen in den bürgerlichen Romanen vorherrschend waren, weil sie mit der ökonomischen Basis der Gesellschaft übereinstimmten, sind die Werte, für die Erp in *Buridans Esel* steht, obsolet geworden. Daraus folgt, daß diese Werte durch neue (sozialistische) Wertvorstellungen nicht nur ersetzt werden können, sondern müssen. Karl Erp und sein Wertesystem stehen im Mittelpunkt von de Bruyns Aufmerksamkeit: Die beiden weiblichen Gestalten dienen als Folien für ihn. Darüber hinaus ist de Bruyn in der Lage, seiner Analyse eine weitere Dimension hinzuzufügen, indem er diese beiden Frauenfiguren miteinander vergleicht.

Erp ist im Roman mit einer Wahl konfrontiert: Er muß sich zwischen seinem alten, überholten Lebensstil und der neuen Auswahl an Möglichkeiten, die vor ihm liegen, entscheiden. Diese Wahlentscheidung wird versinnbildlicht durch die Wahl zwischen den beiden Frauen. Elisabeth steht für das Alte, während Fräulein Broder das Neue verkörpert. Am Ende des Romans stellen beide Frauen eine Alternative zu Lebensstil und Verhalten dar; beide erweisen sich als moralisch (und ideologisch) überlegen: »Zwei Frauen machen ihren Weg, ein Mann bleibt auf der Strecke.« Die Unterschiede zwischen den beiden Frauen sind allerdings von entscheidender Bedeutung; und diese Unterschiede muß man begreifen, wenn man de Bruyns Absichten vollständig verstehen will. Die Unterschiede sind im wesentlichen zwiefacher Natur: Elisabeth und Fräulein Broder gehören verschiedenen Generationen an und stammen aus unterschiedlichen sozialen Verhältnissen. Sämtliche sonstige Divergenzen leiten sich aus diesen Unterschieden her.

Elisabeth Erp gehört derselben Generation an wie Karl, und daher ist sie ihm in einigen Hinsichten ähnlich. Die Generation der beiden wuchs vor der Errichtung einer sozialistischen Gesellschaft in der DDR auf. Anders als Erp hingegen hat sich Elisabeth dem bürgerlichen Lebensstil nicht anzupassen brauchen: Sie hat nie etwas anderes kennengelernt. Sie ist aufgewachsen in der »Villa dieses östlichen Dahlems« (15), in welcher sie immer noch lebt. Von ihrer Kindheit an war sie eingebettet in die äußerlichen Kennzeichen wie auch in die Ideologie des bürgerlichen Lebens. Als sie heiratet, nimmt sie dieses Vermächtnis bürgerlicher Ideologie mit und glaubt: »... die liebende Frau hat sich vertrauensvoll in den Schutz und Schirm ihres Mannes zu begeben und – als Preis – sich ihm anzupassen« (64).

Es ist genau diese Sicht der Rolle einer Frau in der Ehe, welche das Objekt der Kritik im bürgerlichen Ehebruchsroman darstellt. Aus Elisabeths Tagebuch erfahren wir, daß Elisabeth in ihrer Jugend traditionelle Rollenzuweisungen innerhalb der bürgerlichen Ehe in Frage stellte: »Wenn ich Mutter neben Vater sehe, frage ich mich immer: Muß das so sein?« (77).

Der Einfluß ihrer Konditionierung ist jedoch so stark, daß sie eine Ehe dieses traditionellen Typs akzeptiert. Sie wird völlig passiv und ordnet ihre Bedürfnisse und Ambitionen denen Erps unter, wobei sie sich selber auf Schritt und Tritt verleugnet. Sie läßt ihr früheres Interesse an der Kunst fahren, gibt ihre Arbeit auf, zieht sich aus ihrer Beteiligung am politischen Leben zurück: Sie gestattet es Erp, sie total zu beherrschen. Erp ist in der Lage, sie von dem zu überzeugen, was sie so ausdrückt: »Meine Herkunft versperrt mir den Weg zu gesellschaftlichem Fühlen und Denken« (77). Sogar wenn Erp mit einer seiner vielen (imaginären?) Affären beschäftigt ist, akzeptiert sie alles, »jede Eifersucht niederkämpfend« (11).

Elisabeths Einstellung zu ihrer Ehe ist zu Beginn des Romans ebenso altertümlich wie die ihres Ehemannes. Ihr passives Akzeptieren der Abhängigkeit, die Erp ihr aufgezwungen hat, ist der Gesellschaft, in der sie leben, nicht mehr angemessen. Daher muß sie ihren Anteil der Schuld am Scheitern der Ehe annehmen. Elisabeths Behauptung, Erp sei schuld, ist kaum mehr als eine Ausrede: »Daß sie nur Küche, Wiege und Ehebett im Kopf gehabt hatte, stimmte nicht ganz, aber fast; aber wie hätte es anders sein sollen bei dieser von ihm gewünschten Form der Arbeitsteilung? Wäre es anders gekommen, wenn sie arbeiten gegangen wäre, wenn auch sie abends den Abglanz einer größeren Welt mit ins Haus gebracht, vielleicht auch Verehrer gehabt hätte?« (112).

Für beide Partner ist diese Ehe effektiv tot, obwohl Elisabeth versucht, sich an die Illusion zu klammern, daß dem nicht so sei. Erps Affäre mit Fräulein Broder ist daher ein großer Schock für sie; denn: »Sie betrogen, da war sie sicher, im schlimmsten Sinne die Ehe gebrochen hatte er nie, bestimmt, das war so, auch wenn es ihm vielleicht leid tat« (11–12).

Diese beinahe verzweifelte Selbsttäuschung ist nutzlos; sie ist gezwungen, der Wahrheit ins Auge zu blicken. Daß sie von Karl verlassen wird, hat auf Elisabeth eine Katalysator-Wirkung, indem es sie zum ersten Mal seit ihrer Eheschließung dazu veranlaßt, aktiv zu werden. Paradoxerweise führt Erps Versuch der Selbsterneuerung einen Regenerationsprozeß bei Elisabeth herbei. Es ist dies eine der Ironien des Romans: Fräulein Broder verliert Erp, weil er nicht imstande ist, sein Leben zu revolutionieren; aber auf mittelbare Weise führt sie die Wandlung bei Elisabeth herbei. Elisabeth ist gezwungen, über sich selbst und über ihre Ehe nachzudenken; und sie beginnt, das Wesen ihrer Fehler zu begreifen. Sie sieht ein, daß ihre Ehe sich im wesentlichen nicht von der ihrer Eltern unterscheidet, daß auch diese Ehe folgendes ist: »... das alte Nebeneinanderher, das Oben-und-Unten, das Herr-und-Magd-Sein, ... das alte Unbehagen, das jetzt endlich bewußt, zu unerträglicher Qual werden muß ...« (143).

Ihre Ehe ist also auf Grund ihrer Natur selbst nicht das, was sie braucht; sie erstickt ihre Persönlichkeit, anstatt ihre Entwicklung zu fördern, und letzteres ist schließlich, was die Ehe in einer sozialistischen Gesellschaft tun sollte. In einer Unterhaltung mit einem von Erps Kollegen, Theo Haßler, verwendet Elisabeth zwei Bilder, um diesen Gedanken zu veranschaulichen; nämlich das des Satelliten, der einen größeren Himmelskörper umkreist, und das von Guerickes Halbkugeln: »Ich weiß, gemeinsame Entwicklung heißt die Patentantwort, die man gefunden hat, um unangenehme Vokabeln zu vermeiden. Anpassung und Unterordnung sind wohl in den meisten Fällen der Kitt, der die auseinanderstrebenden Hälften zusammenhält, wenn nicht gar Schlimmeres: gegenseitiger Vorteil, Gewöhnung, Angst vor Veränderung, äußerer Druck auf innere Leere, wie bei Guerickes Halbkugeln. Immer nur Hälfte zu sein ist nicht jedermanns Sache, und oft ist man ja nicht einmal das, sondern nur (und allein das zu erkennen und zuzugeben ist schwer) der Trabant, der das größere Gestirn umkreist, umkreisen muß, weil das Gesetz, nicht der Natur, manchmal sogar das der Liebe, es befiehlt« (83).

Das ist eine erdrückende Anklage des Zustandes ihrer Ehe und gleichzeitig, zumindest in Form einer Andeutung, die Forderung nach einer vollen Entwicklung der eigenen Persönlichkeit innerhalb einer demokratischen Beziehung. Es erinnert an ein Bild, das Fontane in *Effi Briest* einsetzt, wenn Effis Vater, indem er ein Wortspiel verwendet, einen Kommentar zu den Namen des Paares abgibt: »Geert, wenn ich nicht irre, habe die Bedeutung von einem schlank aufgeschossenen Stamm, und Effi sei dann der Efeu, der sich darum zu ranken habe« (19).

Aus dieser Fontane-Passage ersehen wir, wie das Verhältnis zwischen den Geschlechtern in der bürgerlichen Ehe in einem sprechenden Bild zusammengefaßt wird. Es ist recht deutlich, daß de Bruyn eine ähnliche Bildersprache benutzt, um die Beziehung zwischen Elisabeth und Karl zu charakterisieren, während er verwandte Bilder einsetzt, um die Ehe von Ella und Fred Mantek, einem alten Freund von Erp, zu beschreiben; diese Ehe soll als Vorbild dienen. Fräulein Broder betrachtet diese Beziehung als die ideale sozialistische Ehe. Eine Anzahl von Bildern wird verwendet, um diese Beziehung zu kennzeichnen; eines davon wandelt das Motiv aus der Astronomie ab, und ein anderes variiert das aus dem Gartenbau stammende Bild aus *Effi Briest*: »Gemeinschaft ohne Abhängigkeit, Nebeneinander zweier Souveräne ohne Machtkämpfe, schönes Gleichgewicht der Kräfte, zwei Mittelpunkte, deren Kreise sich ohne Komplikationen überschneiden, zwei Sonnen an einem Himmel, zwei ineinandergewachsene Bäume, die sich gegenseitig kein Licht wegnehmen und gleichzeitig hoch und breit werden« (160).

Anders als Erp entwickelt sich Elisabeth im Verlauf des Romans weiter. Sie nimmt eine Neubeurteilung ihrer selbst und ihrer Situation vor und ergreift Maßnahmen, beides zu ändern. Sie kehrt »mit der Hoffnung auf erneute Menschwerdung durch Arbeit« (223) ins Arbeitsleben zurück und macht so den ersten Schritt in Richtung auf eine Revolutionierung ihres Lebens, indem sie aus ihrem engen häuslichen Umkreis ausbricht und ihre Kontakte mit der Gesellschaft als Ganzem wiederherstellt. Dies kennzeichnet den Übergang von der Passivität zur Aktivität, vom Objekt zum Subjekt. Das Ergebnis dieser neuentdeckten Unabhängigkeit und Verantwortlichkeit ist eine starke Zunahme an Selbstvertrauen. Sie kann Erp mit erneuerter Souveränität entgegentreten. Als sie einander nach dem Tod von Erps Vater begegnen, spürt Erp dies sofort: »Hemmungen hatte er der früheren Elisabeth gegenüber nie gekannt« (198).

Berücksichtigt man Elisabeths Entwicklung, so scheint am Schluß des Romans ein Widerspruch zu stehen. Tatsächlich bietet de Bruyn dem Leser zwei unterschiedliche Ausgänge an: einen, der als »der geeignete Schluß der Geschichte« (242) präsentiert wird, bei dem Erp von Elisabeth zurückgewiesen wird; und den anderen, »den wahren Schluß« (245), in welchem die neue Elisabeth, unabhängig und sich ihres gesamten Potentials bewußt, Erp wieder in ihr Heim aufnimmt. Er wird nicht erneut als Ehemann akzeptiert, sondern lediglich als der Vater der beiden Kinder, zu denen sein Verhältnis, wie er sehr wohl erkennt, »locker und fragwürdig« ist (13). Elisabeth jedoch ist sich über ihre Gründe, ihn wieder aufzunehmen, ziemlich im klaren: »Wenn die Kinder nicht wären, wüßte ich, was zu tun ist; es ist wirklich nur wegen der Kinder!« (247).

Warum tut sie dies? Sie könnte sehr leicht ohne Erp zurechtkommen. Der Autor bemüht sich, sie als wirtschaftlich unabhängig darzustellen: Das Haus, sogar das Auto, gehören nicht Erp, sondern ihr. Ihre Berufstätigkeit und die Pacht für den Garten haben ihr ein ausreichendes Einkommen verschafft. Außerdem ist deutlich, daß die Kinder wohl alt genug sind, um auf sich selber aufpassen zu können. Elisabeths Sorge um sie ist unbegründet. Aus der Sicht der Gesellschaft scheint in einem Fortbestehen der Ehe kein Sinn zu liegen. Der offizielle Standpunkt, wie er in Gesetzesform gegossen ist, lautet so, daß eine Ehe, wenn sie für die Ehepartner ihren Sinn verloren hat, auch aufhört, eine Bedeutung oder einen Wert für die Gesellschaft zu haben, und daher aufgelöst werden sollte. Dessen ungeachtet erklärt sich Elisabeth bereit, Erp wieder aufzunehmen.

Weicht de Bruyn hier der eigentlichen Frage aus? Im letzten Satz des Romans wird eine Frage gestellt: »Wer kennt sich in Elisabeth aus?« (247). Dies verschafft uns einen Hinweis auf das, was de Bruyn uns hier nahezubringen versucht. Niemand weiß, wie Elisabeth sich weiterhin entwickeln wird; bekannt ist lediglich, daß diese Entwicklung in Gang

gesetzt worden ist. Die detaillierte Analyse Erps sowie der ›alten‹ Elisabeth kann also nicht einfach auf die neue Elisabeth erweitert werden. Dies spiegelt die gesellschaftliche Realität so wider, wie de Bruyn sie wahrnimmt: Die ›neue Frau‹ in der DDR-Gesellschaft befindet sich in einem Evolutionsprozeß, der, was die individuellen Fälle betrifft, hochdifferenziert abläuft, so daß es kein festgelegtes Muster gibt. Daher die rhetorische Frage, die den Roman beschließt.
Dies trifft im Falle des Fräuleins Broder noch mehr zu. Durch den gesamten Roman hindurch ist sie die Repräsentantin der ›neuen Frau‹, und deswegen gibt es nie einen festen Bezugspunkt für eine Erörterung dieser Gestalt. Sie bleibt durch den gesamten Roman hindurch eine unbekannte Größe, sowohl für den Leser als auch, was noch viel wichtiger ist, für Erp, dem es nie gelingt, sie zu verstehen. In mehrerer Hinsicht unterscheidet sich Fräulein Broder radikal von Elisabeth. Sie entstammt der Arbeiterklasse und muß daher keine bürgerliche Erblast überwinden. Überdies hat sie ihre prägenden Erfahrungen in der DDR gemacht: Sie steht stellvertretend für eine neue Frauengeneration, die mit den Idealvorstellungen von Freiheit und Emanzipation groß geworden ist, welche sie als Selbstverständlichkeit akzeptiert. Sie muß nicht jene traumatischen Erfahrungen durchleiden, mit welchen sich Elisabeth auseinanderzusetzen hat, um sich emanzipieren zu können: Sie ist bereits emanzipiert. Fräulein Broders Werte und ihr Verhältnis zur Gesellschaft stehen somit in scharfem Kontrast zu denen Erps und dienen dadurch dem Zweck, sein Verhalten noch deutlicher hervortreten zu lassen. Erp faßt die Unterschiede zwischen ihm selbst und Fräulein Broder zusammen, wenn er sagt: »Als sie sechsundvierzig das ABC lernte, hatten wir den Krieg schon hinter uns; unsere Erfahrungen sind für sie Geschichtsstoff; wir werden alt, Eli« (62).
Die Generationslücke ist für das Verständnis des Romans äußerst wichtig, und das wird von de Bruyn unterstrichen mit der Reaktion, die Fräulein Broder in Ella Mantek hervorruft: »Ella Mantek wußte, daß sie, fünfzehn Jahre später geboren, so geworden wäre wie dieses Mädchen« (160). Fräulein Broders Bewußtsein ist durch ein anderes Ensemble von Erfahrungen in einer anderen (d. h. sozialistischen) Umgebung geprägt worden. Sie befindet sich daher Erp gegenüber niemals in einer zweitrangigen Position und weist all seine Versuche zurück, sie in traditionelle Rollenmuster hineinzuzwingen. Gleichzeitig versucht sie, ihn zur Aufgabe seiner überholten Vorstellung von seiner eigenen Rolle zu veranlassen. Diese Rollenerwartungen und

auch Karls Rollenspiel werden besonders hervorgehoben durch das Symbol der Maske: »Sie wußte, daß er ihr eine Maske zeigte, ahnte aber nicht, was sich dahinter verbarg...« (70), und weiter: »Es waren solche Männer gewesen wie Erp jetzt einen markierte:... sie wäre unter diesen Bergen von Eitelkeit und Selbstsucht erstickt, wenn sie sich nicht rechtzeitig entfernt hätte. Der Wahn, an der Seite dieser Protze stärker zu werden, war endgültig zerrissen, die Kämpfe um Selbstbehauptung hatten sie geschwächt, aber erfahrener und vorsichtiger gemacht. Minuspunkt für Erp! Oder vielmehr für Erps Maske, denn immer wenn die mal verrutschte, begann ihr Schutzpanzer ein wenig weich zu werden« (70).

So gewahren wir also am Beginn der Beziehung Fräulein Broders Versuche, Erps überholte Rollenvorstellungen zu überwinden. Sie sieht sich selbst als seine gleichberechtigte Partnerin; eigentlich jedoch ist sie ihm in ideologischer wie moralischer Hinsicht überlegen. Sie befindet sich somit in einer Position, die Elisabeth nie genießen konnte: Sie ist imstande, Anforderungen an ihn zu stellen. Für sie ist er nie ein potentieller Brötchenverdiener oder Herr und Meister. Erst als Erp seine Rolle aufgibt, kann sie sich in ihn verlieben: »Sie liebte ihn einzig und allein, weil er sie nicht behandelte, wie Männer Frauen sonst behandeln, als Objekt, als Bettinhalt, Dienerin, Bewunderin, Gebärerin, Heimzierde oder Schmuckstück, weil er sie ernstnahm, sie achtete« (139).

Fräulein Broders anfängliches Interesse an Erp ist rein professioneller Natur – sie interessiert sich für seine früheren Arbeiten zur Soziologie von Bibliotheken. In dieser Hinsicht enttäuscht Erp sie wiederholt, indem er sich weigert, dieses Interesse und die Bedeutung, die ihr Berufsleben für sie hat, ernst zu nehmen. Während ihrer gesamten Beziehung macht sich Erp dieses Verhaltens schuldig. Gegen Ende des Romans wird Fräulein Broder klar, daß die einzige Art und Weise, auf welche sie ihre Beziehung retten können, darin besteht, daß sie vollständig mit der Vergangenheit brechen und in einer neuen Umgebung einen neuen Anfang machen. Wiederum wird sie enttäuscht – er ist nicht in der Lage, die Bequemlichkeiten aufzugeben, an die er sich gewöhnt hat, und so kehrt er zu Elisabeth zurück.

Obgleich der Zusammenbruch ihrer Beziehung zu Karl Erp für sie ein schmerzliches Erlebnis ist, sind die Auswirkungen für Fräulein Broder nicht so katastrophal, wie sie es vielleicht für eine Frau aus der Generation Elisabeths hätten sein können: »Sie gehörte eben einer anderen Generation an. Die Liebe (wie auch die Moral) war für sie vorwiegend ein praktisches Problem« (62). Fräulein Broders Leben dreht sich nicht hauptsächlich um die Frage von Ehe und Familie; ihre Beziehung mit Erp ist keine existentielle Bedingung *sine qua non*. Sie hat einen wesentlich breiteren Horizont.

Wie wir gesehen haben, sieht sich Erp zwischen zwei Frauen, die unterschiedliche Generationen und unterschiedliche Weltanschauungen repräsentieren. Er sieht sich einer Wahl zwischen dem Alten und dem Neuen gegenüber und entscheidet sich schließlich für das Alte. Auch Elisabeth wird mit dieser Alternative konfrontiert, aber sie entscheidet sich sogleich für das Neue. Es zeigt sich, daß sie, die zwischen den jeweils von Erp und von Fräulein Broder gehaltenen moralischen und ideologischen Positionen steht, sich von denen Erps auf die von Fräulein Broder zubewegt. Im Falle von Fräulein Broder ist eine Entwicklung schwieriger auszumachen: Bei ihr gibt es keine radikale Veränderung, sondern lediglich ein evolutionäres Fortschreiten. Mit Bedacht läßt de Bruyn ihre Zukunft ebenso wie die Elisabeths im dunklen. Es ist dies ein Hinweis auf de Bruyns dialektisches Verständnis der Position von Frauen in der DDR und somit, in Verlängerung, des Zustandes der Gesellschaft selbst. Die Gestalt des Karl Erp weist auf die Gefahren hin, denen sich die DDR-Gesellschaft gegenübersieht, während die weiblichen Gestalten für die Möglichkeiten des Fortschritts stehen. Wie im bürgerlichen Ehebruchsroman werden Frauen mithin als den Männern moralisch und ideologisch überlegen wahrgenommen; sie sind die Repräsentanten des Fortschritts.

Im Kontext der DDR-Literatur ist *Buridans Esel* in hohem Maße das Produkt einer bestimmten Stufe der geschichtlichen Entwicklung, nämlich des Endes der sogenannten ›Aufbau‹-Phase und des Überganges zum ›entwickelten gesellschaftlichen System des Sozialismus‹. Diese Periode war gekennzeichnet durch einen höheren Grad an Mannigfaltigkeit in der Literatur und durch einen thematischen Übergang von der »Ankunft« zur »Anwesenheit«.[20] *Buridans Esel* ist unter Berücksichtigung beider Punkte typisch für diese Periode. Ein Aspekt des Prozesses, der zu mehr Mannigfaltigkeit führte, war ein gesteigertes Interesse an den formalen Gesichtspunkten des ›Erbes‹; de Bruyns Bearbeitung des bürgerlichen Ehebruchsromans ist somit Teil einer breiteren Entwicklung. Die Frage der ›Anwesenheit‹ ist im wesentlichen eine Frage zum Verhältnis zwischen Individuum und Gesellschaft, eine Kernfrage des Romans von de Bruyn, wie sie auch ein Hauptanliegen der anderen von uns erwähnten Ehebruchsromane war.

In *Buridans Esel* nimmt also de Bruyn eine bestehende literarische Tradition auf und paßt sie veränderten historischen Bedingungen an. In diesem Roman gibt er zu bedenken, daß die radikalen Veränderungen, die in Gesellschaft und Ehe stattgefunden haben, dem Einzelmenschen neue moralische Verpflichtungen auferlegt haben, die volle Weiterentwicklung der eigenen Persönlichkeit aktiv anzustreben. Als Konsequenz daraus ergibt sich, daß de Bruyns Kritik auf individuelles Verhalten und nicht auf die Gesellschaft im allgemeinen abzielt; dies stellt eine Umkehrung der Intention des bürgerlichen Ehebruchsromans dar, wo es die Gesellschaft war, welche die Schuld trug.
In seinem späteren Werk, beispielsweise in *Preisverleihung, Märkische Forschungen* und *Neue Herrlichkeit*, hat sich de Bruyn von dieser Position wegbewegt und eine zunehmend kritische Haltung gegenüber der Gesellschaft eingenommen. Jede umfangreichere Untersuchung des Erzählwerkes von de Bruyn wird die Entwicklung seiner Schilderung des Verhältnisses zwischen Individuum und Kollektiv in seinem Werk berücksichtigen müssen. Die Kritik der Gesellschaft in de Bruyns Romanen und Geschichten beruht auf einer Kritik individuellen Verhaltens, wobei diese beiden als eng miteinander zusammenhängend angesehen werden, das eine als Symptom des anderen. Mit *Buridans Esel* kann es sehr wohl so kommen, daß man es dereinst als die erste Stufe dieser Diskussion betrachten wird; und das literarische Verdienst des Romans wird man letzten Endes vielleicht eher in dessen Rezeption einer bürgerlichen literarischen Tradition erblicken als in dessen Darstellung der sozialen Wirklichkeit der DDR.

[Aus dem Englischen von Wolfgang Steuhl] 1985

Anmerkungen

1 Friedrich Engels: *Der Ursprung der Familie, des Privateigentums und des Staats.* Stuttgart 1900, S. 54.
2 Günter de Bruyn: *Buridans Esel.* Halle/Saale, 1968; die im Text genannten Seitenzahlen beziehen sich auf die 9. Auflage: Halle/Saale 1975.
3 Diesem Artikel liegt größtenteils Material zugrunde, das zuerst in meiner Dissertation vorgelegt wurde: *The Treatment of Women in the Novel of the German Democratic Republic.* Aberdeen 1982.
4 August Bebel: *Woman in the Past, Present and Future*, London 1885, S. 231.
5 Engels' Argumentation wird im Detail präsentiert in *Der Ursprung der Familie, des Privateigentums und des Staats.*

6 Nach der Definition von Marx ist Entfremdung die Entfremdung des Arbeiters von den Produkten seiner Arbeit und infolgedessen von sich selbst. Es leuchtet ein, daß dieses Problem bürgerliche Frauen, die keine Produktionsarbeit leisteten, nicht betreffen konnte. Ihre Entfremdung und die Entfremdung des Arbeiters gemäß der Marxschen Definition sind beides Aspekte eines allgemeineren Problems – des Problems der Abhängigkeit und des Ausschlusses von einer anderen schöpferischen Betätigung, nämlich der Beteiligung an gesellschaftlichen Prozessen und an der Gestaltung der Gesellschaft. Es ist daher gerechtfertigt, im Zusammenhang mit bürgerlichen Frauen von Entfremdung zu sprechen.

7 Günter de Bruyn: *Gegenwart im Roman.* Ein Interview mit Heinz Plavius. In: *NDL* 6/1968, S. 12.

8 Ebd., S. 9.

9 Zitiert in: Marlis Allendorf: *Die Frau im Sozialismus.* Leipzig 1975. S. 32.

10 Engels, a. a. O., S. 72.

11 Statistische Angaben liefert *The United Nations' Demographic Yearbook* (Demographisches Jahrbuch der Vereinten Nationen), New York (wird jährlich veröffentlicht).

12 Richard Halgasch (Hrsg.): *Wir bleiben zusammen. Eine Diskussion um Ursachen von Ehekrisen.* Leipzig 1974. S. 29. Der Titel dieses Werkes besagt viel über die offizielle Haltung zur Institution der Ehe in der DDR und ist besonders aufschlußreich im Hinblick auf den Ausgang von de Bruyns Roman.

13 Ebd., S. 27–28.

14 Zitiert in: Martin Reso: *Karl Erp und die Heuhaufen.* In: *Sinn und Form* (1969). S. 757.

15 F. J. Raddatz: *Traditionen und Tendenzen.* Frankfurt am Main 1972. S. 331 ff.

16 Rolf Borrmann: *Geschlechtspartnerschaft, Ehe und Scheidung aus pädagogischer Sicht.* In: Halgasch, a. a. O., S. 170.

17 Günter de Bruyn: *Tristan und Isolde. Nach Gottfried von Straßburg neu erzählt.* Berlin 1975. *Nachwort*, S. 133.

18 de Bruyn: *Gegenwart im Roman.* S. 12.

19 Theodor Fontane: *Effi Briest.* Frankfurt am Main/Berlin/Wien 1975. S. 14.

20 Vgl. Werner Liersch: *Von der Ankunft zur Anwesenheit.* In: *Ansichten.* Hrsg. Klaus Walther. Halle/Saale 1975. S. 150–197.

JAMES KNOWLTON

»Das Erbe der Kultur, das zu erwerben uns aufgegeben«

Zu Günter de Bruyns Roman *Märkische Forschungen*

Als Verfasser zahlreicher Prosawerke ist der DDR-Autor Günter de Bruyn in beiden deutschen Staaten bekannt geworden. Für seinen ersten (und heute übrigens kaum mehr gelesenen) Roman *Der Hohlweg* (1963) erhielt de Bruyn den Heinrich-Mann-Preis der Akademie der Künste der DDR. De Bruyns nächster Roman, *Buridans Esel* (1968), fand bei einem schon an seiner zuvor erschienenen Kurzprosa *Wiedersehen an der Spree* (1960), *Hochzeit in Weltzow* (1960) und *Ein schwarzer, abgrundtiefer See* (1963), geschulten Lesepublikum den bisher nachhaltigsten Erfolg. *Buridans Esel* ist bisher in drei westdeutschen Ausgaben erschienen.

Der darauffolgende Roman, *Preisverleihung* (1972), nimmt die Thematik auf, die de Bruyns letztes und vielleicht bestes Werk, *Märkische Forschungen* – eine 151 Seiten lange – »Erzählung für Freunde der Literaturwissenschaft«, bestimmt, nämlich den Umgang mit Literatur in der DDR.

Univ.-Prof. Dr. Menzel, einer der Protagonisten in de Bruyns Erzählung, ist Leiter eines eigens für ihn gegründeten Instituts, des (von de Bruyn ironisch getauften) ZIHIHI oder Zentralinstituts für Historiographie und Historiomatie, in dem Menzel unumschränkt und despotisch herrscht. Menzel, ein ungewöhnlich ehrgeiziger Aufsteiger, verfügt außerdem über ein gediegenes Gefüge von Beziehungen; er ist Mitherausgeber diverser Fachzeitschriften, Fernsehpersönlichkeit, und zu seinem Bekanntenkreis zählt eine ganze Reihe hoher Regierungsbeamter, darunter Staatsminister, mit deren Hilfe er seinen Machtbereich auf andere Sektoren der Gesellschaft ausgedehnt hat.

Wissenschaftlich befaßt sich Menzel mit der Neuentdeckung eines (von de Bruyn frei erfundenen) Schriftstellers, Max von Schwedenow, dessen Lebensdaten ungefähr die napoleonische Zeit umspannen und der, ein glühender Demokrat jakobinischer Prägung, literarisch bemüht gewesen ist, die Ideen der französischen Revolution in seiner

Heimat zum Blühen zu bringen. So zumindest die These von Menzels 600 Seiten umfassendem Buch, das nicht nur Schwedenow (bei Menzel fehlt stets das politisch vielleicht zweideutige ›von‹), sondern genauso Menzel zum Ruhm und zur Ehre verhelfen soll. Denn Menzels Forschung ist weniger von dem Bedürfnis motiviert, das durch die bürgerliche Historiographie verzerrte Bild des demokratischen Schriftstellers Max von (?) Schwedenow zu berichtigen, als doch eben sich selbst für die Nachwelt ein Denkmal zu setzen.

Das will nun nicht heißen, daß Menzel Schwedenow bloß als Folie verwendet, vor der er sich »in Wissenschaft und Nachwelt«, wie er einmal sagt, aufbaut. Nein, im Gegenteil, Menzel ist ein begeisterter Schwedenow-Leser und -Kenner. Und Schwedenows Dichtung besitzt tiefe sentimentale Bedeutung für Menzels Leben. Die ganze Widersprüchlichkeit von Menzels Schwedenow-Forschung findet darin Ausdruck, daß Menzel sich genötigt fühlt, zwischen einem ›privaten‹ und einem ›öffentlichen‹ Schwedenow zu unterscheiden: dem Schwedenow, der in Menzels Buch Eingang gefunden hat und dem Schwedenow, dessen Gedichte Menzel, wie er einmal sagt, »zu heilig sind, um sie so [in seinem Buch] zu verhackstücken.«[1] Aber sozusagen als letzte Instanz und mächtigste Waffe hinter Menzels Forschung steckt ein ideologisch fundierter Alleinanspruch auf Schwedenow-Deutung: denn Menzel rechnet durchaus mit dem Legitimierungsbedürfnis des jungen DDR-Staates, er weiß sehr wohl, daß er, wenn Schwedenow für das ›kulturelle Erbe‹ der DDR gewonnen werden kann, einen sicheren Platz in der Wissenschaftsgeschichte der DDR erlangen kann. So steckt Menzel die Grenzen der Schwedenow-Forschung ideologisch ab, um sich dabei gegen Neudeutungen abzusichern. Also wird Schwedenow zu einem »Märkischen Jakobiner« (so der Titel von Menzels Buch) und damit zum festen Bestandteil des Erbes emporstilisiert.

Auf einer Besichtigungsreise durch den Heimatort Schwedenows lernt Menzel per Zufall den jungen Dorflehrer Ernst Pötsch kennen, der sich intensiv mit Schwedenow befaßt. Diskussionen ergeben, daß Pötsch ein gleichwertiger Schwedenow-Kenner ist. Menzel ist entzückt, er sieht in Pötsch einen Verbündeten in den künftigen Schwedenow-Kämpfen, denn Schwedenow soll – neben seinem Entdecker – künftig in alle einschlägigen Schulbücher der DDR Aufnahme finden. Menzels Begeisterung hat aber auch eine zweite Seite: »Pötsch ist von der Anwesenheit dieser ihm aus Fernsehen und Fachwelt bekannten Persönlichkeit überwältigt, und Menzel sieht also in ihm einen fügsamen und untertänigen Gehilfen, der als Mitarbeiter des ZIHIHI wesentlich zur Schwedenow-Forschung (wohlgemerkt: zu Menzels Schwedenow-Forschung) beitragen könnte.

Entscheidend für das Verständnis der *Märkischen Forschungen* sind die wissenschaftlichen Ausgangspunkte der zwei Protagonisten. Wird Menzels Forschung von Eigensucht motiviert, so entstammt Pötschs Beschäftigung mit Schwedenow echtem Interesse: »Pötsch liebte, was ihm nahe war, und nahm es dadurch in Besitz, daß er es so genau wie möglich kennenlernte. Stand Menzel gleichsam auf einem Aussichtsturm und schaute durch ein Fernrohr in die Weite, so Pötsch, mit Lupe auf platter Erde, wo jede Hecke ihm den Blick verstellte.« (14) Pötsch war »kein kühner Denker, aber ein genauer Fanatiker des Details, Polyhistor des Vertrauten. Daß Max von Schwedenow in Schwedenow geboren war, war Grund genug, sich mit ihm zu beschäftigen.« (15) Lokalgeschichtliches war aber nicht der einzige Grund für Pötschs Schwedenow-Begeisterung, denn: »In Schwedenows Dichtung fand er sich selbst. Seine Gefühle waren dort formuliert, seine Sehnsüchte beschrieben, seine Gedanken vorgedacht. Pötsch sah in Schwedenows Romane und Gedichte wie in einen Spiegel – und war von sich entzückt.« (15) Wurde Pötschs Erkenntnis durch Interesse geleitet, so Menzels durch eine festgefügte, ideologisch zu verstehende Weltanschauung. Für Menzel ist Schwedenow märkischer Jakobiner, und alle Informationen, die diesem Bild widersprechen, werden entweder zurechtgebogen oder ignoriert. Biographisches war in Menzels Buch »der ideologischen Standortbestimmung an den Rand verwiesen«, (32) das gibt Menzel auch offen zu. Das Ergebnis rechtfertigt die Mittel. In einer – natürlich unveröffentlichen – Rezension schreibt ein Mitarbeiter des ZIHIHI: »Menzels These lautet: Schwedenow hat die Ideen der französischen Revolution in die Literatur der Befreiungskriege hinübergetragen. Das ist der Kamm, über den er das ganze Werk schert... Alle Widersprüche, alle Doppelbödigkeit, aller Reiz sind dahin.« (63) Menzel untersucht nicht, meint der Rezensent, »er dekretiert.« (63) Er fälscht zwar nicht, er läßt nur weg, »was seine These nicht stützt oder ihr gar widerspricht.« (63) Was sich dabei herausstellt ist also nichts weniger als zwei von Grund aus verschiedene, sich widersprechende Möglichkeiten der Beschäftigung mit Literatur: das Ideologische und das Persönliche. Und diese beiden Anschauungsweisen geraten in der Erzählung alsbald in Konflikt.

Kurz nach ihrer Begegnung bietet Menzel Pötsch die Gelegenheit, einen Schwedenow-Vortrag in einer Urania-Reihe, deren Direktor natürlich Menzel ist, zu halten. Pötsch, der sich noch gar nicht erlaubt hat, an die Möglichkeit der Publikation seiner Schwedenow-Forschungen zu denken, ist begeistert. Er verbringt die Zeit vor seinem Arbeitsanfang mit der Ausarbeitung von Daten und Informationen, die er schon lange sammelt. Pötsch ist nämlich davon überzeugt, daß Schwedenow, entgegen der von Menzel vertretenen Ansicht, gar nicht im Namen der demokratischen Sache auf dem Schlachtfeld in Lützen sein Leben geopfert habe, sondern daß Schwedenow die Befreiungskriege überlebt hat und später in Berlin tätig war. Mit an Fanatismus grenzender Akribie durchsucht Pötsch Gefallenenregister, Sterberegister, Geburtsurkunden usw. und glaubt dabei entdeckt zu haben, daß der Name Max von Schwedenow ein Pseudonym für Maximilian von Massow ist, daß Max ›von Schwedenow‹ als Max ›aus Schwedenow‹ – also eben als Dichtername zu verstehen ist. Weiter gelingt Pötsch der Beweis, daß Max der Sohn einer alten preußischen Adelsfamilie ist. Max' Vater war Verwalter des königlich-preußischen Forstamtes in Schwedenow.
Aber hier wird die Sache für Pötsch kompliziert und höchst gefährlich. Denn Menzels Buch vertritt die Ansicht, daß Max, ein »kleinbürgerlich-revolutionärer Demokrat fronbäuerlicher Herkunft« (24), sein Leben für die Durchsetzung seiner jakobinischen Ideale in den Befreiungskriegen geopfert habe – und das macht Schwedenow eben Erbereif. Der politisch durchaus naive Pötsch hat keine Einsicht für die Gefahr, in die er sich begibt. Er setzt seine Forschungen fort und entdeckt bald, daß Max ab 1815 in Berlin als Vize-Präsident des Oberzensurkollegiums tätig war! »Eindeutig nahm der ›Märkische Jakobiner‹ seine Jugendprogressivität zurück und denunzierte nun in ekelhafter Weise demonstrierende Studenten als Jakobiner.« (81)
Pötsch fehlt auch nach seiner Entdeckung die Einsicht, daß seine Ergebnisse die Negierung von Menzels These beinhalten. Er faßt seine Resultate in einem Aufsatz zusammen – demselben Aufsatz, den er in der Urania-Reihe lesen will – und schenkt ihn Menzel bei dessen Geburtstagsfeier, wo der schon alkoholselige Menzel, der durchaus überzeugt ist, daß der ehrliche und anspruchslose Pötsch sein bester Freund ist, vor Pötsch seine Seele entblößt und schließlich einem verblüfften Pötsch das Du anbietet.
Am nächsten Tag ist aber für Pötsch das Glück vorbei: er wird zum

Professor beordert, und dieser fängt an, Pötschs Arbeit (immerhin ein Geburtstagsgeschenk) brutal zu verdammen. Er bezichtigt Pötsch des »Mangels an Bedeutsamkeit«, der »Detailbesessenheit«, der »Standpunktlosigkeit«, und schließt mit dem Verdikt: »zweiter Aufguß des Positivismus!« (121) Die Arbeit, so Menzel, enthalte »gefährliche Thesen eines Hobby-Historikers, die zu beweisen er nicht fähig ist« (122), und gehöre für alle Ewigkeit in eine Schublade verschlossen. Gewissermaßen als Beschwichtigungsversuch bietet Menzel Pötsch ein Dissertationsthema (»Die Erbuntertänigkeit der Bauern der Mittelmark vor der Reformation im Lichte von Schwedenows historischen Schriften« – die ironische Anspielung auf Pötschs eigene Lage ist nicht zu übersehen), das nur als Versuch gewertet werden kann, Pötsch wissenschaftlich gleichzuschalten.
Typisch für Menzels Kritik ist, daß er bloß die Form von Pötschs Arbeit disqualifiziert, er geht gar nicht auf den Inhalt ein. Pötsch ist zerschmettert. Er geht tagelang wie ein Schlafwandler umher – bis er auf die Idee kommt, den Artikel woanders zu veröffentlichen. Er schickt ihn an zwei DDR-Fachzeitschriften und an einen gewissen Herrn Alfons Lepetit in der BRD, von dem Pötsch weiß, daß er einen Sammelband zum Thema Restauration in Deutschland herauszugeben gedenkt. Bald darauf kommen zwei Ablehnungsbriefe von den DDR-Zeitschriften mit dem Hinweis darauf, daß das für die Schwedenow-Forschung kompetente Redaktionsmitglied Menzel den Artikel »aus einleuchtenden Gründen für eine Veröffentlichung ungeeignet befunden« hat. (126) Der westdeutsche Herr Lepetit hat ebenfalls kein Interesse, denn in Pötschs Studie wittert er »Vorurteile gegen den gesunden Konservatismus«, der den Grundtenor des Bandes angibt und der »die einzige Rettung« für Europa sei. (148)
Fr. Dr. Eggenfels, eine ZIHIHI-Beauftragte, warnt Pötsch, er möge seine Resultate für sich behalten, um sie später als Mitarbeiter (oder »Zuarbeiter«, wie ein Kollege das nennt) des Instituts im Gremium von Fachleuten zu diskutieren. »Familienstreit«, so heißt es, »trägt man doch in der guten Stube aus und geht damit nicht auf die Straße.« (133) Pötschs Ehefrau begreift diese Warnung genau: »Ich glaube, Frau Eggenfels will dich davor warnen, morgen [im Vortrag] mehr zu sagen, als in Menzels Buch nachzulesen ist.« (134)
Pötsch beharrt trotzdem auf seinem Standpunkt. Am darauffolgenden Tag erscheint er zum Urania-Vortrag, wo Menzel noch einmal den Versuch unternimmt, Pötsch umzustimmen: »Laß es sein, du kannst

doch nur verlieren. Die Dummköpfe im Saal begreifen sowieso nicht, was du willst. Wir sind in solchem Fall geschiedene Leute.« (140) Hier kommt Menzel zum Wesen der Sache. Er erklärt Pötsch: »Dir geht es um ein Phantom, das du, wie ich dich kenne, Wahrheit nennst. Mir geht es um viel mehr: um Sein oder Nichtsein in Wissenschaft und Nachwelt.« (140)

Der Vortrag, den Pötsch hält, wird von der Anwesenheit Menzels, von Menzels Allgegenwärtigem überschattet und gar nicht ernst genommen. Menzel siegt, Pötsch wird zerstört. Die Selbstverständlichkeit, ja die banale Brutalität dieses Vorgangs darf aber nicht davon ablenken, daß es de Bruyn in seiner Erzählung um weitaus mehr geht als um einen Streit zwischen einem Mächtigen und einem Machtlosen. Es geht de Bruyn um den Umgang mit Literatur, um deren Gebrauchswert in der DDR. Die Erbe-Debatte der vergangenen Jahre, die offiziell angestrebte Aneignung und Nutzbarmachung der bürgerlichen Literaturtradition als Legitimierungsfaktor für die sozialistische Gesellschaft, die Verwendung von Literatur als Mittel der Bewußtseinsveränderung sind beredte Zeugnisse für die Wichtigkeit, die die DDR der Rezeption von Literatur beimißt. Und de Bruyn hat eine ähnliche Auffassung von der Wichtigkeit der Literatur als Erkenntnisinstrument. Bernd Allenstein hat darauf hingewiesen, daß sich de Bruyn in seiner Prosa ständig mit dem literarischen Erbe auseinandersetzt: in seinen Romanen »setzt er sich mit der Erbe-Problematik auseinander, indem er an Traditionen literarischen Schaffens anknüpft (Jean Paul, Gerhart Hauptmann, Theodor Fontane, Arno Holz) und diese für die Gegenwart der DDR fruchtbar macht.« Damit »schafft er ein dynamisches Verhältnis, eine lebendige Beziehung zur vergangenen Literatur, ja zur Vergangenheit überhaupt.«[2] Diese Aufarbeitung der literarischen Tradition, diese Verwendung von Literatur in Literatur verweist auf die Rolle der Literatur als Selbsterfahrung, als die Aneignung von neuen Wahrnehmungsweisen durch die Literatur – Wahrnehmungsweisen, die eine Erweiterung des eigenen Erfahrungs- und Erwartungshorizonts bedeuten.

Die *Märkischen Forschungen* haben aber eine andere Seite; sie können durchaus als Parodie des offiziellen DDR-Literaturbetriebs gelesen werden. Sie sind aber genauso eine Satire des Jean-Paul-Buchs des bekannten DDR-Germanisten Wolfgang Harich. Denn im Zuge der Arbeit an seiner Jean-Paul-Biographie (*Das Leben des Jean Paul Friedrich Richter*. 1975)[3] sah sich de Bruyn mit Harichs Rettungsversuch von

Jean Pauls in der DDR gelegentlich verschmähter Prosa begegnet. Harich hatte versucht, den in der DDR bislang als »kleinbürgerlichen Humoristen« geltenden Schriftsteller dadurch zu aktualisieren, daß er dessen Werke in direkte Verbindung zum Gedankengut der französischen Revolution brachte. Harichs Absicht ist klar: ein großer Autor des späten 18. und frühen 19. Jahrhunderts, dem sich viele DDR-Schriftsteller verpflichtet fühlen,[4] soll – gewissermaßen als bürgerlicher Vorgänger des sozialistischen Realismus – für das kulturelle Erbe der DDR gewonnen werden. Harichs Arbeit unterliegt also von vornherein dem Prinzip der Selektion: Er wählt eben das aus, was in sein Schema paßt, läßt das andere links (bzw. rechts) liegen. Hier wird Jean Paul also zum »demokratischen Revolutionär«, zum »jakobinischen Revolutionär«, gar zum »Girondisten« emporstilisiert – und das zwar in einer bombastischen Prosa, die den strengsten Forderungen des deutschen Akademiker-Jargons durchaus Genüge leistet.[5]
De Bruyn, selbst ein Anhänger von Jean Pauls Literatur, erkennt hier mit Entsetzen, daß aus dem zutiefst widersprüchlichen Ironiker Jean Paul ein revolutionärer Polemiker geworden ist. In einem 1976 verfaßten Aufsatz über Jean Paul schreibt de Bruyn: »Jeder Versuch, die Worturwälder [Jean Pauls] durch Aushölzen zu Parks umzuformen, wird zur Verfälschung.«[6]
Hier sehen wir also wieder zwei sich diametral entgegengesetzte Auffassungen vom Gebrauchswert der Literatur – und gewinnen zugleich einen Einblick in die ideologischen Aspekte der Erbe-Problematik in der DDR. Der Wissenschaftler Harich, seinem fiktiven Kollegen Menzel nicht unähnlich, baut an einem Jean-Paul-Mythos, der zwar den Legitimierungsbedürfnissen der DDR entgegenkommt, jedoch grundsätzlich verfälscht ist. Harichs Arbeit wird ganz klar primär von ideologischen Normen geleitet: Jean Paul soll für den offiziellen Literaturbetrieb nutzbar gemacht werden. Dem stellt de Bruyn eine persönliche, private Auffassung über den Gebrauchswert der Literatur entgegen: Wo Harichs Buch einer offiziell definierten DDR-Öffentlichkeit dienen will, sieht de Bruyn in der privaten Sphäre den eigentlichen Bereich der Literaturrezeption. Die Literatur ist eben Selbsterfahrung, Erweiterung des eigenen Bewußtseins als kritisches, reflektierendes Denken. De Bruyn versteht die Literatur Jean Pauls nicht als Mittel, durch die deutsche Literaturtradition die Gegenwart als solche zu legitimieren, sondern gewissermaßen als Gegenentwurf, als mögliche gedankliche Durchdringung der gegebenen Gesellschaft. Es geht de-

Bruyn letzten Endes um den Umgang mit der (Literatur-)Geschichte, um deren Stellenwert in der gegenwärtigen DDR-Gesellschaft. Die *Märkischen Forschungen*, so ein Rezensent, verweisen auf die »unauflösliche Verknüpfung von Geschichtsbewußtsein und Gegenwartsverständnis«[7] und somit auf die Wichtigkeit, die die DDR der Aufarbeitung und Umdeutung der Geschichte aus marxistischer Sicht beimißt. Bloß beleuchtet hier de Bruyn ironisch-kritisch die oft verlogene, oft autoritäre, oft eigensüchtige Umgangsweise, mit der die Erbe-Pflege in der DDR betrieben wird – eben weil Erbe-Pflege auch Arbeit am historischen Selbstverständnis der Gegenwartsgesellschaft bedeutet.

1982

Anmerkungen

1 Günter de Bruyn: *Märkische Forschungen. Erzählung für Freunde der Literaturgeschichte*. Frankfurt am Main 1979, S. 105. Die in Klammern angegebenen Seitennummern beziehen sich auf diese Ausgabe.

2 Bernd Allenstein: *Günter de Bruyn*. In: *Kritisches Lexikon zur deutschsprachigen Gegenwartsliteratur*. Hg. von Heinz Ludwig Arnold. München 1978ff., S. 4.

3 Günter de Bruyn: *Das Leben des Jean Paul Friedrich Richter. Eine Biographie*. Frankfurt am Main 1976.

4 Vgl. *Lesefreuden mit Jean Paul*. In: Günter de Bruyn: *Im Querschnitt*, Halle 1979, S. 341.

5 Wolfgang Harich: *Jean Pauls Revolutionsdichtung. Versuch einer neuen Deutung seiner heroischen Romane*. Reinbeck 1974, bes. S. 92 u. 122.

6 *Lesefreuden mit Jean Paul*. S. 344.

7 Karin Hirdina: *Der Grundton – Ironie*. In: *Sinn und Form*. Heft 3 1979, S. 918.

MARCEL REICH-RANICKI

Zwei verschiedene Schuhe

Günter de Bruyns *Preisverleihung*

Von den Arbeitern und Bauern haben die Schriftsteller des Arbeiter- und Bauernstaates offenbar genug. Zwar schätzen sie, wie sie bei verschiedenen Gelegenheiten nachdrücklich versichern, sowohl die einen als auch die anderen ganz außerordentlich. Aber nicht mit ihnen befassen sie sich in ihren Romanen und Geschichten, sondern immer wieder mit den Repräsentanten ganz anderer Milieus. Welcher?

In Christa Wolfs *Nachdenken über Christa T.* (1968) geht es um eine Germanistin. Im Mittelpunkt des Romans *Impressum* (1972) von Hermann Kant steht – ähnlich wie in seinem vorangegangenen Buch *Die Aula* (1966) – ein Journalist. Der fragwürdige Held des Romans *Irreführung der Behörden* (1973) von Jurek Becker ist ein Schriftsteller. Ebenfalls um einen Schriftsteller, nämlich um Daniel Defoe, handelt es sich in Stefan Heyms *Schmähschrift* (1970). In seinem Roman *Der König David Bericht* (1972) erzählt Heym vom Schicksal eines Historikers. Anna Seghers läßt in ihrer neuesten Geschichte *Die Reisebegegnung* (1973) gleich drei Schriftsteller auftreten: E. T. A. Hoffmann, Gogol und Kafka. In Günter Kunerts *Gast aus England* (1973) hören wir von den Abenteuern eines Verlagslektors. Die Lebensgeschichte eines Bildhauers bietet Rolf Schneiders Roman *Der Tod des Nibelungen* (1970), Literaten sind die Protagonisten der meisten Geschichten seines Erzählungsbandes *Nekrolog* (1973). In Günter de Bruyns Roman *Die Preisverleihung* (1973) ist abermals ein Germanist die Zentralfigur, als sein Gegenspieler fungiert ein Schriftsteller. Und wenn ein DDR-Autor uns mal einen richtigen jungen Arbeiter zeigt – ich meine *Die neuen Leiden des jungen W.* von Ulrich Plenzdorf (1973) –, dann erweist es sich, daß er aus der Fabrik ausgerissen ist und daß er sich, statt von der Produktion zu reden, meist doch über Literatur verbreitet, über Goethes *Werther* und Salingers *Fänger im Roggen*.

Wie man sieht, spielen die Romane und Erzählungen der DDR-Autoren in der Regel nicht mehr da, wo sie im Sinne der langjährigen und hartnäckigen Empfehlungen der SED vor allem spielen sollten – also nicht in Stahlwerken und landwirtschaftlichen Produktionsgenossenschaften, nicht in Werften und Kohlebergwerken, sondern unter Intellektuellen und Künstlern, zumal unter solchen, die mit der Literatur beruflich zu tun haben.

Den immer deutlicher werdenden Trend beobachtet die Partei natürlich sehr mißtrauisch: Sie hat in der Tat triftige Gründe, diese Entwicklung zu beanstanden und zumindest in Grenzen zu halten. Es geht keineswegs nur darum, daß die immer wieder geforderten literarischen Arbeiten aus der Fabrikwelt und über die landwirtschaftliche Produktion nach wie vor fehlen – wobei allerdings noch zu fragen wäre, wem sie eigentlich, von den Kulturfunktionären abgesehen, denn fehlen, da jedenfalls die Arbeiter und Bauern, sofern sie überhaupt Zeit und Lust haben, Romane zu lesen, auf solche aus dem Leben von Arbeitern und Bauern nicht sonderlich erpicht sind.

Aber zugleich haben die DDR-Bücher, in denen Fragen der Gegenwart am Beispiel der Schriftsteller, Germanisten und Lektoren abgehandelt werden, eine von der Kulturpolitik der SED verständlicherweise sehr ungern gesehene Eigentümlichkeit: Wenn sie nicht gar eine direkte Kritik der Prinzipien des Sozialistischen Realismus enthalten, so laufen sie zumindest auf eine mehr oder weniger getarnte Auseinandersetzung mit den Praktiken eben dieser Kulturpolitik hinaus.

Während jedoch derartige Tendenzen eines Teils der DDR-Literatur früher entweder schon von den Verlagen abgewehrt oder von der parteiergebenen Kritik scharf gerügt wurden, geht man heute mit den unfügsamen und starrköpfigen Autoren ungleich vorsichtiger um. Typisch ist in dieser Hinsicht ein in der *Neuen Deutschen Literatur*, dem Organ des DDR-Schriftstellerverbandes, publizierter Artikel des Kritikers Heinz Plavius. Die Literatur der DDR, heißt es da, leide an »Wirklichkeitsverlust«, ihr »Themenhaushalt« sei nicht ausgeglichen, da man es »mit einem starken Akzent auf dem akademischen Milieu zu tun« habe: »Stoff, Handlung und Thema vieler Romane entstammen sehr häufig dem intellektuellen Bereich.« Hingegen vernachlässige diese Literatur »den großen Gegenstand Arbeiterklasse«. Doch sei damit – wie der Kritiker eilig hinzufügt – nicht etwa »eine Vereinseitigung nach der anderen Seite beabsichtigt.«[1]

»Wirklichkeitsverlust«? Das mag schon zutreffen. Doch scheint es mir leichtsinnig und heuchlerisch, die Ursache dieses Verlusts mit den Berufen der Helden der DDR-Romane erklären zu wollen. Nein, es sind nicht die von den Schriftstellern bevorzugten Milieus und Stoffe, die den Wirklichkeitsverlust zur Folge hatten und haben, sondern Umstände ganz anderer Art. Und Plavius weiß das natürlich ebensogut wie jeder andere, der einige Zeit am literarischen Leben der DDR teilnahm.

Vor diesem Hintergrund ist Günter de Bruyns neuer Roman *Die Preisverleihung*[2] symptomatisch und aufschlußreich, weil er nicht nur von dem in der DDR-Literatur seit einigen Jahren auffallenden Trend zeugt, sondern weil er zugleich die Gründe des Wirklichkeitsverlusts unmißverständlich zu benennen sucht und weil er schließlich diesen Verlust auch noch selber demonstriert.

De Bruyn, ein Berliner des Jahrgangs 1926, verdankt den Ruf, einer der besten DDR-Prosaisten seiner Generation zu sein, vor allem dem Roman *Buridans Esel* (1968), der drüben sehr erfolgreich war und in der Bundesrepublik betont freundlich aufgenommen wurde. Allerdings las man ihn hier vornehmlich als *Nachricht aus Ostberlin* – diese Formulierung fand sich auf dem Schutzumschlag der westdeutschen Ausgabe unmittelbar nach den Worten *Biographie eines Ehebruchs* –, ohne das epische Talent de Bruyns übermäßig ernst zu nehmen. In der DDR hingegen hielt man es für angebracht, ihn gleich als einen meisterhaften Romancier in der Nachfolge von Jean Paul und Fontane zu rühmen.[3]

Mit der *Preisverleihung* scheint de Bruyn insofern an sein Erfolgsbuch anknüpfen zu wollen, als uns wieder eine flott erzählte und mit vielen psychologischen Details angereicherte Dreiecksgeschichte aufgetischt wird. Waren es aber damals ein Herr und zwei Damen (ein Bibliotheksleiter, seine Ehefrau und seine Sekretärin), so sind es diesmal zwei Herrn und eine Dame: Doktor Overbeck, ein an der Ostberliner Universität tätiger Literaturdozent, seine Frau Irene, eine nicht nur attraktive, sondern auch gescheite Dolmetscherin, und ihr gemeinsamer Freund, Paul Schuster, ein Schriftsteller.

Doch was sich zwischen ihnen abgespielt hat, liegt schon achtzehn Jahre zurück; de Bruyn zeigt es lediglich in Erinnerungen seiner Figuren und in einigen Rückblenden. Ausgelöst wird das Ganze durch die jetzt – um 1970 – bevorstehende Verleihung eines Literaturpreises: Schuster hat ihn erhalten, Overbeck soll den preisgekrönten Freund in einer Rede feiern. So kommt es zum Treffen der drei Personen, bei dem noch eine vierte eine nicht unwichtige Rolle spielt: die siebzehnjährige Tochter der Overbecks, deren Vater in Wirklichkeit Hausfreund Schuster ist.

Aber sie alle haben sich – trotz der Verwicklungen in Vergangenheit und Gegenwart – nicht sehr viel zu sagen. Die vom Autor verhältnismäßig sorgfältig vorbereiteten Begegnungen und Wiederbegegnungen bleiben merkwürdigerweise ziemlich unergiebig, die Rückblenden sind knapp und auch eher flüchtig. Gleichwohl leuchtet es ein, daß die Geschichte des Ehepaars Overbeck und des preisgekrönten Schriftstellers auf zwei Zeitebenen mit einer Distanz von achtzehn Jahren gezeigt wird. Mehr noch: Nur mit Hilfe von Rückblenden in die fünfziger Jahre konnte de Bruyn in diesem scheinbar überaus harmlosen Buch sagen, was er sagen wollte.
Denn mag er auch von Liebe, Ehe und Freundschaft, von der Aufsässigkeit der Jugendlichen und von der Bequemlichkeit der Erwachsenen, von veränderten gesellschaftlichen Verhältnissen und von keineswegs veränderten gesellschaftlichen Konventionen erzählen – das einzige Thema, das den meist munter plaudernden Autor des Romans *Die Preisverleihung* aus der Reserve lockt und von dem er mit unverkennbarem Engagement spricht, lautet: die Bevormundung der Literatur in der DDR.
An das Buch, das er in seiner Laudatio rühmen soll, glaubt Overbeck keinen Augenblick. Nur, daß er es mitverschuldet hat. Es ist schon vor achtzehn Jahren entstanden, und damals hatte der junge Germanist und künftige Dozent auf den noch ganz unsicheren Anfänger Schuster einen starken und verhängnisvollen Einfluß. Er zwang ihn, sein Manuskript immer wieder umzuschreiben: »Anstatt die chaotische Welt, die er entworfen hatte, zu ordnen, baute ich ihm eine andere auf, eine vorgeformte, in der alles aufging. Aus erschreckenden Dissonanzen wurden gefällige Harmonien, schreiende Farben wurden abgedeckt, gefährliche Tiefen mit nichtssagenden Worten gefüllt. Alles wurde glatt und richtig, langweilig und farblos.«
Overbeck war – heißt es – »von einer Literatur beeindruckt, die den Zugang zur Wirklichkeit mehr verbaute als eröffnete, umgab sich mit Leuten, die wie er Wunschvorstellungen für Realität, Realität für Schönheitsfehler hielten...« Es ist die Rede vom »Labyrinth der Halbwahrheiten, das entsteht, wenn Urteile ausgesprochen werden müssen, die nicht die eignen sind«. Sachlich schildert de Bruyn, wie Schuster von seinen Auftraggebern systematisch korrumpiert wurde. Als er eine Reportage über eine landwirtschaftliche Produktionsgenossenschaft geschrieben hatte, bekam er vom zuständigen Redakteur zu hören: »Du siehst die Dinge, wie sie sind, uns interessiert aber, wie sie

werden.« Und: »Den kleinbürgerlichen Ehrgeiz, eigne Urteile zu bilden, solltest du dem Grundsatz opfern, daß Urteilen Sache derer ist, die den größten Überblick haben.«
De Bruyn scheut sich auch nicht, die fatalen Folgen des auf Schuster ausgeübten Drucks beim Namen zu nennen: Die Redakteure hatten in seinen Manuskripten immer weniger zu streichen oder zu bearbeiten, da es ihm gelang, »zwischen sich als Beobachter und sich als Schreiber ein Sieb zu schieben, das nur Erwünschtes durchließ. Später wurde das Sieb überflüssig, da er für bestimmte Seiten der Wirklichkeit erblindete... Er suchte nicht mehr nach Worten, er hatte Schablonen parat...« Schließlich wird das preisgekrönte Buch als »das eines mißgeleiteten Talents« bezeichnet, »dem Grenzen jeglicher Art mehr bedeuten als die Pflichten des Autors, ihrer zu spotten...«
Eine Anklage also, klar und unsentimental. Gegen wen ist sie gerichtet? Natürlich nicht gegen den erfolgreichen Autor Paul Schuster, den de Bruyn halb ironisch und halb mitleidig betrachtet. Doch auch Overbeck und die Lektoren und Redakteure, sie alle, die sich so intensiv bemüht haben, aus dem angehenden Schriftsteller ein Werkzeug der SED-Propaganda zu machen, erscheinen hier eher als Opfer einer bornierten und im Grunde gänzlich kunstfeindlichen Kulturpolitik. Der von gestern und vorgestern? So will es scheinen. Schusters literarischer Start liegt ja mit allen seinen fatalen Begleitumständen achtzehn Jahre zurück.
Gehört also *Die Preisverleihung* zu jenen in der kommunistischen Welt längst üblichen Romanen, welche die Verhältnisse in der unmittelbaren Gegenwart konsequent in eine vergangene Periode projizieren? Dies ermöglicht immerhin die Auslegung, es handle sich um zwar einst existierende, doch inzwischen bereits überwundene Mißstände. In der Tat beziehen sich die heftigsten Attacken in diesem Buch auf die Kulturpolitik der SED in den fünfziger Jahren. So wird es auch plausibel, daß de Bruyn für die Handlung seines Romans zwei Zeitebenen benötigt hat.
Aber zugleich läßt er keine Zweifel aufkommen, daß dies alles, was ihn so aufregt, seine Aktualität kaum eingebüßt hat: Schuster ist mit seiner verlogenen Literatur nach wie vor erfolgreich, sein vor achtzehn Jahren geschriebener oder zumindest konzipierter Schmöker wird gerade jetzt offiziell ausgezeichnet, und von Overbecks schüchternem Vorschlag, in der Laudatio die Fragwürdigkeiten des preisgekrönten Romans wenigstens anzudeuten, will sein Chef, ein Professor der Germa-

nistik, natürlich nichts wissen. Niemand kann de Bruyn vorwerfen, er habe jene, die für das literarische Leben der DDR von heute verantwortlich sind, etwa ausgespart oder auch nur geschont.
Und wenn sein Held Overbeck erklärt, »daß es zwar bequem, aber dumm ist, einmal gefundene Wahrheiten wie ewige zu behandeln«, und daß man »stets alle Warum-, Wieso-, Inwiefern-Fragen« zulassen sollte, so sind das für den westlichen Leser Weisheiten von kaum noch zu überbietender Banalität. In der DDR scheint es jedoch dringend erforderlich, derartige Sätze zu schreiben, ja, sie klingen schon nahezu aufrührerisch. »Das Buch provoziert. Die Provokation ist ein eindringlicher Appell an uns, mögliche Konflikte auszutragen und nichts zu verschleiern« – urteilte der Ostberliner *Sonntag* über *Die Preisverleihung*.[4]
Wie verheerend die Folgen der von de Bruyn kritisierten Gängelung der Schriftsteller in der DDR sind, das läßt, allerdings höchst unfreiwillig, auch sein eigener Roman erkennen. Befragt, wie er zur Literatur gekommen sei, erinnerte er sich an seine frühesten Leseeindrücke, nämlich an »idyllische Märchen von Matthiessen«: »Die Zwerge, Riesen, Kartoffelkönige, Uhrenmännchen und sogar die Hexen waren gutartig und freundlich...«[5] So ist es auch in der *Preisverleihung*: Die Menschen sind hier allesamt gutartig und freundlich.
Die ernste Abrechnung mit der Kulturpolitik der Partei ist in eine Geschichte eingebettet, die aus dem Alltag in Ostberlin ein idyllisches Märchen macht, ein gemütliches Genrebild, das mit der Realität und mit unserer Zeit kaum mehr gemein hat als die von de Bruyn mißbilligten, schablonenhaft-optimistischen Darstellungen der DDR-Welt. Wird ein Konflikt angedeutet, so bemüht sich der Autor der *Preisverleihung*, ihn rasch wieder zu eliminieren, oder er läßt ihn irgendwann einfach unter den Tisch fallen.
Natürlich haben die Menschen, von denen er erzählt, allerlei (freilich eher liebenswürdige) Schwächen, und sie sind auch nicht frei von kleineren und größeren Sorgen. Doch abgesehen davon, daß die Arbeit der Schriftsteller leider von Instanzen gestört wird, die es zwar gut meinen, die aber dennoch Unheil anrichten, ist diese Welt eigentlich vollkommen: Man freut sich des Lebens, man ist nett zueinander. Über Frau Overbeck: »In ihr ist Ruhe und Fröhlichkeit genug, um anderen davon abzugeben.« Und: »Sie ist hinreißend, wenn ihr stets brennendes Interesse an anderen Leuten ihre Phantasie schweifen läßt.« Über die Ehe der Overbecks: »Sie haben nur ein Bett; nicht aus Spar-

samkeit oder Platzmangel, sondern weil sie nur eins brauchen.« Sicher, man ärgert sich über dies und jenes, aber man hilft sich gegenseitig: »So war das immer in ihrer Ehe: Was der eine nicht kann, kann der andere.«

Auch was das Erotische betrifft, hat alles seine Ordnung. Einen Polen gibt es hier, und wie ein Pole ist, das weiß der Leser gewisser deutscher Romane längst: charmant, etwas unseriös, leidenschaftlich und sehr verführerisch. Dieser hier möchte die Dienste der Frau Overbeck nicht nur als Dolmetscherin in Anspruch nehmen. Indes hat der Pole die Tugend einer DDR-Bürgerin unterschätzt: »›Enttäuschen Sie mich nicht!‹ – ›Inwiefern?‹ will er wissen. – ›Sie wissen es genau!‹« Etwas weiter kommt der hartnäckige Pole erneut auf das bewußte Thema zu sprechen: »›Mir ist es ernst!‹ – ›Das eben werfe ich Ihnen vor.‹ – ›Sie sind grausam, Irene!‹ – ›Ich bin erwachsen. Deshalb weiß ich, daß das, was Sie Ernst nennen, auf die lange Trennung von Ihrer Frau zurückzuführen ist.‹ – ›Wollen Sie mich beleidigen?‹«

Erstaunlich immerhin, mit welcher Unbefangenheit ein in der DDR so geschätzter Erzähler sich auch noch der plumpesten Ausdrucksmittel bedient. Das fängt schon mit den Namen seiner Figuren an: Wie der schlechte Schriftsteller hier »Schuster« heißt, so ein liebenswert-skurriler Mann »Krautwurst« und ein kühner Motorsportler »Ungewitter«. Die meisten Gestalten haben ihre Erkennungszeichen: Die eine beginnt ihre Sätze gern mit der Wendung »Auf deutsch gesagt«, eine erzählt bei jeder Gelegenheit Witze (und zwar schlechte), und Overbeck selber, der Wissenschaftler und Beinahe-Professor, ist natürlich, was ein Wissenschaftler und Professor in solchen Romanen ein für allemal zu sein hat: weltfremd und zerstreut.

Holzhammer-Symbolik liebt de Bruyn ebenfalls. »Die letzten Strahlen der untergehenden Sonne fallen durch offene Fenster auf Mutter und Tochter...« Und jedermann ist also darauf vorbereitet, daß mit dem jetzt zwischen den beiden folgenden Gespräch etwas untergeht und abgeschlossen wird – nämlich die Kindheit der Tochter.

Ein symbolisches Motiv, das auch komisch sein soll, zielt auf die zentrale Frage des Buches ab: Der zerstreute Doktor Overbeck hat zur Feier, auf der er seine heikle Laudatio halten muß, zwei verschiedene Schuhe angezogen. So möchte er einerseits seiner Partei dienen und ihre Weisungen ausführen, während er andererseits doch (jedenfalls wird dies vom Autor behauptet) literarischen Geschmack und ein künstlerisches Gewissen hat. Aber sein Versuch, in der Rede das eine mit dem anderen in Einklang zu bringen, scheitert kläglich. Vielleicht auch deshalb, weil er während dieser Feier unentwegt daran denken muß, daß er zwei verschiedene Schuhe trägt? Wollte gar de Bruyn mit diesen Schuhen nicht nur die beiden Standpunkte symbolisieren, sondern zugleich sagen, daß man der Lächerlichkeit nur entgehen kann, wenn man sich von dem einen oder von dem anderen trennt?

Wie auch immer: So sympathisch und wichtig der Protest gegen die Bevormundung der Schriftsteller, so fragwürdig wird er, weil der Roman, der ihn artikuliert, an eine Tradition anknüpft, auf die stolz zu sein kein besonderer Anlaß besteht. In der Nachfolge von Jean Paul und Fontane? Was sollen die großen Namen, wenn schon ein Vergleich mit zeitgenössischen DDR-Erzählern – mit Günter Kunert etwa oder Jurek Becker oder gar mit Christa Wolf – abwegig wäre, weil Günter de Bruyn streckenweise nichts anderes zu bieten hat als simple Trivialliteratur.

Daß *Die Preisverleihung* dennoch – zumindest als »Nachricht aus Ostberlin« – zu den immerhin bemerkenswerten Dokumenten der DDR-Prosa des vergangenen Jahres gehört, macht allerdings erneut deutlich, wie karg die Ernte dort ist. Nur daß es hier in der Bundesrepublik in dieser Hinsicht nun auch nicht viel besser aussieht. Aber das ist schon eine ganz andere Geschichte.

1973

Anmerkungen

1 *Neue Deutsche Literatur* 1972, Heft 9, S. 159f.

2 Günter de Bruyn, *Die Preisverleihung*. Roman. Mitteldeutscher Verlag, Halle 1972.

3 Vgl. *Sinn und Form* 1969, Heft 3, S. 763.

4 *Sonntag* Nr. 8/1973.

5 Günter de Bruyn, *Wie ich zur Literatur kam*, in: *Sinn und Form* 1972, Heft 4, S. 771.

SIBYLLE WIRSING

Ungemütliche Forschungen

Der desillusionierte Heimatschriftsteller Günter de Bruyn

Der Schriftsteller Günter de Bruyn, Berliner, Märker und Bürger der DDR, ist mit der modernen Zeit nicht verheiratet. Ohne störrisch oder gar reaktionär zu sein, verhält er sich gegenüber den progressiven Ankündigungen abwartend und registriert vorerst, wie sich die alten Gewohnheiten der neuen Wirklichkeit anpassen, wie die Selbstsucht am Aufbau der großen gemeinsamen Sache mitwirkt und sich in die Nischen des Systems der private Vorteil einnistet. Ebenso verzeichnet er den anderen Anpassungsprozeß, bei dem die neue Wirklichkeit trotz aller Propaganda stillschweigend dazu übergegangen ist, die unabänderlichen Gegebenheiten zu respektieren.

So schildert er die moderne Kleinfamilie, auf der auch die klassenlose Gesellschaft fußt, nicht als eine Institution des revolutionären Fortschritts, sondern als das Ebenbild unserer bürgerlichen Einrichtung. Jedenfalls an der Fragilität des familiären Zusammenlebens hat sich nach seiner Beobachtung nichts geändert. Denn selbst in dem Roman *Preisverleihung*, in dem es ausdrücklich um die Beschreibung einer vollkommenen Ehe geht, zieht Günter de Bruyn den modellhaften Glücksfall in Zweifel. Zwar kann die wahre Liebe, die hier das erprobte Paar verbindet, schließlich sogar der Liebe zur Wahrheit standhalten, aber das Herz klopft doch hörbar. Daß der Knacks nicht zum Bruch wird und das Ende nicht der bittere Kompromiß ist, der in dem früheren Roman *Buridans Esel* die Ehe auf den Fortbestand des Haushalts reduziert hat, verdankt man allein der reifen Resignation. Sie ist das beste, was dieser Erzähler mitzuteilen hat.

Sicher würde Günter de Bruyn seinen Geschöpfen gern auch die großen Gefühle zugestehen, aber die Erkenntnis, daß Leidenschaften zumeist eine schlimme Mitgift sind, läßt ihn zögern. Weder liegt ihm daran, jemanden in ein tragisches Schicksal hineinzureißen, noch hält er es für geraten, von seiner eigenen Person mehr als jeweils eine blasse Ähnlichkeit auf die Figuren zu übertragen. Lieber hält er sich mit sei-

nen Erfahrungen zurück, als die Seele zu exponieren, und deutet nur an, daß ihm die psychischen Abgründe nicht fremd sind.
Nachdem wir uns hierorts daran gewöhnt haben, die Schriftsteller aus dem anderen Deutschland insgesamt mit dem DDR-Signum zu versehen und einige wenige als die kritische Elite zu bezeichnen, stellt Günter de Bruyn für das hiesige Verständnis trotz seiner Schlichtheit einen komplizierten Fall dar. Seine Arbeiten beweisen zwar eine pointierte Geistesgegenwart, aber sie sind auf den DDR-Hintergrund nicht festgelegt. Auch wenn der sozialistische Staat in den Romanen oder Erzählungen, die vom Opportunismus und der subalternen Selbstverleugnung handeln, zum passenden Milieu die typischen Gestalten beisteuert, braucht die Misere nicht als eine Denunziation der Ideologie verstanden zu werden.
Der öffentlich dekorierte Schriftsteller, der in dem Roman *Preisverleihung* den DDR-Autor im kärglichsten Wortsinn darstellt, könnte genausogut eine Kreatur des westlichen Bestseller-Marktes sein; und in der Erzählung *Märkische Forschungen* ist der Wissenschaftler, der die Literaturgeschichte zugunsten einer bequemen Interpretation fälscht und die einzige Stimme des Widerspruchs so gründlich zum Schweigen bringt, daß seine Tat einem Mord gleicht, auch nur der Parvenu. Hinter diesen Ost-Berliner Profilen erkennt man eine zeitlose Silhouette: Tartuffe, dessen wahre Heimat die günstige Gelegenheit ist.
Im Querschnitt – Günter de Bruyn – Prosa, Essay, Biographie: der Sammelband, den der Mitteldeutsche Verlag den DDR-Lesern vorlegt, beschäftigt sich im Nachwort mit den Verdiensten des Autors um die sozialistische deutsche Literatur. Da heißt es lakonisch: »Die Wirklichkeit benennen, um auf die Wahrheit zu kommen, das wäre es wohl im Falle de Bruyns.« Eine solche Charakteristik ist in Anbetracht der scharfen Zensurbestimmungen eine fragwürdige Empfehlung. Was soll man von einem DDR-Autor halten, dem an Ort und Stelle die Würde eines Wahrheitssuchers zuerkannt wird?
Der Wohnsitz sagt indessen über Günter de Bruyn nicht viel aus. Eher geben die Lebensdaten einen Aufschluß. Er gehörte zu der Generation, die in Hitlers Deutschland zur Schule ging und von der Schulbank in Hitlers Weltkrieg abberufen wurde. Seine Erinnerung an die Zeit als Luftwaffenhelfer und Soldat ist von der späteren deutschen Realität nicht gelöscht worden. In einem kurzen Prosastück beschreibt er das Trauma: »In dem Moment, in dem der Schuß dröhnt, erkenne ich unter den Altersmasken die Schülergesichter und weiß genau, daß wir

noch immer dabei sind, nie entlassen wurden, nie entlassen werden, daß wir in Uniform alterten...«

Der Heimkehrer hat sich dem Anfang, der gemacht werden mußte, nicht verweigert. Er war Volksschullehrer auf dem Dorf, Student in Berlin und später wissenschaftlicher Mitarbeiter im Berliner Zentralinstitut für Bibliothekswesen. Als 1963 sein Roman *Hohlweg* erschien, identifizierte sich Günter de Bruyn schon nicht mehr mit diesem ersten Versuch, vom Krieg und den verlorenen Illusionen Rechenschaft abzulegen, und hätte das Debüt am liebsten aus den Annalen gestrichen. Er hielt es für mißlungen.

Den moralischen Ruin, den er in dem Roman *Preisverleihung* am Beispiel des Karriere-Literaten beschreibt, hat er als eine Gefahr frühzeitig fürchten gelernt. Unter den biographischen Daten wird sein Entschluß, sich selbständig zu machen, förmlich vermerkt: »Ab 1961 freischaffender Schriftsteller in Berlin.« Dahinter verbirgt sich zweifellos die Mitteilung, daß de Bruyn kein Autor nach vorgefertigtem Muster werden wollte. Von einer Entfremdung zwischen ihm und der heranwachsenden DDR ist an keiner Stelle die Rede, wohl aber in einer autobiographischen Schrift von der Freiheit, weder Partei zu ergreifen noch Partei zu sein: »Immer blieb ich der Außenseiter, der seine Leiden durch kritische Registrierung produktiv zu machen versuchte.« Eine solche Behauptung will bewiesen werden, und der Sammelband des DDR-Verlages legt die Nachprüfung nah. Zum Beispiel das erste Hauptstück, der Roman *Preisverleihung*.

Die beiden Herren, auf die es hier ankommt, verbindet eine eigentümliche Beziehung. Sie sind die Väter einer gemeinsamen Tochter und sind einigermaßen deutlich als die kontroversen Selbstentwürfe des Autors gekennzeichnet. Wie sich Günter de Bruyn in doppelter Gestalt projiziert, als den Intellektuellen, der redlich und umsonst versucht, »seine Erkenntnisse in die Tat umzusetzen«, und als den gezähmten Schriftsteller, den die öffentliche Ehrung für die verlorene Selbstachtung entschädigen muß, unterhält er zu beiden Gestalten selbstverständlich nur ein gebrochenes Verhältnis. Der preisgekrönte Literat mit dem verdorbenen Talent und Charakter ist offenbar eine Abwehr-Figur, und der sympathische Widersacher, der Universitätslehrer mit der bescheidenen Karriere und dem leidenden Gewissen, läßt als Identifikationsfigur jedenfalls viel zu wünschen übrig. Selbst das Eheglück, das lauter für ihn zu sprechen scheint, verkörpert sich fragwürdig in dem Kind ungewissen Ursprungs, der reifen Teenager-Tochter. Eine erste Aussprache des

Elternpaares über den wahren Vater findet auf der vorletzten Romanseite statt und verhindert glimpflich, daß wir mit den peinlichsten Befürchtungen aus der Geschichte entlassen werden.
Günter de Bruyn sucht die Distanz. Seine Neigung zur Selbstreflexion hat mit der dramatischen Leidenschaft, sich im anderen Ich zu entdekken, nichts zu tun. Er vertritt die Gegenposition des Schauspielers, also diejenige des Marionettenkünstlers mit den Fäden in der Hand. Tatsächlich setzt er die bekannte Mechanik in Gang. Er ruft seine Figuren auf, stellt sie der Reihe nach vor und lenkt jeden ihrer Schritte wie am Schnürchen. Aber bei diesem Vorgang von oben herab, der uns zunächst befremdet, bewährt sich der Autor als eine Autorität der Selbstbescheidung. Seine Allmacht enthält sich jeder Willkür und beschränkt sich asketisch darauf, die Aufklärungsprozeduren nachzuvollziehen. Kein Wort, mit dem der Schöpfer seinem Geschöpf zu nahe träte. Sie werden als Demonstrationsobjekte voll respektiert.
Wer von einem kritischen DDR-Autor vor allem Zeugnisse der politischen Bedrängnis erwartet, mag sich bei Günter de Bruyn über die Konzentration auf die moralische Frage wundern. Nicht ein politsches Regime steht zur Debatte, und auch von den Leiden des einzelnen unter den herrschenden Verhältnissen ist keine Rede. Es geht allein um das Problem des Widerstandes.
Der Apparat, der die Figuren vereinnahmt, hat viele Zellen, und die exemplarischen Stationen der Internierung lassen sich auswechseln – die Ehe, die Familie, die Schule oder der Beruf. Dagegen hört sich die Charakterfrage, die in dem Roman *Preisverleihung* von der Tochter des ungleichen Väterpaares mit jugendlicher Rücksichtslosigkeit gestellt wird, wie eine prinzipielle Herausforderung an: »Was geschähe, wenn alle Leute, die es besser wissen, es schlechter machten, weil es bequemer ist zu gehorchen?« Als Antwort folgt unverzüglich die Schicksalsfrage: »Von Disziplin hältst du nichts?«
Der Ausbrecher, der über die Zone der bitteren Einsamkeit hinausgelangt, kommt bei Günter de Bruyn nicht vor. Die Freiheit, lehrt eine Erzählung, in der sich Großvater und Enkel auf die Reise in das märkische Land ihrer Träume machen, um im Wald und am Wasser wie die ersten Menschen zu leben, ist eine kindliche und womöglich nur eine infantile Illusion. Die Seen, die in der Erinnerung des alten Mannes und der Vorstellung des Jungen reine Wirklichkeit waren, sind zugeschüttet, und das Gebiet ringsum ist eine militärische Sperrzone.
Trotzdem gibt es Ausblicke in versteckte Freiheitsprovinzen. Sie haben

mit den drei Buchstaben des Staatsnamens wenig zu tun und sind ganz einfach letzte Stücke Heimat, wenn auch im Schatten der DDR, der verstaatlichten Gesellschaft und der Zivilisation.

Heimat bedeutet für den Dorfschullehrer Pötsch in der Satire *Märkische Forschungen* die Fleißarbeit, mit der er die Biographie des verschollenen und vergessenen Dichters Schwedenow aus minimalen Lokaldetails wiederherstellt. Sie geht unter dem Zugriff der angeblich professionellen Wissenschaft kläglich zugrunde. Den Kriegsheimkehrer, der in der Dorf-Idylle *Hochzeit in Weltzow* vom lebenslustigen Habenichts zum verdrossenen Schwiegersohn des reichsten Bauern avanciert, läßt der Erzähler im letzten Moment ausnahmsweise laufen – ein Fisch an der Angel, der entwischen darf: »Als ich im freien Luch war, begann ich laut zu singen.« Aber schon im nächsten Text ist die Entwicklung fortgeschritten und nähert sich dem Weltende mit einem ohrenbetäubenden Lärm: »Erzeugt wird er von der Maschine, die jetzt den letzten Waldstreifen angreift...«

Günter de Bruyn ist ein desillusionierter Heimatschriftsteller und bietet uns die Provinz und die Vergangenheit kaum ernsthaft als eine Alternative an. Wer sich aus dem Zentrum zurückgezogen und mit der Disziplin des Ja-Sagens gebrochen hat, ist im märkischen Arkadien nicht der modernen Zeit enthoben, sondern nur um das eine und andere Jahr hinter der Zeitrechnung zurück.

Die literarischen Aufsätze und Literatur-Parodien, die in dem Sammelband abgedruckt sind, und darüber hinaus eine Biographie über Jean Paul, *Das Leben des Jean Paul Friedrich Richter*, enthalten aber schließlich doch ein persönliches Bekenntnis zur Identifikation. Hier, wo man ein Geist unter Geistern ist, scheut Günter de Bruyn die Anpassung und selbst die Nachahmung nicht. Die Fügsamkeit, die er der Herrschaft seiner eigenen Epoche versagt, beweist er gutwillig gegenüber denjenigen Meistern, die er selber auswählen kann. Bei Jean Paul, Fontane und Thomas Mann hat er nach Kräften gelernt, wie man die Wirklichkeit schildert, ohne sich mit ihr gemein zu machen. Die Kunst der ironischen Brechung, die er von den großen Vorbildern übernimmt, unterwirft er dann allerdings mit resoluter Bescheidenheit seinem Charakter. Wenn man unter den deutschsprachigen Schriftstellern unserer Jahrzehnte denjenigen auszeichnen wollte, der die Arroganz bis zum letzten Hauch aus seiner Sprache getilgt und die Fairneß zur Arbeitsmoral erhoben hat, gehörte Günter de Bruyn der Preis.

1979

WOLF LEPENIES

Schreib derb und frei über mich

Die Jean-Paul-Biographie Günter de Bruyns

»Es war im Jahr 1763, wo der Hubertusburger Friede zur Welt kam und gegenwärtiger Professor der Geschichte von sich; – und zwar in dem Monate, wo mit ihm noch die gelbe und graue Bachstelze, das Rotkehlchen, der Kranich, der Rohrammer und mehrere Schnepfen und Sumpfvögel anlangten, nämlich im März; und zwar an dem Monattage, wo, falls Blüten auf seine Wiege zu streuen waren, geradezu das Scharbock- oder Löffelkraut und die Zitterpappel in Blüte traten, desgleichen der Ackerehrenpreis oder Hühnerbißdarm, nämlich am 21sten März; – und zwar in der frühesten frischesten Tageszeit, nämlich am ›Morgen um 1½Uhr; was aber alles krönt, war, daß der Anfang seines Lebens zugleich der des damaligen Lenzes war.«

So beginnt Jean Paul im Jahre 1818 seine *Selberlebensbeschreibung*, doch wird die Arbeit daran bereits ein Jahr später abgebrochen; sie bleibt, wie so viele seiner Werke, unvollendet. Den Zufall, mit dem Frühling und dem Hubertusburger Frieden, der den Siebenjährigen Krieg, den verlustreichsten des achtzehnten Jahrhunderts, beendete, zugleich auf die Welt gekommen zu sein, hat Jean Paul selbst als ein Zeichen der tiefen Verwobenheit seines Lebens in Natur und Geschichte gedeutet. Ähnlich eng waren Leben und Literatur für ihn miteinander verbunden. Bezeichnend ist ein Brief an den Verleger Matzdorff, dem er das Manuskript des *Hesperus* mit den Worten zuschickt: »Hier haben Sie... den ganzen Gipsabguß meines innern Menschen.« In der Kutsche seines Feldpredigers Attila Schmelzle fährt Jean Paul als rot gemantelter blinder Passagier mit – es gibt, Laurence Sterne vielleicht ausgenommen, kaum einen anderen Autor, der in seinem eigenen Werk derart präsent ist.

Für einen Biographen sind dies keine günstigen Voraussetzungen. Die Zeitgeschichte zu berücksichtigen sollte für ihn eine Selbstverständlichkeit sein – doch wie kann man Leben und Werk bei einem Autor auseinanderhalten, der seinen eigenen Hochzeitstermin bis Pfingsten aufschiebt, nur um das Datum in Übereinstimmung mit seiner ›Konjektural-Biographie‹ zu bringen? Geht man auf der anderen Seite nicht dem Autor zu sehr auf den Leim, wenn man, wie Jean Paul es nahelegte, die Wirklichkeit zum Abbild der Literatur macht?

Hundertfünfzig Jahre nach Jean Pauls Tod hat es drei verschiedene Versuche gegeben, mit diesen Schwierigkeiten fertig zu werden. Die *Jean-Paul-Chronik*, die Uwe Schweikert zusammenstellte, präsentiert Daten zu Leben und Werk, ohne diese zu gewichten; Bedeutendes steht hier neben Unerheblichem, Skurrilitäten mischen sich mit Tiefsinn – wie in Jean Pauls Leben, das diese Chronik, so dürr ihr Datengerüst auch wirkt, doch prall und warm wiedergibt. Ganz anders verfuhr Rolf Vollmann in *Das Tolle neben dem Schönen*, in dem er den Mut fand, in Jean Paulscher Manier über Jean Paul zu schreiben. Auch hier wurde Jean Paul lebendig, sein so vieldeutiges Werk wirkte überaus aktuell.

Neben der Chronik und dem Essay steht die Biographie, Günter de Bruyns *Das Leben des Jean Paul Friedrich Richter*. De Bruyn, bekannt als Romancier (*Der Hohlweg*, *Buridans Esel*) lebt als freier Schriftsteller in der DDR.

Auch wenn de Bruyn seine ursprüngliche Idee, einen Roman über Jean Paul zu schreiben, aufgegeben hat, enthält seine Biographie noch genügend romanhafte Züge. Damit ist nicht die Zuflucht zu Fiktionen gemeint, sondern einzig die Darstellungsweise: de Bruyn erzählt das Leben Jean Pauls so präzise und einfühlsam, daß man sich oft genug vorkommt wie in einem Jean Paulschen Roman. Das liegt nun vor allem an Jean Paul selber, der sich immer so benahm wie seine eigenen Romanhelden – 1817 schreibt er über die zu seinen Ehren veranstaltete Lustfahrt auf dem Neckar in Heidelberg: »Mir war, als würden meine Romane lebendig und nähmen mich mit« –, doch ist es Günter de Bruyns Verdienst, uns diese Verschränkung von Leben und Werk durch seine ganze Biographie hindurch überaus plastisch vor Augen zu führen.

Im Jahr 1812 teilte Jean Paul dem Hofrat Jung mit, seine Lebensgeschichte werde, wenn er sie schreibe, »mehr eine des Innern sein wie bei Moritz, als eine des Äußeren wie bei Goethe«. Das hielt ihn übrigens nicht davon ab, *Dichtung und Wahrheit* (»vielleicht die rechtschaffenste Autobiographie, die es gibt«) zu schätzen – Goethe beurteilte die diversen autobiographischen Versuche Jean Pauls viel reservierter, ja ablehnend. Der Autobiograph hat eben den Vorteil, sich für eine der von Jean Paul genannten Alternativen entscheiden zu können; der Biograph aber hat diese Wahl eigentlich nicht, und so hat auch de Bruyn die richtige Entscheidung getroffen, eine Lebensgeschichte des Äußeren zu schreiben und nicht Jean Paul zu kopieren. Eine Lebensgeschichte des Äußeren – das heißt, die Lebensetappen Jean Pauls werden beständig mit der Historie verknüpft, mit politisch-epochalen Veränderungen ebenso wie mit kulturhistorischen Details. So wird der Leser bei der Geburt Jean Pauls über Kindersterblichkeit und Hygiene am Ende des achtzehnten Jahrhunderts informiert; Jean Pauls Lob des *Orbis pictus* wird durch eine ausführliche Darstellung der Unterrichtsprinzipien des Comenius ergänzt; lange Passagen informieren über die Zensurpraktiken in den deutschen Ländern. Abschweifungen dieser Art vermitteln ein Hintergrundwissen, dessen jeder Leser Jean Pauls bedarf.

De Bruyns Biographie ist von Wolfgang Harichs Jean-Paul-Deutung beeinflußt. Doch bedeutet Einfluß hier keineswegs Nachahmung. Im Gegenteil – es scheint, als habe de Bruyn gerade durch Harichs Betonung des »revolutionären« Jean Paul die Perspektiven wieder etwas zurechtrücken wollen: »Auf den von Biographen gesponnenen roten Faden läßt sich ein Genie wie dieses nicht ziehen, in das Glanzpapier der Verehrung nicht wickeln. Wenn Biographie mehr sein will als Denkmalsbau, darf sie die Widersprüche nicht zudecken.« Wolfgang Harichs roter Faden ist de Bruyn zweifellos *zu* rot; er sieht Jean Paul stärker in seinen Widersprüchen, den Revolutionär und Idylliker in einer Person. Seine Biographie trägt als Motto die Aufforderung, die Jean Paul 1802 an den Freund Christian Otto richtete: »Ich beschwöre dich (ich erscheine dir sonst), daß du nach meinem Tod über mich derb und frei schreibst, nicht verdammt-kleinstädtisch-zart und delikat über alles.«

Für diesen Realismus seiner Darstellung hat sich de Bruyn freilich einen nicht unerheblichen Nachteil eingehandelt; er erzählt Jean Pauls Leben, doch hat er eigentlich keine rechte Meinung über ihn. Jean Paul ist ihm sympathisch, doch wirkt diese lange Beschreibung einer Sympathie auf die Dauer ein wenig schwerfällig. Man fühlt sich weder herausgefordert wie von Wolfgang Harich noch mitgerissen wie von Rolf Vollmanns tollkühnem biographischem Essay. Als Jean-Paul-Leser genießt man vor allem den Reiz des Wiedererkennens; man wartet geradezu auf die bekannten Anekdoten von Goethe, wie er mißmutig über einen Einfall Jean Pauls den Teller dreht, oder von Hegel, der mit beduseltem Kopf Jean Paul zum Ehrendoktor der Heidelberger Philosophen-Fakultät vorschlägt, worauf diese tatsächlich eingeht – ganz zu schweigen von all den Beinahe-Affären (»Weiber die Menge«) und Histörchen um die diversen »erotischen Akademien«. Günter de Bruyns Buch ist vor allem eine Biographie für Jean-Paul-Anhänger; sie wird Jean Paul, wie sicher schon Harich und Vollmann, jeder auf seine Art, neue Leser gewinnen. Mehr aber dürfte auch Jean Paul selber von seiner Biographie nicht erwartet haben.

1976

JOACHIM KAISER

Vom Blühen des deutschen Essays

Zur Situation einer Gattung – Günter de Bruyns *Lesefreuden*

I.

Es ließe sich beklemmend leicht begründen, warum die literarische Gattung des großen deutschen Essays gegenwärtig erledigt sein müßte, zur Randerscheinung verblaßt, fast zur Spezialität verendet wie Falknerei oder Münzenkunde. Im 18. Jahrhundert, lange nach Montaigne in Frankreich oder Bacon in England, setzte relativ spät der deutsche Essay ein, vom Zeitalter der Aufklärung beflügelt, kam machtvoll zu sich selbst bei unseren Klassikern und Philosophen, hatte im 19. Jahrhundert dann seine große Epoche, erlebte eine letzte Hoch-Zeit in den zwanziger Jahren unseres Jahrhunderts, blieb unauffälliger in den dreißiger Jahren (immerhin: Ernst Jünger, Gottfried Benn, Rudolf Kassner, Max Kommerell, Max Rychner), war in den Nachkriegsjahren der einflußreichen damaligen Zeitschriften-Kultur, Adornos, des wiederentdeckten Walter Benjamin zwischen 1945 und 1965 noch bemerkenswert relevant (zum Essay und seiner Betrachtung gehören übrigens stets viele Fremdwörter), verschwand dann aber allmählich aus dem Interessenkreis unserer breiteren literarischen Öffentlichkeit.

Denn wo können heutzutage große Essays nicht nur erscheinen, sondern auch wirken? All die berühmten Musen-Almanache, Jahrbücher, Zeitschriften (Immanuel Kant publizierte beispielsweise zahlreiche grundsätzliche oder polemische Aufsätze in der *Berliner Monatsschrift*) wandten sich ja nicht nur an Kollegen oder Schüler, sondern auch an ein gewiß recht kleines, aber neugieriges und belesenes Publikum, das gebildet und gediegen unterhalten werden wollte vom Wandsbecker Bothen, von Schiller, Jean Paul oder später Hermann Grimm. Diese Bedürfnisse nach Unterhaltung, sei sie nun niveauvoll oder harmlos, befriedigen heutzutage unsere Zeitschriften – also die eigentlichen Heimstätten des Essays – fürs zahlende Publikum kaum mehr. Trotz aller mit Liebe und werbender Beredsamkeit in Rundfunkanstalten oder Tageszeitungen unternommenen Zeitschriftenschauen wurde zur tristen Selbstverständlichkeit, daß Zeitschriften eigentlich nur dann, wenn sie bewußt keine großen, argumentierenden Essays veröffentlichen oder eben, wenn sie Sprachrohr einer spezifischen Generation und Stimmung sind (wie das *Kursbuch* oder der *Freibeuter*) halbwegs kostendeckende Auflagen erreichen können. »Man« liest zwar nach wie vor offenbar durchaus Romane, Biographien, sogar Gedichte – aber Zeitschriften, wie der oft so fesselnde *Merkur*, die *Akzente*, die *Neue Rundschau*, die *Frankfurter Hefte/Neue Gesellschaft*, wie die solide informierenden konfessionellen Periodika oder sogar *Theater heute*: sie scheinen alle nur die interessierten Insider, günstigenfalls die jeweiligen intellektuellen Trendsetter anzugehen, nicht aber das sogenannte Publikum. Allgemein interessierende Auseinandersetzungen über öffentliche Themen finden, wenn überhaupt, mittlerweile hübsch trivialisiert im Fernsehen statt, im Rundfunk oder in den großen Tages- und Wochenzeitungen. Der Essay ist heimatlos geworden.

Schlimmer noch: dem Unbehausten sterben auch die Väter – also die Autoren und Autorinnen weg. Wer so viel weiß und kann, um ein guter Essayist zu sein, wäre mittlerweile ziemlich töricht oder sektiererisch, wenn er nicht etwas weit Einflußreicheres, Ehrenvolleres, Lukrativeres werden wollte. Ein Essay ist nämlich nicht nur, wie die Übersetzung dieses hierzulande *englisch geschriebenen und französisch ausgesprochenen* Fremdworts lauten müßte ein ›Versuch‹ – irgendwo zwischen vernünftig geistreicher Rede und nachvollziehbarer, doch keineswegs strikt wissenschaftlicher Argumentationsart. Er hat vielmehr etwas von einem Vorschlag. ›Versuch‹, das klingt auch nach Unsicherheit und müßigem Denk-Experiment. ›Vorschlag‹ indessen setzt doch eine recht gewisse, sichere Einsicht voraus, aber zugleich auch, daß es dem Autor nicht möglich, tunlich oder nötig schien, seine Einsichten und Überzeugungen wissenschaftlich akademisch abzusichern. Der Essay soll nicht bloß Tatsachen oder Informationen darbieten, sondern eine These oder das sorgfältig umrissene Porträt einer Sache, einer Seele. Der Rang eines Essays bemißt sich an einem scheinbaren Widerspruch: Es muß dem Autor gelingen, seine These einleuchtend durchzuhalten, ihr dabei aber möglichst originelle Facetten, überraschende Perspektiven, enharmonische Verwandlungen abzugewinnen. Zum Wesen des Essays gehört, daß er »von etwas bereits Geformtem, schon einmal Dagewesenem« spricht, »daß er nicht neue Dinge aus einem leeren Nichts heraushebt, sondern bloß solche, die schon irgendwann lebendig waren, aufs neue ordnet« (Georg Lukacs in *Die Seele und die Formen*). Das alles bedeutet: Der Essay ist angewiesen auf eine bürgerliche Zeitschriftenkultur, die schwindet, auf diskurs-fähige Schriftsteller, deren wochen- oder monatelange Essay-Arbeit, mit den punktuellen Honoraren für 15–20 Druckseiten bestimmt nicht annähernd ausgeglichen wird, und auf eine Bildungstradition, die im Zeitalter beherrschender Massenmedien allmählich zur Mischung aus Luxus, altväterischer Privatsache und Marotte verkommt. Armer deutscher Essay. Er müßte mittlerweile tot sein.

II.

Aber er lebt. Im Jahre 1986 erschien im Hanser-Verlag Reinhard Baumgarts Sammlung *Glücksgeist und Jammerseele*, dessen Titel-Essay schlechthin meisterhaft gelang. Wirklich ein Lese-Muß für alle, denen auch nur ein bißchen wichtig ist, was große Literatur zwischen Platon, Rousseau und Brecht leisten wollte und konnte, was sie verdächtig oder nützlich machte, und wie es um den gegenwärtigen Streit zwischen Botho Strauß und Peter Handke einerseits, Jörg Drews, Bazon Brock und Heinrich Vormweg andererseits wirklich bestellt ist, den Baumgart nebenher souverän entscheidet. Fast gleichzeitig bringt Günter de Bruyn im S. Fischer Verlag eine, Verzeihung, wunderschöne Essay-Sammlung heraus, die sich *Lesefreuden* nennt, mit dem Untertitel *Über Bücher und Menschen*.

Erst solche *Buch*veröffentlichungen können, in der Regel, gewissen Essays oder Porträts, die sich fast immer schon bereits als Vorträge, Nachworte, Rundfunksendungen, Zeitschriftenaufsätze einer ziemlich schattenhaften, begrenzten oder undeutlichen Präexistenz erfreuen – handfeste öffentliche Resonanz verschaffen. Zeitschriften (wir reden von allgemeinen Kulturzeitschriften, nicht von wissenschaftlichen, medizinischen oder juristischen Fachzeitschriften) sind eben leider nicht mehr Ort eines öffentlichen Diskurses, der auch das allgemeine Bewußtsein erreicht.

Diesen Umstand berücksichtigen viele prominente Essay-Verfasser unserer Gegenwart. Zu denen gehören gewiß H. M. Enzensberger, Joachim Fest, Jürgen Habermas, Martin Walser und noch einige andere, worunter übrigens kaum ganz Junge. Auffällig genug: die heftige Kontroverse über die Notwendigkeit moralischer Befangenheit und die Freiheit wissenschaftlicher Unbefangenheit im Hinblick auf Vergleichbarkeit und Reihenfolge von Nazismus und Stalinismus, hätte das intellektuelle Deutschland nicht so aufgeregt, wäre sie im *Merkur* oder gar in den *Vierteljahrsheften für Zeitgeschichte* ausgetragen worden. Doch weil riesig lange Essays zu diesem Thema in der *Zeit* und der *FAZ* erschienen, provozierte der Streit zahllose Gemüter und Antworten. Es ist, als erlebten wir jetzt wieder eine kaum zu erwartende Konjunktur des politisch-historisch-ästhetischen Essays in deutscher Sprache; vielleicht sogar darum, weil gewisse Meinungskämpfe unserer Gegenwart nicht mehr schäumend gewalttätig ausgekämpft, sondern eher essayistisch maliziös ausgetragen werden.

III.

Stellt man Baumgart und de Bruyn einander gegenüber, dann fällt auf: Baumgart ist unübertrefflich, wo er – wie sagte Odo Marquard über Hans Blumenberg – *Problemkrimis*, also die Entwicklung und Konsequenz gewisser Grundideen, poetischer Risiken in Autoren-Existenzen vorführt; Günter de Bruyn kommt ganz rein zu seiner Form, wenn er Literaten oder Potentaten ›erzählt‹ und eben nicht kritisch analysiert. Seine 1979 publizierte Novelle *Märkische Forschungen* nennt der 1926 in Berlin geborene de Bruyn treffend »Erzählungen für Freunde der Literaturgeschichte«.

In den *Lesefreuden* gelingt Günter de Bruyn, was die Literaturhistoriker zwar laut Berufsbezeichnung, aber leider allzu selten auch in ihren Arbeiten vollbringen: er erzählt Historien (nicht: Histörchen) von großen Literaten, hauptsächlich des deutschen Nordens. Bedeutende Ausnahme: Jean Paul, dem de Bruyn Bücher und Essays widmete. Dieser Autor führt uns *Die Geschwister Tieck* vor, als sollten wir mit ihnen bekannt werden, aber keineswegs irgendwelche Zensuren über ihre Arbeiten vorgetragen hören. Sie haben an ganz bestimmtem Ort gelebt für ihn, nicht bloß geschrieben. Ludwig Tieck ging über den Werderschen Markt zur Schule, »wo gegenüber der turmglocken- und uhrlosen Werderschen Kirche (aber noch nicht der Schinkelschen) das Werdersche Rathaus steht, das Turm, Glocken und Uhr besitzt und unter diesen, im Obergeschoß, das Gymnasium beherbergt«. Wenn Sophie Tieck sich von Herrn Bernhardi, der Ludwig Tiecks Gymnasiallehrer war, scheiden läßt, bringt der Prozeß folgendes zutage: »Beide Ehepartner bezichtigen einander der Lieblosigkeit; das nie ausreichende Geld hat (nach ihm) sie verschwendet, (nach ihr) er vertrunken; sie hat die Ehe gebrochen, er dagegen die Frau vernachlässigt und Bordelle besucht; sie hat, statt ihm Strümpfe zu stricken, diese teuer gekauft, er aber hat ihr das Sticken befohlen, obwohl der Arzt es ihr verbot; statt durch Schriftstellerei nebenbei Geld zu verdienen, hat er die schriftstellernde Gattin dauernd gestört; sie hat die Kinder vernachlässigt, er hätte sie auch verhungern lassen, hätte sich die Frau nicht anderswo Geld besorgt...« Dies die Prozeßzusammenfassung de Bruyns. *Rahels erste Liebe* heißt der melancholisch genaue ›Versuch einer Rekonstruktion‹ dessen, was sich zwischen Mademoiselle Rahel Levin und Graf Finckenstein wohl leider wirklich zutrug.

Manchmal erzählt de Bruyn, der um keinen Preis intellektuell oder brillant auftrumpfen will, zu harmlos, zu – er lebt in der DDR – gutbürgerlich gewissermaßen. Gewisse Erörterungen zum *Tonio Kröger*, methodische Überlegungen wie: »Das Verständnis dieser Liebesgeschichte wird nicht nur dadurch erschwert, daß uns fast 200 Jahre von den Liebenden trennen, sondern auch durch die Unvollständigkeit des überlieferten Materials« liegen weit unter dem Reflexionsniveau etwa Reinhard Baumgarts. Und den häßlich sinnstörenden Druckfehler, die Heldin werde abgestoßen durch ihrer Umwelt »Falschheit und innere Lehre« (S. 213), obwohl doch wohl »Leere« gemeint ist, sollte der Verlag beschämt korrigieren. Trotz solcher Grenzen einer naiv kritischen Haltung und eines rein erzählenden Anspruchs: Indem de Bruyn seine Menschen *vorschlägt*, essayistisch-porträtierend umreißt, entsteht, worum andere sich heftig und hoffnungslos mühen: Leben. Man muß de Bruyn nur mit Gert Uedings sehr belesenen, klugen Porträts der *Anderen Klassiker* (1986 erschienen bei C. H. Beck) vergleichen, um seines überlegenen, verhalten persönlichen Stils, seiner unaufdringlichen Kunst inne zu werden.

(...) 1986

VALERIE D. GREENBERG

Den Zauberberg auf Normalhöhe bringen

Günter de Bruyns *Neue Herrlichkeit*

Neue Herrlichkeit, das 1984 in der Bundesrepublik Deutschland und 1985 in der DDR erschien, ist der jüngste Roman von Günter de Bruyn, einem der bekanntesten und am meisten respektierten Schriftsteller der DDR. Verständlicherweise ist dieses Werk von den westdeutschen Kritikern hauptsächlich im Hinblick auf seine kritische Darstellung der DDR rezensiert worden, da dieses Merkmal besonders hervortritt und aller Wahrscheinlichkeit nach die Ursache für eine hitzige politische Auseinandersetzung wie für die einjährige Verzögerung der Veröffentlichung in der DDR war.[1] In der Tat ist de Bruyn ein sensibler und zuverlässiger Interpret der ostdeutschen Gesellschaft. Sein ironischer Blick für die Dinge enthüllt Brüche, Spannungen und grundlegende Konflikte zwischen der sozialistischen Idealvorstellung und der Gesellschaft, wie sie tatsächlich erlebt wird – insbesondere von ihren weniger glücklichen Mitgliedern.[2] Die kritische Aufmerksamkeit konzentriert sich im allgemeinen auf diese Gesichtspunkte von de-Bruyns Texten. Im vorliegenden Aufsatz wird ein anderer Weg gewählt in der Absicht, einen weiteren Zugang zum Werk de Bruyns zu eröffnen sowie über de Bruyn die Phänomene des literarischen Revisionismus (der schöpferischen Fehlinterpretation eines Textes im Sinne Harold Blooms) und der Intertextualität zu erkunden. Hier wird *Neue Herrlichkeit* als Gegenentwurf zu einem mächtigen literarischen Vorgänger vorgestellt – zu Thomas Manns Roman *Der Zauberberg*. Im Verlauf einer Untersuchung des dialektischen Verhältnisses zwischen den beiden Texten tritt de Bruyns inhaltsschwere und tiefgreifende Anklage der zeitgenössischen Welt deutlicher zutage.

De Bruyn hat sich zu seiner Wahlverwandtschaft mit Vorgängern bekannt. Besonders verbunden fühlt er sich den Werken von Jean Paul, Fontane und Thomas Mann. In Aufsätzen und Interviews hat de Bruyn sich über diese Verwandtschaften geäußert.[3] Wenngleich sich zwischen allen drei Vorbildern und *Neue Herrlichkeit* Verbindungslinien ziehen lassen, ist das ausschlaggebende Vorbild Thomas Mann. In einem im Jahre 1983 veröffentlichten Interview wurde de Bruyn gebeten, seine Lieblingsautoren und -werke zu benennen. Er antwortete: »Thomas Mann. Sein *Zauberberg* und die *Joseph*-Romane« (Hirdina 13).[4] Zu jener Zeit war de Bruyn dabei, *Neue Herrlichkeit* zu schreiben; außerdem versenkte er sich tief in Thomas Manns Tagebücher von 1918–21, die während der Abfassung des *Zauberbergs* entstanden waren (Hirdina 17–20). Freilich ist de Bruyns Verhältnis zu Thomas Mann durch eine tiefgehende Ambivalenz gekennzeichnet. Im Verlauf desselben Interviews wurde de Bruyn um einen Kommentar zu der Tatsache gebeten, daß junge Leute von heute (in der DDR) kein Interesse an Thomas Mann haben. De Bruyn antwortete: »... vielleicht ist es ganz normal, daß große Schriftsteller von den Söhnen der begeisterten Väter erst einmal abgelehnt werden. Thomas Mann hat uns vielleicht zu sehr betroffen. Und es könnte auch sein – ich bin mir da nicht sicher –, wir sind im Falle Thomas Mann zu sehr befangen, haben überbewertet, ich weiß es nicht.« (Hirdina 14)

Der Zweifel, das Sich-nicht-Festlegen, das Assoziieren literarischer Rezeption mit Differenzen zwischen Söhnen und Vätern, die Selbstanklage der Befangenheit und die darin stillschweigend enthaltene Distanzierung von einem früheren Selbst, welches sich in einer möglicherweise unangebrachten Begeisterung für einen übermächtigen Groß-Vater kundtat – all das sind Merkmale dieser kurzen Ausführungen, die in ihrem Kern bereits den Keim der Argumentation enthalten, welche auf den folgenden Seiten vorgelegt werden soll.

Wenn »einen Text zu interpretieren bedeutet, jene Strategien und Abwehrtropen ausfindig zu machen, mit welchen er sich seinen Vorgängertexten entweder stellt oder ihnen ausweicht« (Norris 118–19)[5], so muß sich der Leser an den *Zauberberg* wenden als den turmhoch aufragenden Ahnen, dem de Bruyns Text – unter anderem – ein streitbarer Nachfolger ist. Als Gegenüberstellung ist dieses Verhältnis komplex und erreicht seinen Gipfel vielleicht in einander entgegengesetzten Interpretationen von Subjekt, Zeit, Wissen, Sprache und Geschichte, welche de Bruyns Text in einen postmodernen Zusammenhang stellen. Nach einer kurzen Zusammenfassung von *Neue Herrlichkeit* behandelt dieser Aufsatz die wichtigsten Übereinstimmungen des Romans mit dem *Zauberberg*, insbesondere in den Gestalten der Protagonisten, berücksichtigt reaktive oder distanzierende Strategien in *Neue Herrlichkeit* und gibt zu bedenken, daß das Verhältnis zwischen den beiden Texten für das steht, was in der Terminologie Harold Blooms als »Dialektik des Revisionismus« bezeichnet werden könnte.[6]

Der Titel *Neue Herrlichkeit* nimmt im Text verschiedene Erscheinungsformen an, da der Autor die eigentliche Bedeutung spielerisch ironisiert und unterminiert. Zunächst ist es der Name eines Bauernhofs, der weder ›neu‹ noch ›herrlich‹ ist und allein in der flachen, öden Winterlandschaft der Mark Brandenburg steht. Durch einen Schneesturm wird ein absonderliches Ensemble von Gestalten auf dem Bauernhof eingeschlossen, welcher als Altersheim und Landrefugium für das Ministerium dient, bei dem die Hauptfigur, der neunundzwanzigjährige Viktor Kösling, angestellt ist. Viktor, privilegiert auf Grund der Prominenz seines Vaters, eines Politikers und im Begriff, eine eigene Diplomatenkarriere zu beginnen, wird auf »Neue Herrlichkeit« von seiner tyrannischen Mutter geschickt, die (ebenso wie Viktor selber) hofft, daß ihn zehn Wochen auf dem Land, fern von allen Ablenkungen, in die Lage versetzen werden, seine Dissertation zu schreiben. Statt dessen verliebt sich Viktor und macht der dreiundzwanzigjährigen Thilde, einem Stubenmädchen von unehelicher Geburt, einen Heiratsantrag. Thilde jedoch ist für Viktors Eltern eine nicht akzeptable Wahl. Sie ist ungebildet, unkultiviert, spricht fehlerhaftes Deutsch und hat vor allem eine Mutter, die in der Bundesrepublik lebt – für Viktors Karriere ein unüberwindliches Hindernis. Am Ende unterwirft sich Viktor, wie er es sein Leben lang getan hat, den Forderungen der Autoritätspersonen.[7]

Die Gestalt Viktor scheint eine Antwort auf eine hypothetische Frage zu sein: Wenn Hans Castorp gesund und munter wäre und heute in der DDR lebte, wie wäre er dann? In physischer Hinsicht ähneln sie einander: blaß, blond, schlank, gutaussehend; aber es fehlt ihnen an jugendlicher Kraft und robuster Gesundheit. Beide sind im Übermaß gehemmt, neigen zu umständlicher Selbsterforschung und zur Berechnung in ihren Beziehungen mit anderen. Beide haben in der Umgebung einer Pflegestätte den Versuch unternommen, bestimmte intellektuelle Aufgaben zu bewältigen, welche in Zusammenhang mit der Berufstätigkeit stehen, in welche sie mehr hineingeschlittert sind, als daß sie sie ausgesucht hätten. Beide sind dabei, sich auf passive Weise von den Anforderungen der traditionellen deutschen Arbeitsethik zu distanzieren. Für einige Zuschauer könnten sie sogar faul erscheinen. Beide beabsichtigen zunächst, eine viel kürzere Zeit an ihrem Erholungsort zu verweilen, als sie dies dann schließlich tun. Ihre Aufenthalte sind gekennzeichnet von periodisch auftretenden Rauschzuständen, die in Viktors Fall einfach aus übermäßigem Alkoholkonsum resultieren, während sie sich im Falle Hans Castorps eher aus den Auswirkungen von großer Höhe und großer Leidenschaft als aus dem Alkoholgenuß ergeben. Nach außen hin sind sie sympathische Burschen, deren angenehmes Wesen, gute Manieren, Nachsicht und offenkundige Formbarkeit sie bei ihren Mitbewohnern beliebt machen. Die Ansammlung von Personal und Gästen auf »Neue Herrlichkeit« trägt wie die im »Internationalen Sanatorium Berghof« Züge des Grotesken: Nahezu alle sind physisch, geistig oder psychisch deformiert. Die »Neue Herrlichkeit« ist mit ihren minimalen Annehmlichkeiten und ihrer einsamen, plebejischen Lage im Flachland ein »Sanatorium Berghof« für eine sozialistische Gesellschaft.

In beiden Werken dominieren die Naturgewalten in Gestalt eines Schneesturms für kurze Zeit die Landschaft und den Protagonisten. Auf dem Zauberberg – in dem *Schnee* betitelten Epiphanie-Kapitel – bringt der Schneesturm Hans Castorp beinahe um, transformiert ihn jedoch letzten Endes. Allein draußen auf seinen Skiern treibt er sich an bis an die Grenzen seiner körperlichen Kräfte, schläft ein, träumt einen Traum von Horror und Erlösung und wacht gerade noch rechtzeitig auf, bevor er erfriert, woraufhin er erschöpft, aber geläutert zum »Berghof« zurückkehrt. Viktor, der im Gegensatz dazu geschützt in der sicheren Eingeschlossenheit von »Neue Herrlichkeit« weilt, schläft in seinem behaglichen Zimmer ein, erwacht zwei Tage später, findet die Welt und sich selbst verwandelt vor und beginnt, beim Schneeschaufeln und Holzhacken zu helfen – eine egalitäre, gemeinschaftliche Version des Hans Castorpschen Skifahrens, die Viktors Körperkräfte ebenfalls bis an die Grenzen fordert. Aber Viktors Transformation in ein Mitglied der Schnee-Notstandsmannschaft ist bloß äußerlich und vorübergehend, der Schneesturm lediglich ein weder Besorgnis erregendes noch gar bedrohliches Zwischenspiel, das die Leute zusammenbringt. (Der Titel des Kapitels lautet *Fröhlicher Notstand.*) Eigentlich spielt Viktor hier nur eine Rolle, die man von ihm erwartet. Sein Interesse gilt nicht dem Notstand, von Hilfeleistung für andere ganz zu schweigen. Sein alleiniges Anliegen ist es, die Situation zum Einholen weiterer Informationen über Thilde zu nutzen. In der Einsamkeit seiner Gefährdung durch die Elemente findet Hans Castorp zur Gemeinschaft mit der Menschheit; in seiner scheinbaren Gemeinschaft bleibt Viktor ein einsames Ich. Keine Epiphanie für diesen jungen Mann – vielleicht weil wir die Vorstellung von der tiefgreifenden Wandlung einer Seele nach einer blitzartigen Erleuchtung nicht mehr bereitwillig akzeptieren. Eine derartige Epiphanie ist eine Bekräftigung der Individualität – der Ganzheitlichkeit und Bedeutung des Subjekts, welches, besser geworden durch eine transformierende Erfahrung, seinen Weg fortsetzt. Enthalten ist darin die Vorstellung von Entwicklung, von Zusammenhang mit der Geschichte, von der Bedeutung des Lernens, von Existenz und Wert der Persönlichkeit mit deren Fähigkeit zu Wachstum und Veränderung. De Bruyns Version von der von einem Schneesturm ausgelösten Transformation ist nicht einfach nur eine Parodie, sondern eine Neubearbeitung, die von dem Ereignis lediglich eine hohle Hülse zurückläßt und damit unterstellt, es gebe kein einheitliches Subjekt, das sich einer auf die Vergangenheit bezogenen Kontinuität und eines progressiven Persönlichkeitswachstums erfreut; denn Viktor ist wie ein Chamäleon, das die Farbe seiner Umgebung annimmt, um sich bei anderen einzuschmeicheln und sich zu tarnen. Auf eher mechanische Weise betrachtet, ähnelt er einem Kaleidoskop, dessen Gestaltungsmuster sich durch die Manöver seiner Manipulatoren neu anordnen – seiner Eltern, des Wetters, anderer Figuren. Letzten Endes gibt es stets nur den Viktor jeweils eines bestimmten Augenblicks.[8]

Wie Hans Castorp verliert Viktor während des Schneesturms sein Zeitgefühl: »Ungemessen verrinnt ihm die Zeit, seitdem die Naturgewalten die Macht übernommen haben« (118). Viktor und Hans, mit der ihnen gemeinsamen Neigung zur »Verantwortungslosigkeit«, haben auch ein gemeinsames Anliegen in ihrer Vorstellung von der ungemessenen Zeit. Hans Castorp träumt von der Zeit als von einem Thermometer ohne Gradeinteilung für Menschen, die mit etwas davonkommen wollen. Viktor weiß weder Datum noch Wochentag: »Er hat (vielleicht durch die immer gleichbleibende Wetterlage bedingt) das Gefühl, unendlich viel Zeit vor sich zu haben ...« (123). Das Gefühl der »Unendlichkeit« scheint allerdings kaum in den Rahmen eines solch kurzen Buches hineinzupassen – nur 215 Seiten im Gegensatz zu den ungefähr 750 von *Der Zauberberg* –, in dem es keinen Platz dafür gibt, in dem Umfang mit dem Zeitgefühl von Hauptfigur und Leser zu spielen, wie es Thomas Mann tut. Der vorstehend zitierte einzelne Satz ist die in *Neue Herrlichkeit* enthaltene Minimalversion des *Strandspaziergang*-Kapitels in *Der Zauberberg*. Dort stellt Thomas Manns Erzählerfigur die Idee der »Unendlichkeit« vor, und zwar im Hinblick auf die Abhängigkeit der Zeit von der Raumwahrnehmung eines Beobachters sowie von dessen Innewerden von Markierungsmitteln wie beispielsweise sich verändernden Landschaften oder dem Wetter. Ohne derartige Möglichkeiten des vergleichenden Messens kann die Zeit Illusion sein, und es existiert vielleicht nur die Unendlichkeit.

Die Reduktivität der abgekürzten Version des epischen Vorfahren zeigt sich beispielhaft an Passagen aus jedem der beiden Texte, wiedergegeben von einer ironischen, den Erzählfluß unterbrechenden Erzählerfigur, die mit Verzögerungen spielt und den Leser in eine konspirative Zusammenheit hineinzieht, indem sie ihn mit der mißlichen Lage der Hauptgestalt identifiziert:

»Nur wir wissen vorderhand, wozu, dank Hans Castorps Unternehmungsgeist, diese Fastnachtsgeselligkeit in ihrem Verlaufe führte. Aber wir lassen uns durch unser Wissen nicht hin- und nicht aus unserer Bedächtigkeit reißen, sondern geben der Zeit die Ehre, die ihr gebührt, und überstürzen nichts, – vielleicht sogar zögern wir die Ereignisse hin, weil wir die sittliche Scheu des jungen Hans Castorp teilen, die den Eintritt dieser Ereignisse so lange hintangehalten hatte.« (DZ 342)

»Wenn die Leser über viele Ereignisse der kommenden und erstaunlich schnell vergehenden Winterwochen nur kurz informiert oder gar im unklaren gelassen werden, so geschieht das, um sie in Viktors Lage zu versetzen. Der nämlich wird immer unfähiger, etwas aufzunehmen, das seine Absichten nicht unmittelbar tangiert.« (NH 150)[9]

Es ist offensichtlich, daß de Bruyns Worte einem hektischeren Zeitalter angehören, in welchem der Zeit keine besondere ›Ehre‹ geschuldet wird und dem ›Bedächtigkeit‹ eine fremde Kategorie ist. De Bruyns Sprache ist sparsam, ihr Informationsgehalt verknappt. Die Zeit bewegt sich rasch für den Helden wie für den Leser, weil beide egozentrisch sind – der Leser wird vom manipulativ vorgehenden Erzähler dazu gemacht. Durch die Fiktion des Zurückhaltens von Information erfindet die Erzählerfigur einen Leser, dessen Blickfeld ebenso begrenzt ist wie das Viktors. Viktor sperrt viele der Informationen, die ihm zufließen, aus – ein übliches Gegenmittel in einem Zeitalter der Informationsüberflutung. Wir können es uns nicht mehr leisten, Suchende zu sein – wie es Hans Castorp war – nach so vielen Wahrheiten, wie wir finden können; und wir können auch nicht so viele Einflüsse und Informationen in uns aufnehmen, wie uns angeboten werden.

Beide Erzählerfiguren foppen den Leser mit einer vorsätzlich verlangsamten Handlung und spielen mit Aufschüben, um ihn zu peinigen. Der Leser wird an eine Kontrollgewalt erinnert und an Lücken, die andernfalls gar nicht bemerkt würden. Im Falle Thomas Manns wissen ›wir‹ – Erzählerfigur und Leser – Bescheid, aber mit Vorbedacht verlangsamen wir den Erzählfluß, weil wir die Werte, das Feingefühl und die moralische Zurückhaltung des Protagonisten teilen. Indem wir Hans Castorps Werte teilen, wird uns auch ein Kompliment gemacht. Wir verfügen über Wissen; wir könnten nach diesem Wissen handeln; wir könnten dieses Wissen mitteilen; aber wir ziehen es vor, dies nicht zu tun, weil wir, wie Hans Castorp, Charakter haben. Und letzten Endes – zu einem geeigneten Zeitpunkt – wird das Wissen von allen geteilt werden. So wird sich erweisen, daß unsere Zurückhaltung lediglich ein zeitweiliges Opfer im Hinblick auf die Befriedigung unserer Neugier erfordert hat.

Im Gegensatz dazu ist de Bruyns Erzählerfigur vollständig verschwunden. ›Die Leser‹ – weniger einzigartig als ein individueller Leser – werden mit einer Passivkonstruktion und mit Viktor Kösling und dessen immer mehr eingeschränkter Fähigkeit zur Aufnahme von Eindrücken alleingelassen. Die Erzählerfigur hat sich heimlich davongemacht und den Lesern kein Versprechen hinterlassen, daß der Schleier unserer Unwissenheit in der Zukunft gelüftet wird. Unser Mangel an Wissen, so scheint es, wird dem der Hauptfigur gleichkommen. Der Begriff der ›Hinauszögerung‹ scheint auf de Bruyns Verfahren nicht anwendbar zu sein. Vielmehr existiert da eine Leere, die *nicht* mit Bedeutung aufgefüllt werden wird – eine mit Bedacht geschaffene Leerstelle. Wir und Viktor werden zurückgelassen in einer von uns selber kreierten Leerstelle, verursacht durch das Wissen, das wir ausgesperrt haben, weil wir nicht fertigwerden können mit Wissen, das unsere unmittelbaren Interessen nicht zu berühren scheint. Die Erzählerfigur übernimmt für diesen Zustand keine Verantwortung.

›Informieren‹ und ›Tangieren‹ gehören einer kalten und seelenlosen, latinisierten Terminologie an im Vergleich zu Thomas Manns reichem Schöpfen aus dem germanischen Spracherbe, zu seinen vielen Diphtongen und seinen Anhäufungen von Vorsilben, seinen aufeinandergestapelten Nebensätzen, die dem Leser eben diejenige Verlangsamung des Lesens aufzwingen, welche zu erzeugen die ausdrücklich kundgegebene Absicht des Absatzes ist. Das verborgene Geheimnis in Thomas Manns Absatz und Hans Castorps Zögern ist leidenschaftlicher und gefühlvoller Natur – die Zärtlichkeiten zwischen Hans und Clawdia Chauchat auf dem Höhepunkt des *Walpurgisnacht*-Kapitels in *Der Zauberberg*. Das entsprechende Ereignis für Viktor ergibt sich nach einer entsprechenden Party und Trunkenheit. ›Informieren‹ und ›Tangieren‹ wären ganz und gar geeignete Begriffe – obwohl de Bruyn sie nicht verwendet – für Viktor Köslings Version der *Walpurgisnacht*, die damit endet, daß er sich im Bett mit der falschen Frau wiederfindet – nicht mit Thilde, der Sehnsucht seines Herzens, sondern mit einer leicht verfügbaren Verführerin, die ihr Erlebnis mit Viktor als »neue Herrlichkeit« beschreibt. Viktors Gefühle sind allerdings auf äußerstes Unbehagen beschränkt, weil er nicht schlafen kann, wenn noch jemand anderes in seinem Bett ist; und seine Partnerin umarmt ihn immer wieder im Schlaf, wenn er versucht, das Bett zu verlassen, um einen anderen Schlafplatz zu finden. In einer Entmystifizierung von Thomas Manns hochgestimmter Konzentration auf die gegenseitige Bedingtheit von Liebe und Tod beschreibt die Erzählerfigur Viktors prosaisches Unbehagen: »Liebe und Schlaf haben für ihn nichts miteinander zu tun, schließen sich vielmehr aus wie auch Liebe und Krankheit oder Liebe und Tod, die auch am selben Ort stattfinden und die doch niemand bildsprachlich miteinander vermengt als er selbst, wenn eine friedlich Schlafende neben ihm liegt und er, der Schlafbedürftige, sich vor Schlaflosigkeit krank fühlt« (120).

Es ist unwahrscheinlich, daß Thomas Mann von einem Bewunderer und Nachahmer jemals als »niemand« bezeichnet worden ist. Laut Harold Bloom besteht eine Strategie des Erben, von welcher uns hier wohl ein Beispiel vorliegt, darin, das Vorläuferwerk zu entleeren oder zu reduzieren.[10] Nicht nur ersetzt die Gestalt Viktor hier Thomas Mann als den einzigen, der Liebe, Krankheit und Tod miteinander in Verbindung bringt; sondern ihre Assoziation findet auch nicht auf der hohen Ebene der Philosophie statt, sondern unter den allerbanalsten Umständen.

Die wahre Verzückung für Viktor hätte sich wohl daraus ergeben, die Liebe mit dem Objekt seiner allesverzehrenden Leidenschaft zu genießen – mit dem jungen Stubenmädchen Thilde. Wie Hans Castorps Madame Chauchat ist auch Thilde eine scheue Exotin. Viktor muß sich auf eine ständige und wohlberechnete Verfolgung einlassen, bevor er auch nur eine Chance hat, ihr Gesicht zu sehen. Ihr scheues Verhalten entspricht den raschen Abgängen Madame Chauchats aus dem Speisesaal des Berghofes. Wie in *Der Zauberberg* ist die ersehnte Frau eine Beute, von welcher der Jäger zunächst nur flüchtige Blicke erhascht. Wie eine Jagdbeute, die beschlichen wird, bewegen sich beide Frauen in Stille. Die Blicke sind die eines Kindes bzw. einer Frau, die einzuordnen dem Verfolger schwerfällt. Als Viktor Thilde zum ersten Mal begegnet, fällt ihm auf, »daß ihre durchaus erwachsene Stimme im Gegensatz steht zu ihrem kindhaft-schmalen Körper, den er vom Knie bis zu den Schultern in der geöffneten Autotür sehen kann...« (18). Als Hans Castorp sich endlich umdreht, um herauszufinden, wer die Speisesaaltür zugeschlagen hat, sieht er folgendes: »Es war eine Dame, die da durch den Saal ging, eine Frau, ein junges Mädchen wohl eher,... Hans Castorp sah nur wenig von ihrem Profil, fast gar nichts« (82). Die Gesichter entgehen den beiden Männern zunächst. Sie richten ihre Aufmerksamkeit auf Marginalien von besonderem Interesse – Hans Castorp auf Clawdias Hände, deren Mangel an Maniküre »etwas Primitives und Kindliches« zeigt (82). Ihre soziale Herkunft liegt unterhalb der seinen, wie sich auch die Thildes unter derjenigen der prominenten Familie Viktors befindet (und das trotz des sozialistischen Egalitätsgedankens). Hände sind wenigstens ein historisch und ästhetisch respektables Objekt der Aufmerksamkeit. Im Falle Thildes jedoch sind es ihre Socken, die Viktor als nächstes erspäht, als sie eines Nachts auf Zehenspitzen an ihm vorbeigeht (während er ungesehen auf einer Treppe sitzt); sodann ein Stück ihrer Beine oberhalb der Socken, eine Hand, Lippen, Augen und dunkles Haar, als sie entschwindet. Hans Castorp konzentriert sich auf Clawdias Hände, ihr Haar, ihren Nacken und ihre Arme. Stückweise werden so die Frauen zusammengesetzt, vielleicht weil dies eine archetypische Weise der Besitzergreifung durch den Mann darstellt: Marginalien sind die verlockendsten Köder. Oder es liegt möglicherweise in den Beschränkungen menschlicher Wahrnehmungsmöglichkeiten begründet, daß man zu Anfang geistig Besitz ergreift über marginale Merkmale und sich von den Rändern her hin zur gesamten Gestalt vorarbeitet.[11]

Beide Männer bekommen schließlich ein exotisches Gesicht mit hervorstehenden Backenknochen zu sehen – eine genetische Botschaft aus der asiatischen Steppe im Falle Clawdias; in Thildes Fall erfahren wir: »Braune, über Knochen scharfgespannte Haut gehört nach Indien, doch nicht in die Neue Herrlichkeit« (53). Ungeachtet der Unterschiede zwischen den beiden Frauen – Clawdia älter, erfahren, eine

Frau von Welt; Thilde jung und unschuldig, eingeschlossen in den allerengsten provinziellen Verhältnissen – scheinen beide geheime, unergründliche Tiefen zu besitzen, welche, in Verbindung mit Gelassenheit nach außen und mit Selbstbeherrschung, ihre Verfolger verwirren und faszinieren.
Die Wörter, welche diesen exotischen Gesichtern entspringen, sind entstellt. Clawdias Sprechweise ist gekennzeichnet durch ihren ausländischen Akzent und durch die Fehler, die einer Ausländerin in der deutschen Grammatik unterlaufen; Thilde lispelt und spricht ein grammatisch unzulängliches Deutsch. Beide Frauen, die proletarische wie die vermögende, sind also in ihrer Artikulation behindert. Die jungen Männer jedoch finden, daß ihre Leidenschaft ihnen während ihrer ersten Unterhaltung mit der Geliebten eine besondere Beredsamkeit verleiht. Jeder durcheilt eine ganze Reihe von Synonyma – als ob er die Grenzen der Sprache ausloten wolle – bei dem Versuch, sein »unbeschreibliches« Gefühl der Verwandtschaft mit dem Objekt seiner Sehnsucht zu schildern. Hans Castorp sieht sich durch die Beschränkungen deutscher Sprachregister über seine Muttersprache hinaus ins Französische gezwungen – in die Sprache der erotischen Dekadenz –, welche es ihm gestattet, sich von Verantwortung frei zu fühlen. Zumindest für einen Hans Castorp in Bedrängnis gibt es eine Sprache – auch wenn es nicht die Muttersprache ist –, mit der er das »Unsagbare« ausdrücken kann. Die Ersatzsprache ermöglicht es Hans, die verborgene Wahrheit einzugestehen, daß er Clawdia (oder ihre Doppelgängerin) in seinem früheren Leben »kannte«. Viktor legt gegenüber Thilde dasselbe Bekenntnis ab, aber mit dem wesentlichen Unterschied, daß es dem Leser im ironischen und distanzierten Ton der indirekten Rede übermittelt wird und nicht wahr ist: »... ihm kommt vor, als habe er sie in einem früheren Leben gekannt. Er glaubt nicht etwa daran, er sagt das nur, um sein Gefühl zu erklären, das wie von weither, aus tiefsten Tiefen kommt, und das mit dem Wort Vertrautsein nur oberflächlich umschrieben ist. Es meint mehr als das Nicht-fremd; es meint auch sympathisch, nah, wesensverwandt, vertrauenerweckend« (86).
Durch den Gebrauch der Fremdsprache hat Hans die Klischees vermieden, aus denen die Erklärung Viktors besteht. Nach Viktors Verlautbarung wirft die Erzählerfigur ein: »So übertrieben enthusiastisch redet Viktor von Thildes Gesicht, daß offen bleibt, ob nicht alles nur der komischen Wirkung wegen gesagt wird« (86). Unsere instinktiven

Annahmen werden gestützt: Diese Szene der Werbung Viktors um Thilde, während sie Holz und Kohlen in seine Zimmerheizung stopft, ist, wie es die Erzählerfigur nennt, eine »Komödie« – so unecht und seicht, wie es Klischees zwangsläufig sind. Hans Castorps Geständnis an Clawdia bewegt sich knapp am Rande der Komödie, wird jedoch dadurch nicht seiner Macht beraubt: Die zuvor unnahbare Clawdia lädt Hans in ihr Zimmer ein.

Hans wirbt um Clawdia aus einer Position, die sich etwas unterhalb der ihrigen befindet, während sie in einem thronartigen Sessel sitzt. Schließlich fällt er vor ihr auf die Knie. Viktor, obgleich in einer sozialistischen Gesellschaft angesiedelt, sitzt auf einem Bett über Thilde, während sie auf dem Fußboden kniet und sich den anstrengenden Aufgaben einer Dienstbotin widmet. Positionierung und Sprechweise in *Neue Herrlichkeit* ersetzen die entsprechende Szene in *Der Zauberberg* in einer Art Revision durch Abwertung.

Neue Herrlichkeit unterminiert die Sprache selbst, die segmentiert und in verschiedene Arten des Lügens aufgespalten ist, von welchen die offenkundigste das DDR-Amtsdeutsch ist, in das Viktor mühelos hineinschlüpft und aus dem er wieder herausschlüpft, wann immer sein Eigeninteresse dies verlangt. Sprache als Mimesis wird unterminiert, wenn ein Aussteiger à la DDR eine etymologische Erklärung des Wortes ›Ordnung‹ liefert – der Gärtner, das Faktotum, der Lokalhistoriker und die ehemalige aufstrebende Führungskraft Sebastian. Seine ausführliche Abhandlung bezieht sich auf »Wortursprünge... denen unterstellt wird, daß sie auch Ursprünge dessen sind, was die Wörter bezeichnen« (44). Mit seiner Darstellung des Wortursprungs möchte Sebastian den Gedanken der ›Ordnung‹ unterminieren, da dieser die Grundlage hierarchischer Strukturen in einer autoritären Gesellschaft bildet. Aber Sebastian selbst verhält sich bei seinen Plänen und Aktivitäten sowie bei seiner Behandlung anderer, insbesondere von Frauen, wie eine exemplarische autoritäre Persönlichkeit und macht so seine eigene Botschaft zunichte. Nach dem, was in *Neue Herrlichkeit* angedeutet wird, ist die Sprache ein leeres Gefäß, ein Produkt und ein Werkzeug der Entfremdung. [12]

Hans Castorp unternimmt eine temperamentvolle Verteidigung des deutschen Hanges zur Ordnung gegen Clawdias Vorwurf, die Deutschen zögen die Ordnung der Freiheit vor. Er gibt zu bedenken, daß es vielleicht genauso pedantisch und spießbürgerlich wie das deutsche Ordnungsbedürfnis sei, daß ganz Europa von Freiheit rede. Und dennoch untergräbt Hans Castorp wie Sebastian seine eigene Botschaft, die er teilweise auf Französisch und während der unordentlichen ›Walpurgisnacht‹ loswird, durch seine Hingezogenheit zu der Freiheit, die durch Clawdia verkörpert wird, und weg von der Ordnung, die sein Mentor Settembrini ihm vorschreibt. Diese Auseinandersetzung hat jedoch nichts mit den Wörtern selbst zu tun und unterminiert diese auch nicht. In *Der Zauberberg* muß zwar die Sprache bis an ihre Grenzen vorangetrieben werden – einschließlich des Zufluchtnehmens zu einer zweiten Sprache –, damit sie ihre Schätze hergibt, aber sie gibt sie her ohne irgendein Anzeichen von Erschöpftheit.[13]

In *Neue Herrlichkeit* dient das Schreiben zum Recycling von Lügen, gewinnt auf parasitäre Weise Macht über den Schreibenden, um sich selber zu reproduzieren, und schafft schließlich seine eigenen neuen Fiktionen. Ein langjähriger Gast auf »Neue Herrlichkeit«, Frau Erika, ist eine verführerische ältere (ungefähr sechzigjährige) Frau, die in ihrem eigenen, von ihr selber erfundenen Reich von ewiger Jugend, Gesundheit und Sexualität lebt, in welches sie Viktor gern hineinlocken würde. Eines Tages erhält Viktor von ihr einen langen Brief auf blaßrosa Briefpapier, das ausladend mit Rosen geschmückt ist. In diesem Brief erfindet sie ein Märchen der Beziehung zwischen beiden in der abgedroschenen Sprache flitterhafter Romanzen. Als Viktor bereit ist zu antworten, entdeckt er, daß ihr Schreiben das seinige hervorbringt: »Die letzten zwei unbeantworteten Rosenbriefe sucht er hervor und stimmt sich lesend auf den notwendigen Erika-Stil ein. Den Stift hat er noch nicht in der Hand, da blüht ihm schon eine Sprachblume auf: Des Blickes Pfeil, der Wunden reißt, die nur die Liebe heilen kann. Der Brief wird lang. Der Drang, die eigne Bürde beim andern abzuladen, ist groß, und Erikas vorgeformte Rosensprache macht den Ausdruck leicht. Wendungen wie: Seelenaustausch, des Mondes holder Glanz oder: Strahlen künftiger Zärtlichkeiten kommen wie von selbst, und auch die Sonne wird (obwohl es Nacht ist) herbeizitiert – der Wonne wegen. Seltsam aber ist, daß Viktor, der vorhat, schreibend Wirklichkeit zu bannen, dabei in Gegenden gerät, wo Realität und Traum sich nicht mehr unterscheiden lassen, wo Wunsch (auf dem Papier) Gestalt gewinnt und die Dynamik des Geschehens über die Fakten triumphiert« (140).

Frau Erika schreibt Briefe in dem Versuch, Viktor zu verführen. Viktors Erwiderung hat nichts mit Frau Erika zu tun, sondern, stellvertretend, mit Thilde, und der Wunsch, der realisiert wird (auf dem Papier), ist der Wunsch, mit Thilde zu schlafen. Frau Erika weiß dies und möchte stellvertretend teilnehmen. Aus einem Blickwinkel heraus verzeichnen wir eine Satire auf den blumigen Stil und die Darstellung einer farcenhaften Beziehung zwischen zwei Romangestalten. Wie sich jedoch Frau Erika später als böswillige Kraft herausstellt, so gibt es auch schwerer wiegende Implikationen des leicht humorvollen Austausches von Unwahrhaftigkeiten. Viktors Schreiben, ins Leben gerufen und dirigiert durch das Erikas, wird etwas Autonomes; etwas, das sich selber bestimmt und den sogenannten Autoren der Brieftexte Macht für sich selbst abgerungen hat. In diesen Passagen wird das Verfahren der Fiktionalisierung demonstriert. Die quecksilbrige parasitäre Sprache, aufgeladen mit ihrer eigenen »Dynamik«, entgleitet der Absicht und der Kontrolle des Schreibenden zwangsläufig.[14]

Lediglich das Objekt Buch selbst scheint dem Leser als Fixpunkt übrigzubleiben. Zumindest können wir die Verspieltheit des Autors wahrnehmen und uns in der Lage sehen, mit den suggestiven Möglichkeiten zu spielen, die auf den bedruckten Seiten angeboten werden. Aber auch hier muß der Glaube ausgesetzt werden. Während uns *Der Zauberberg* in eine Welt zwischen den Buchdeckeln einlädt, sperrt uns *Neue Herrlichkeit* aus. Es tut dies, indem es uns an das launenhafte Wesen unserer Beziehung zu dem Objekt in unseren Händen (oder auf einem Bücherregal) erinnert. Hans Castorp – ein vorbildlicher Leser – vergrub sich ohne Klagen in riesige Wälzer über Naturwissenschaften und Medizin. Viktor Kösling haßt es, Bücher zu lesen; sie langweilen ihn. Er hält stets Ausschau nach Kursiv- oder Fettdruck, Randverzierungen, Abbildungen, Kapiteleinschnitte – alles, was die Monotonie aufbrechen kann. Am meisten schätzt er die Unterstreichungen und Randbemerkungen früherer Leser. So erblicken wir im »gelehrten« Viktor uns selbst – die Leser von heute, die hauptsächlich dafür bekannt sind, daß sie das Lesen meiden. Ist erst einmal die »Autorität des Buches« (Norris 124)[15] untergraben, so bleibt uns ein körperloser Text zurück – unwesentlich und windig, der festen Gewißheit des Vertrauens beraubt, welches das Bildungsbürgertum in das Objekt ›Buch‹ setzte.

Ein Modellvater / Vatermodell?

De Bruyns Gestalt, die Thomas Manns Mynheer Peeperkorn entspricht, ist Viktors Vater, Jan Kösling, der auf »Neue Herrlichkeit« in all seiner überwältigenden Macht und Lebenskraft eintrifft, nachdem

er einhändig einen Pferdeschlitten über die eingeschneite Landschaft gelenkt hat.[16] Kösling senior nimmt einfach alles in die Hand – übernimmt den Bauernhof und dessen Betrieb, bezaubert die Bewohner und überwältigt vor allem Viktor. Während Peeperkorn – überlebensgroß – durch seine tragische, kosmische Impotenz gefällt wird, leidet Jan Kösling unter Prostata-Beschwerden. Beide Figuren, verwundet wie Anfortas, werden jeweils von ihrem jungen Parzival gefolgt, die zum Teil die sexuellen Rollen der älteren Männer angenommen haben, obzwar der jeweils jüngere die weniger potente Ausgabe darstellt. Die »Söhne«[17] sind blasse Ausführungen der alten Kraftwerke, deren Stärke in einer vergangenen Epoche verwurzelt ist. An dieser Stelle könnten wir fragen, ob dieses Verhältnis das Verhältnis zwischen einem Erben-Text und einem übermächtigen Vorgänger-Text reflektiert – für de Bruyn geschaffen von Thomas Mann, für Thomas Mann geschaffen von Gerhart Hauptmann, dem Vorbild für Peeperkorn. *Der Zauberberg* scheint wie Jan Kösling eine Autorität und eine Macht darzustellen, der sich ›Erbe‹ der Bruyn, im Gegensatz zu seiner Gestalt Viktor, zu stellen und die er innerhalb seines eigenen Textes aus ihrer Position zu verdrängen vermag.[18]
Peeperkorn endet, indem er sich auf grandiose Weise das Leben nimmt; Jan Kösling, der einiges Unbehagen erdulden muß, erholt sich in einem guten sozialistischen Krankenhaus. Peeperkorns Lebenslektion wird übertönt von einem brüllenden Wasserfall – von Lärm, der den Kräften der Natur entspringt. Jan Köslings für seinen Sohn bestimmte Lektion in berechnendem Opportunismus und Konformismus wird übertönt von einem Bericht über Agronomen im Fernsehen – vom banalen DDR-Alltag. Erst als der Kulturbericht beginnt, wird es so still, daß sie einander sprechen hören können. In *Neue Herrlichkeit* werden selbst die ernsthaftesten Redebeiträge – zum Beispiel einer über den zeitgenössischen Greuel der verschiedenen Lautstärken von Lärm – von Lärm übertönt, der von der Technik ausgeht.[19]
In *Der Zauberberg* entspricht dem allesumgebenden Lärm die allesumfassende Stille. Beispiele dafür sind die bereits erwähnten Kapitel *Schnee* und *Strandspaziergang* oder der Tod von Hans Castorps Cousin Joachim – eine gedämpfte und stark anrührende Szene. Der Tod ist in *Der Zauberberg* nicht nur ein analysierbarer chemischer Prozeß[20], sondern auch etwas Heiliges. In *Neue Herrlichkeit* gehört der Tod nicht mehr dem Bereich des Heiligen an. Der Körper von Thildes einst heroischer Großmutter, die als senile, ausrangierte Person gestorben ist,

wird beerdigt, während Müll in eine benachbarte Deponie abgeladen wird: »Oben am offenen Grab, vor dem Gedenkstein, der schon den Namen der Toten trägt, hat er akustische Schwierigkeiten, sich verständlich zu machen. Nicht der böige Wind, der hier weht und den Talar flattern läßt, stört, sondern die Lastwagen, die, nicht weit entfernt, mit tuckernden Motoren Abfall abladen. Seinen Blick über die Müllhalde hinweg auf die Baumwipfel und die fernen Felder zu lenken, hat der Pastor, der nicht zum erstenmal hier begräbt, schon gelernt, aber gegen den Lärm ist er machtlos. Seine Gebete gehen in Motorengeräuschen unter, und wenn er noch so laut: Jesu, meine Zuversicht, singt, kommt er doch gegen das Scheppern Tausender leerer Konservendosen, die über den Abhang rollen, nicht an. In einer mit Papierfetzen garnierten Wolke von Aschenstaub nehmen Thilde und ihre Mutter die Beileidsworte entgegen.« (213)
Lärm und Abfall haben die stumme Andacht und das Gefühl für das sakramentale Wesen der Lebensprozesse und des Lebensendes ersetzt. Eine sprechende Metapher für unsere Zeit ist das »Maiental«, ein einstmals unverdorbenes, blumenbestandenes Tal, das nur noch zehn bis zwanzig Meter davon entfernt ist, mit Abfall gefüllt und mit dem Friedhof gleichgemacht zu werden – ein Bild unserer am Müll erstikkenden Zivilisation, in welcher auch die Alten wie Einwegflaschen behandelt werden (im Gegensatz zu Hans Castorps frommer Verehrung für seinen Großvater und dem offenbaren Fehlen eines auch noch so winzigen Stückchens Müll in Davos). Vielleicht ist eine Einebnung dieses Tales so ähnlich wie die Einebnung des Berges, so daß man eine Landschaft ohne Unterschiede schaffen kann.
Ein Bulldozer, der neues Baumaterial und Modernisierung zur »Neuen Herrlichkeit« bringt, ebnet ein brüchig gewordenes Stück Natur ein; de Bruyn überläßt das abschließende Wort der Maschinen-Metapher, wie es Thomas Mann im *Zauberberg* in der abschließenden Zerstörungsszene auf dem Schlachtfeld tut: Hans Castorp inmitten der explodierenden Todesmaschinerie. Vielleicht ist die Geburt unserer lauten Welt gekennzeichnet durch die Wörter »Granate«, »heulend, spritzend und flammend«, »Trommel«, »Donner«, »Schreien« und »anheulende Projektile« (755), welche Hans Castorp umgeben. Am Schluß seiner siebenjährigen Idylle ist Hans Castorp zu den schlammigen Schlachtfeldern des Krieges hinabgestiegen. Viktor, dem es stets gelingt, sich aus schwierigen Situationen hinauszuwinden, entfernt sich auf dem Luftweg. In dem abschließenden Kapitel mit dem Titel

Genesung fliegt Viktor, der bequem in einem Flugzeug sitzt, über die unangenehmen Probleme der Erde und über die beschädigten Existenzen anderer Menschen hinweg und auf die Entwicklung seiner Karriere zu. Es ist das Ende einer falschen Idylle – Idyllen sind in unserer Zeit nicht mehr möglich.

Die beiden ›Helden‹ haben den für sie kennzeichnenden Raum und die für sie kennzeichnende Richtung ausgetauscht. Hans Castorp ist von dem Berg, der das vorherrschende Element in Thomas Manns Text darstellt, seinem wahrscheinlichen Tod entgegengestiegen. Viktor hat sich aus dem Flachland und aus dem Tal des Todes erhoben, vielleicht weil Viktors Ich leichter ist als Luft. Ähnlich wie die Neupositionierung der Gestalten in der oben erwähnten Werbungsszene stellt diese Umstülpung der Topographie von Berg zu Flachland / Tal durch den Nachfolgetext eine ironische Revision dar, welche den Vorgängertext zu verdrängen scheint. [21]

Beim Schreiben seiner Dissertation kommt Viktor nie weiter als über die Titelseite mit den Worten »Viktor Kösling« hinaus; will sagen, er ist ein leeres Gefäß, eine Identität, die nur dem Namen nach besteht. [22] Viktor zeigt Geschick dabei, sich vor unangenehmen Szenen zu verschließen, beispielsweise vor einem übelriechenden Altersheim, in dem man die Alten zum Sterben abgeladen hat. Hans Castorp öffnet sich dem Leiden anderer: Wie ein Missionar die Aussätzigen behandelt und tröstet er die todgeweihten Sanatoriumspatienten, wie abstoßend auch immer ihr Zustand ist.

Viktor ist durch eine lieblose Kindheit unwiderruflich geschädigt. Auch Hans Castorps Kindheit entbehrte der emotionalen Zuwendung. Seine ›Deprivation‹ jedoch machte ihn empfänglich für die Lektionen des Zauberberges. Er entwickelt ein starkes Verständnis und Einfühlungsvermögen für den menschlichen Allgemeinzustand. Infolgedessen ist er imstande, eben jenes Selbst bereitwillig zu vergessen, welches er über die Jahre hinweg mit solcher Hingabe weiterentwickelt hat. Hans Castorp verfügt über eine Geschichte, die seiner Gegenwart und Zukunft vorausging und sie erzeugte, und zwar in einer verfolgbaren Lebensbahn. Über eine ›Geschichte‹ zu verfügen, erfordert die fiktive Neuerstellung einer einheitlichen und individualisierten Vergangenheit, so als ob diese im Rückblick zwangsläufig auf das gegenwärtige Selbst hinführte. [23] Viktor mangelt es an einer solch prägenden Entwicklungsgeschichte; denn er ist in einem infantilen Stadium unerfüllter Bedürfnisse steckengeblieben. In *Der Zau-*

berberg stehen der Prozeß der persönlichen Entwicklung und dessen Ergebnis für ein Ensemble von Idealvorstellungen – von Idealen, die in *Neue Herrlichkeit* nicht mehr möglich scheinen, weder im Roman (von dem ein Kapitel den Titel *Neue Traurigkeit* trägt) noch an dem Ort desselben Namens; sei dieser Ort nun ein Bauernhof in der DDR in Europa oder unsere schöne, neue, industrialisierte Welt.

[Aus dem Amerikanischen von Wolfgang Steuhl] 1987

Anmerkungen

1 Zusätzlich zu Rezensionen in Zeitungen und mehreren Rundfunksendungen erschien im *Fachdienst Germanistik* eine Übersicht über die Rezensionen mit einer Dokumentation der politischen Auseinandersetzung. Nicht alle Rezensenten konzentrierten sich ausschließlich auf die DDR.

2 Es finden sich auch Merkmale früherer Romane von de Bruyn: *Buridans Esel* (1968), *Preisverleihung* (1972), *Märkische Forschungen* (1978).

3 Beispiele sind in mehreren Aufsätzen zu Jean Paul, Theodor Fontane und Thomas Mann sowie im Interview mit Karin Hirdina enthalten.

4 In einem im Juli 1985 geführten Gespräch hat mich de Bruyn der richtigen Wiedergabe seines mit Hirdina geführten Interviews versichert.

5 Norris weist darauf hin, und zwar im Zusammenhang mit einer Erörterung gemeinsamer Elemente in den Theorien von Harold Bloom und Jacques Derrida.

6 Laut Blooms Definition des literarischen Revisionismus handelt es sich um eine »schöpferische Fehlinterpretation« eines Vorgängertextes. Alle Schriftsteller sind Erben früherer Texte; es gibt keine Sinnschöpfung, die völlig frisch, von Grund auf oder in einem Vakuum stattfindet.

7 Bohm und Werth konstatieren Ähnlichkeiten mit Fontanes Liebesgeschichten.

8 Wittstock beschreibt den von Viktor repräsentierten Menschentypus als »Meister der menschlichen Mimikry... der hier alles erreicht, was er sich vornimmt, und dem jedermann zu Füßen liegt...«.

9 Diese und andere Passagen in *Neue Herrlichkeit* erinnern an Jean Pauls *Hesperus*.

10 Blooms in den oben erwähnten Werken enthaltene Theorien sind ausschließlich in männlichen Begriffen abgefaßt – der Dichter ist männlich, und sein Verhältnis zu seinem Dichter-Vorfahren ähnelt einem Sohn-Vater-Verhältnis.

11 Vgl. die Erörterungen zum Begriff der Marginalität bei Culler, insbesondere S. 140.

12 Zehm merkt an: »Die Entfremdung schlägt hier bis in die Sprache durch...«

13 Burgards hervorragende Diskussion einer Sprachkrise im Frühwerk Thomas Manns widerspricht den hier unterbreiteten Ansichten nicht.
14 Terry Eagletons Derrida-Diskussion enthält die treffende Wendung: »Die Sprache droht stets, über den Sinn, der sie einzuschließen versucht, hinauszugehen und ihn zu fliehen.«
15 Norris verwendet diesen Begriff im Kontext einer Erörterung der Gefahren, die von einigen Kritikern im Hinblick auf eine Auflösung der »Buchbezogenheit des literarischen Diskurses« gesehen werden.
16 In bezug auf diese Gestalt war sich de Bruyn laut eigener Auskunft der Deckungsgleichheit mit der Mann-Gestalt bewußt.
17 Hans Castorps biologischer Vater ist selbstverständlich längst tot und, ähnlich wie seine Heimat in der Ebene, weit entfernt und tief in seiner Seele angesiedelt.
18 Blooms Wiederverarbeitung der ödipalen Theorie Freuds ist im Hinblick auf diese Beziehungen besonders aufschlußreich.
19 In Purdys Diskussion des Entropie-Begriffs wird diese Situation beschrieben.
20 Eine Diskussion dieses Gesichtspunktes ist in meinem Artikel über die Naturwissenschaft in *Der Zauberberg* enthalten.
21 Diese Verdrängungsvorgänge scheinen Blooms Bildersprache aus Gegensätzen (hoch und tief) zu veranschaulichen, die Tropen von Ironie und psychischen Abwehrmechanismen.
22 Werth schreibt über Viktor: »Er ist einer, der keine eigene Vorstellung von sich hat, ein unselbständig gebliebener, weil gefügig gemachter Sohn der neuen Herrlichkeit, will sagen der neuen Klasse.«
23 Es ist dasselbe, was wir Kritiker versuchen, wenn wir Traditionen, Vorbilder, Vorfahren und Gründe für einen Text anführen und vorbringen.

Rezensionen des Romans *Neue Herrlichkeit*

Bohm, Gunhild. *Westermanns Monatshefte* 6. Juni 1985, S. 56.

Corino, Karl. *Stuttgarter Zeitung* 25. Juli 1984.

»Günter de Bruyn: *Neue Herrlichkeit.*« *Fachdienst Germanistik*, 10. Oktober 1984: 12.

Kinner, Sabine. *Frankfurter Neue Presse*, 27. Oktober 1984.

Klausenitzer, Hans-Peter. *Deutschland Archiv*, 12/1984, S. 1337–38.

Klotz, Volker. *Frankfurter Rundschau*, 14. Juli 1984.

Kluge, Erhard. *Bücherkiste*. Deutsche Welle, 20. August 1984.

La Roche, Emanuel. *Tagesanzeiger* (Zürich), 23. Juni 1984.

Lüdke, W. Martin. *Die Zeit*, 13. April 1984.

von Matt, Beatrice. *Neue Zürcher Zeitung*, 2. Juni 1984.

Niess, Wolfgang. *Bücherbar – Unterhaltsames für Hörer und Leser*. Süddeutscher Rundfunk, 5. August 1984.

Reich-Ranicki, Marcel. *Frankfurter Allgemeine*, 24. Juli 1984.
Schoeller, Wilfried F. *Lesezeichen*, 1984, S. 21.
Werth, Wolfgang. *Süddeutsche Zeitung*, 16. Mai 1984.
Winter, Peter Jochen. *Frankfurter Allgemeine*, 9. März 1985.
Wittstock, Uwe. *Frankfurter Allgemeine*, 14. April 1984.
Zehm, Günter. *Die Welt*, 21. April 1984.

Bibliographie

Bloom, Harold. *The Anxiety of Influence*. New York, 1973.
–, *The Breaking of the Vessels*. Chicago, 1982.
–, *A Map of Misreading*. New York, 1975.
–, *Poetry and Repression*. New Haven, 1976.
–, de Bruyn, Günter. *Buridans Esel*. Halle, 1968.
–, *Immer wieder Fontane (Ein Vorwort)*. In: *Im Querschnitt*, S. 351–53.
–, *Im Querschnitt. Günter de Bruyn. Prosa Essays Biographie*. Halle, 1979.
–, *Der Künstler und die anderen (Nachwort zu Thomas Manns ›Tonio Kröger‹)*. In: *Im Querschnitt*. S. 355–65.
–, *Das Leben des Jean Paul Friedrich Richter*. Halle, 1975.
–, *Lesefreuden mit Jean Paul (Nachwort zum ›Quintus Fixlein‹)*. In: *Im Querschnitt*, S. 339–50.
–, *Märkische Forschungen. Eine Erzählung für Freunde der Literaturgeschichte*. Halle, 1978.
–, *Neue Herrlichkeit*. Frankfurt am Main, 1984.
–, *Preisverleihung*. Halle, 1972.
Burgard, Peter J. *From ›Enttäuschung‹ to ›Tristan‹: The Devolution of a Language Crisis in Thomas Mann's Early Work.‹* In: *German Quarterly* 59, 1986, S. 431–48.
Culler, Jonathan. *On Deconstruction*. Ithaca, 1982.
Eagleton, Terry. *Literary Theory*. Minneapolis, 1983.
Fontane, Theodor. *Irrungen Wirrungen*. Stuttgart, 1971.
Greenberg, Valerie D. *Literature and the Discourse of Science: The Paradigm of Thomas Mann's The Magic Mountain. South Atlantic Review*, January 1985, S. 59–73.
Günter, Eberhard. Leserbrief *Frankfurter Allgemeine*, 22. November 1983.
Hirdina, Karin. *Günter de Bruyn. Leben und Werk*. Berlin, 1983.
Höpcke, Klaus. Letter. *Frankfurter Allgemeine*, 22. November 1983.
Kolodny, Annette. *A Map for Rereading. Gender and the Interpretation of Literary Texts*. In: *The New Feminist Criticism*. Hg.: Elaine Showalter. New York, 1985, S. 46–62.
Mann, Thomas. *Der Zauberberg. Moderne Klassiker*. Frankfurt am Main, 1967.

Norris, Christopher. *Deconstruction: Theory and Practice*. London, 1982.
Purdy, Anthony. *Entropy Revisited.* Unpublished lecture to the Modern Language Association Convention, 1985.
Richter, Jean Paul Friedrich. *Hesperus. Werke.* München, 1960.

HELMTRUD MAUSER

Schattenbilder des Lebendigen

Zu Günter de Bruyns Roman *Neue Herrlichkeit*

Opfer der Ordnung

»›An Ihnen ist ein Philosoph verlorengegangen‹, sagt Viktor am Abend des nächsten Tages zu Sebastian, dem Gärtner, in dessen Dachkammer, die klein ist und sehr warm. Er sagt es mit schwerer Zunge und fast gefühllosen Lippen nach vielen Gläsern Grog. Es ist der Abschluß eines langen Gesprächs über Ordnung, die zum Thema wird, weil sie gestört ist. Preußen, das Viktor beschäftigen sollte, wurde (als Ordnungsmacht) darin zwar mal erwähnt, aber am Rande nur. Es geht um Ordnung schlechthin, um die, die man liebt, die man hält, an die man gewöhnt ist, um die des Alltags, um die der Gesellschaft und um die der Natur.« (41)[1]

Die zwei Personen, die sich hier über Ordnung Gedanken machen, haben beide damit ihre Schwierigkeiten. Viktor, »der erfolgreich auf Liebe zur Ordnung gedrillt ist, kann nicht zugeben, daß er Freiheitsgefühl spürt, wenn sie wankt«. Deshalb greift er auf gesellschaftlich anerkannte Wertvorstellungen zurück, um das, was er so außerhalb der Ordnung empfindet, doch einordnen zu können. »Er nimmt also die Freude, die ihn bewegt, als Mut des Trotzdem, als Möglichkeit zur Bewährung« (41). Sebastian packt das Ordnungssystem bei der Wurzel, der Etymologie, an, um nun wirklich mit Stumpf und Stil ausreißen zu können, was er als Deformierung durch Ordnung an sich erfahren hat: »Das lateinische ordinare also, von dem die sinnentsprechenden deutschen Wörter abstammen, bedeutet: in Reihen zusammenstellen, und darauf, meint Sebastian, läuft schließlich alle Ordnung hinaus: in Formierung der Menschen und Dinge in erste, zweite und dritte Reihen« (44). Pauls Wörterbuch gibt auch noch an: »einen wozu bestimmen« und nennt als Beleg Luther: »Daß ich dich ordne zum Diener und Zeugen«.[2] Mit diesem Zitat könnte man wohl auch Günter de Bruyns Roman charakterisieren. In ihm wird in vielfältigen Perspektiven dargestellt, wie Menschen zu Vorgegebenem bestimmt werden, wie sie über sich verfügen lassen müssen. Das dargestellte Leben legt Zeugnis ab von dem, was ideologisch festgelegte Ordnungsvorstellungen dem Menschen antun.

Opfer der Ordnung sind alle neun Stammbewohner der ›Neuen Herrlichkeit‹, die man »für eine große Familie« halten könnte, »weil sie zusammen wohnen und zusammen essen« (5). Aber es ist »eine Familie, die aus Bruchstücken mehrerer Familien besteht«. Die Familie, als die erste Ordnung, in die der Mensch hineingeboren wird, ist hier keine natürliche Ordnung mehr, die verwandtschaftlichen Beziehungen sind unübersichtlich. Keine heilig-heile Familienordnung wird vorgeführt, sondern eine familienähnliche Gruppe, in der sehr unterschiedliche Leute aus sehr unterschiedlichen Gründen zusammengefunden haben. Zunächst sind da Max und Olga, die in »wilder Ehe« miteinander leben und ein gemeinsames Kind, Püppi, drei Jahre alt, haben. Außerdem hat Olga noch zwei Töchter und einen Sohn aus einer vorangegangenen Ehe. Die Gefühlswelt in dieser Teil-Familie ist alles andere als heil. Man kennt Alkoholismus und Nikotinsucht, die älteren Kinder quälen die jüngeren, die Mutter hat wenig Zeit, Stiefvater und Stiefsohn ergehen sich in wechselseitigen Tötungsphantasien. Es gibt Diebstahl, der mit Prügeln bestraft wird, und Schulversagen.

Zur Stammbesetzung der ›Neuen Herrlichkeit‹ gehört auch Frau Lüderitz, genannt Tita, 84 Jahre alt, die im Haus das Regiment führte, bevor Max kam, und der »juristisch gesehen« Haus und Hof noch immer gehören. Sie und ihre Enkelin Thilde, die Tita aufgezogen hat, haben fast ihr ganzes Leben hier verbracht. Auch Tita ist Opfer einer Ordnung. Ihre Kindheit verbrachte sie, nachdem sie im Alter von zwei Jahren ihre Mutter verloren hatte, in Klein-Kietz in der Neumark bei ihrer Großmutter, die dort schon auf dem Altenteil saß. So konnte sie bis zu ihrem zwölften Lebensjahr ohne Verpflichtung außerhalb der üblichen Familienordnung leben, jener Ordnung, in die sie dann zurückmußte, nämlich die der väterlichen Zwangsanstalt. Diese war ein solcher Kontrast zum »Paradies Klein-Kietz« (49), daß sie fünf Jahre lang versuchte, aus ihr zu fliehen. Thilde, ihre Enkelin, deren Mutter im Westen lebt, ist eine Außenseiterin. Olga und Max glauben, daß sie sich für »etwas Besseres hält«, daß ihre »stille Freundlichkeit ihren Hochmut nur kaschiert« (124).

Frau Erika, die ebenfalls zur Gruppe der Neun gehört, hält Thildes »Seelenkern« für verschlossen und ist ratlos. Auch Frau Erika ist Opfer der Ordnung, einer Ehe-Ordnung, in der die gesellschaftliche Festlegung der Frauenrolle theoretisch zwar aufgehoben, praktisch aber keineswegs überwunden ist. Frau Schulze-Decker läßt sich im Heim lieber Frau Erika nennen, denn »mit ihrem langen Nachnamen fühlt sie sich als Individuum nicht genügend bezeichnet«. Sie, »die nichts war als des Ministers Gemahlin« (21) und die als Schauspielerin den Bühnenplatz (auf dem man mit Rollen spielen kann) mit der festgelegten Rolle vertauschen mußte, die der Tribünenplatz ihr zuwies, hält es nie lange in Berlin, »weil die Menschen dort keine Zeit füreinander haben«. »Dort« müssen Frauen mit dem Namen des Mannes auch dessen Funktion im System repräsentieren (»wenn Staatsfeiertage ihre Anwesenheit in der Hauptstadt erfordern«, 22), sind aber um ihrer selbst willen nicht gefragt.

Kontakt (»zu Natur, Mensch und Tier«) hat Frau Erika nur im Heim, dessen Bewohnern sie noch vom Berliner Tribünenplatz zuwinkt, weil sie weiß, daß diese vorm Fernseher sitzen. Mit dem Tribünenplatz, der ihr nur Stellvertreterfunktionen läßt, nicht zufrieden, sucht sie in der ›Neuen Herrlichkeit‹ eine andere Welt, in der sie wieder auf der Bühne stehen und unterschiedliche Rollen ausprobieren kann. Von der »alten Genossin in elegantem Schwarz« bis zur »briefeschreibenden Rosenfee« (106) spielt sie verinnerlichte Muster durch. Sie ist nicht einfach die Karikatur einer sozialistischen Funktionärsfrau,[3] sondern sie konterkariert die Ordnung einer Gesellschaft, die den einzelnen zur Übernahme von Rollen zwingt, die seinen eigenen Bedürfnissen nicht entsprechen und die ihn so deformieren, daß ihm ein eigener Lebensentwurf selbst dann nicht gelingt, wenn er dieser Ordnung ein Stück weit entflieht. Denn obwohl Frau Erika, »wie sie betont, an den Taten ihres Mannes keinen Anteil hat, lebt ihr Herz doch mit ihnen«. Sie lebte also durch ihren Mann, und nun, sich allein überlassen, flüchtet sie in Träume, Illusionen. Ihre somatischen Beschwerden (»Sie leidet an kalten Füßen und kalten Händen, an Herzklopfen, Kopfschmerzen und Schlaflosigkeit«, 23), ihre selbstgebraute Philosophie, die Körperkult, Seelenwanderung und Marx problemlos zusammenfügt, zeigt das Surrogathafte, das von ihren Wünschen noch übriggeblieben ist. Wer die reale Welt von der Tribüne aus beobachten mußte, ohne handelnd an ihr teilzunehmen, dem wird Glück zur »Wunschintensität, die Wunscherfüllung mit Sicherheit garantiert« (61). Die Klischees, die sie benutzt, entlarven nicht in erster Linie sie selbst, sondern eine Gesellschaft, in deren fertige Raster ›musterhaftes‹ Verhalten sich einzupas-

sen hat. Noch in der Zuspitzung und Anhäufung formelhafter Vorstellungen glänzt durch die Satire der Schein eines Lebens, das Vielfalt und Fülle anstelle der Reduktion auf einfache Strukturen verspricht.
Die aus dem 19. Jahrhundert stammenden Vorstellungen des Bürgertums, die die Frau dazu bringen, sich auf dem Altar eines Häuslichkeitskults zum Opfer zu bringen, sind noch in der Funktionärsfrau des sozialistischen Staates wirksam. Der Fluchtraum, den Frau Erika sucht, ist der Privatbereich. Und wie im 19. Jahrhundert dient er auch jetzt dazu, die Personen zu charakterisieren: »Ihr Heim-Zimmer hat ihr das Helgalein eingerichtet, ganz nach ihren Bedürfnissen und nach ihrem Geschmack« (22), und natürlich hütet »das Helgalein« auch die Berliner Wohnung. Im Regal stehen keine Bücher, sondern Puppen, und anstelle des Kachelofens oder offenen Kamins gibt es einen ausländischen elektrischen Ofen, der wie ein Kamin aussieht: »schaltet man ihn ein, glühen erstaunlich echt flackernde Holzscheite auf.« Auch das Interieur ist nur noch bürgerliches Surrogat. Der Raum ist nicht Lebensraum, sondern Fluchtbereich, die Seele ruht nicht aus, sie wandert, der Gefühlszustand des Subjekts ist nicht Bewußtsein, sondern »dunkle Erinnerungen... Ahnungen« (23), Freundschaftsstunden werden zu Rollenkonversation. Die Diminutivform des Namens markiert die Schrumpfform des Individuums.
Den Menschen in der ›Neuen Herrlichkeit‹ ist gemeinsam, daß alle durch den Rückzug in die vermeintliche ländliche Idylle einer Ordnung zu entkommen versuchen, der sie nicht entsprechen können oder wollen. An diesen Rückzug binden sie aber gleichzeitig neue Erwartungen. Doch auch in der Einöde ist der Wunsch nach widerspruchslosem Leben, nach Harmonie, nicht erfüllbar. Hier, »am Arsch der Welt«, räumlich scheinbar fern von den Durchsetzungsorganen der herrschenden Ordnungsmächte, wird deutlich, wie sehr der einzelne »Ordnungsteil« (44) geworden ist. Sichtbar werden aber auch die unverdauten Elemente falscher Lebensphantasien.
Mit den Anklängen an eine idyllische Landschaft (Apfelbäume, Pflaumenbüsche, ein See, ein abgeschiedenes Gebäude) und der gleichzeitigen Evokation gegenläufiger Gefühle durch antiidyllische Bilder (kahle Felder, sumpfige Ausläufer, Totenweg, gefährliche Fahrwege, Glasscherben, alte Matratzen, 14) wird das Problematische, Ausweglose und Widersinnige solcher Rückzugsversuche verdeutlicht. Damit werden aber nicht die Bedürfnisse, die zu solchem Verhalten führen, diskreditiert. Olga bringt legitime Wünsche zum Ausdruck, wenn sie

von Viktors Natürlichkeit spricht. Im Natürlichkeitsbegriff schwingen Vorstellungen wie Einfachheit, Harmonie, Wahrheit, Naturnähe mit. Dem widrigen Alltag draußen steht die Sehnsucht nach Ursprünglichkeit entgegen, die man in der scheinbar stillstehenden Ordnung eines umgrenzten Reservats für erfüllbar hält. Aber die Wirklichkeit von heute ist auch in einem solchen Reservat nicht die einer ungestörten, überdauernden Natur, sondern eine soziale und technische Welt mit zerstörerischem Einfluß auf Mensch und Natur. Der Rückzug in die kleinräumige Welt hat keine utopische Kraft, sondern dient der Verdrängung. Die Feindlichkeit der Natur (Schnee, Kälte, Glatteis) kennzeichnet metaphorisch die Innenwelt der Bewohner der ›Neuen Herrlichkeit‹. Die vermeintliche Harmonie der ›großen Familie‹ wird erkauft mit dem Verzicht auf Bewußtsein und Erkenntnis. Gesellschaftliche Ordnungssysteme, die den einzelnen zwingen, sich ganz in sie zu fügen, beschneiden ihn zugleich in seinen Bedürfnissen und Möglichkeiten. Sie führen vor allem dazu, daß er gar nicht die Fähigkeit entwickeln kann, auf den Mitmenschen einzugehen. Die psychischen Deformierungen, die der einzelne durch die Verhältnisse erleidet, bestimmen dann auch die Struktur des Umgangs miteinander. Und weil er diese Beschädigungen in sich trägt, gibt es keinen privat-empfindsamen Gegenbereich zur äußeren Welt. Hier wie dort – beispielhaft an den Figuren Sebastian und Viktor vorgeführt – herrschen Strategien, um dumpfe Bedürfnisse mit Kalkül durchzusetzen. Das verbindet die einzelnen Personen und trennt sie zugleich.

Strategien im Dienste des Ichs

Mit Ausnahme von Thilde und Tita ist das Verhältnis aller Bewohner der ›Neuen Herrlichkeit‹ an Durchsetzungsstrategien orientiert, die sich allerdings erheblich voneinander unterscheiden. Olga z. B. sucht im jeweiligen Chef den Beschützer. Auf die Demütigungen, die sie im Laufe des Lebens erfahren hat und für die sie die Männer verantwortlich macht (»alles Teufel, Max der Oberteufel«), reagiert sie mit Rachegefühlen. Sie zeigt Max an, der Autos verschiebt, wofür er sie bei der Hygiene-Inspektion wegen ihres Rauchens beim Kochen verrät, was ihre Versetzung bewirkt. Dieser versucht sie dadurch zu entgehen, daß sie zuerst bei Viktor, dann bei Horst, dem neuen Chef, die Leerstelle ausfüllen will, die sie bei diesen Männern glaubt herausgefunden zu haben: »Sie ist anpassungsfähig, weiß, was sich gehört, und kann alles. ›Als Frau meine ich‹« (153). So sagt sie zu Viktor. Und Horst muß sie »nur zeigen, daß sie das hat, was ihm sicher fehlt: Durchsetzungsvermögen« (210). Frau Erika geht einen anderen Weg. Sie will durch Geld, Pflege des Aussehens und der Konversation ihren Wunsch durchsetzen, bewundert zu werden.

Es sind aber vor allem Viktor und Sebastian, an denen zwei Arten von Durchsetzungsstrategien vorgeführt werden, die beide auf Kosten anderer gehen. Scheinbar Gegenspieler und Rivalen, besonders im Verhältnis zu Thilde, sind sie eigentlich Komplementärfiguren. Sie zeigen die zwei Seiten einer Münze, die sich bei näherem Hinsehen als Falschgeld erweist. Viktor und Sebastian repräsentieren Ich-Entwürfe, wie die heutigen Gesellschaften sie häufig hervorbringen, vereinfacht: den angepaßten Karrieretyp und den Aussteiger. Viktor praktiziert eine raffinierte Unterwerfungsstrategie, die den Willen des anderen unterläuft, indem sie das eigene Handeln bewußt an dessen verdeckten Wünschen orientiert; das hilft ihm, seinen inneren Gleichmut zu erhalten, weil er so Auseinandersetzungen entgeht. Sebastian verabsolutiert seine privatistische Lösung und fühlt sich anderen überlegen. Er bevorzugt lange Monologe, kann seiner Meinung nach »beobachten, durchschauen und erklären« und glaubt, sich deshalb über »die Leute« und auch über Viktor erheben zu können. Er hat alle Rätsel (Tita) gelöst und weiß anscheinend alles über sich: »seelisch gesund, wie er als Kind noch war«. Er »strebte statt zu leben«, war »gehorsam, wendig und prinzipienfest, arbeitsam und ruhelos, gedanklich eingehegt, emotional verarmt«, bis die große »Wende« kam, die ihn in die »vierte Reihe«, also aus der alten Ordnung heraus in die neue fallen ließ, in der er nun lebt: »faulenzend manchmal, manchmal schuftend, unabhängig, gedankenvoll und sorgenfrei«. Sein Glück ist Empfindung des Körpers: »Wind, Schnee, Kälte, reine Luft, Arbeit« (42–47). Diese Art Gefühl schließt empfindsame Intoleranz jedoch nicht aus. Als Tita nach der Verhaftung von Max erneut flieht, lehnt es Sebastian »obwohl er Büroerfahrung und Führerschein hat, aus weltanschaulichen Gründen ab, Max zu vertreten – was Thilde zum Weinen bringt« (131). Mitgefühl mit anderen bleibt ihm fremd.

Sebastian durchschaut im nachhinein die Ordnungsvorstellungen der Gesellschaft, an die er sich angepaßt hatte (»Ziel waren gute Noten. Der Klassenbeste wurde Best-Student und Best-Soldat, mit Dreißig schon Abteilungsleiter«, 46) und er erkennt auch, daß »Formierung«

»Zwang« und »Dressur« nicht nur äußerliche Bedingungen sind, sondern daß die inneren Selbstverpflichtungen dazugehören: »Pflichtbewußtsein« und »Ehrgeiz«. All diesem setzt er nun (unter Berufung auf die Natur des Menschen) den Willen, »er selbst zu sein« (45), entgegen. Das Entscheidende bleibt beim beredten Sebastian aber ungesagt: nämlich »wo und wann und wie die große Wende bei ihm kam« (46). Die Erinnerungslücke weist auf ein charakteristisches Merkmal Sebastians hin: Er hat gegen das herrschende Muster ein Gegenmuster gestellt, das als Gegenbild aber an das gebunden bleibt, wovon es sich absetzt. Er sieht sich als »draußen«, aber »draußen« ist einer nur, wenn es auch »drinnen« gibt. Und wenn er auch die Inhalte verändert, bleibt er dennoch im Muster gefangen: »draußen«, das ist etwas, das er »in dem Ton ausspricht, in dem andere Leute Freiheit, Arbeit oder Gottheit sagen« (49). Idealisierung und Verabsolutierung eigener Vorstellungen charakterisieren seine Haltung. Mit Sebastian ist eine bestimmte Art ›alternativen‹ Verhaltens gezeichnet, deren Glücksvorstellung so an die eigene Gefühlslage und die daraus bezogenen Wertungen gebunden ist, daß der andere nur als »Modell« oder »Beweis« für eigene Vorstellungen dient. Auch so, indem man ihn »benutzt« (118), übt man Zwang aus, läßt man dem, was sich ins Modell nicht fügt, keinen Raum. So bleibt Sebastian unverständlich, daß das, was ihm ein Paradies ist, Thilde eine Hölle sein kann. Oppositionelle seiner Art verbindet mit der herrschenden Ordnung das Bedürfnis, die eigenen Grundsätze als allgemeinverbindlich anzusehen und auszugrenzen, was dem nicht entspricht. In seiner erbarmungslosen Prinzipienreiterei als er um praktische Hilfe gebeten wird, wird die Prägung durch ein Denken sichtbar, das an der Durchsetzung eigener Vorstellungen mehr interessiert ist als an der Wahrnehmung lebendiger (heterogener) Bedürfnisse.

Neben Sebastian steht Viktor. Schon die erste Begegnung der beiden ist aufschlußreich: Die Treppe »bebt« unter Sebastians Schritt. »Viktor kommt sich ihm gegenüber wie eingeschrumpft vor – ein Gefühl, das er von Begegnungen mit dem Vater her kennt« (33). Viktor verfügt jedoch über Strategien des Gesprächs, die ihm in unübersichtlichen Situationen helfen: Er hat sich einen Vorrat an Antworten zurechtgelegt, aus dem er den Gesprächspartner bedient – je nach dessen vermuteten Erwartungen. So bekommt Sebastian auf seine Frage, »ob er wirklich, wie das Gerücht will, der Sohn von Kösling dem Großen sei« (33), die Antwort, die ihm ›gefällt‹: »Ob ich will oder nicht, ich kann es nicht ändern.« Viktor ist darauf trainiert, »der zu sein, der gewünscht wird« (27), weil er so von vornherein Konflikten aus dem Weg gehen und relativ bequem den Zustand störungsfreien Wohlbefindens herstellen kann. Sein ›Selbst‹ ist geschrumpft auf die Fähigkeit, »Autologien« zu produzieren, das »sind Gedanken, die er allein denkt... Gedanken über ihn selbst... Gesamtkunstwerke, die ein einziges unerschöpfliches Thema immer aufs Neue variieren: ihn, in verschiedenartiger Beleuchtung« (38). Diese Phantasien eines Größenselbsts sind aus Defizienzerfahrungen geboren, das »Gesamtkunstwerk« ist das Phantasma einer in sich gefestigten autonomen Existenz. Da es ›Selbstmitleid‹ ist, was Viktors Autologien auslöst, wird der Zusammenhang mit dem Problem des Selbstwertgefühls unverkennbar. Viktor entwickelt diese Autologien, als er mit Max im Auto sitzt, um Tita zu suchen, »übermüdet und frierend, nur durch wenig Blech von den Naturgewalten geschützt, müßig« (38). Sein kolonisiertes Selbst braucht fremde Kraft: Sein Gefühl »gleicht einem Reflektor, der soviel Wärme und Licht zurückstrahlt, wie er empfängt«. Aktivität entspricht ihm nicht: »Nie wird er untreu, er wird nur untreu gemacht«, er ist nicht Verführer, sondern der »allzeit Verführbare« (39). Dies »innere Selbstbildnis« dient einer Selbstbewahrung, die die Gefahr narzißtischer Kränkung gar nicht erst aufkommen lassen will.

Nachtfrost der Seele

Mit dem Roman *Neue Herrlichkeit* wird auch die Frage gestellt, welche Faktoren es sind, die solche Durchsetzungsstrategien erzeugen, in welchem sozialen Umfeld sie gedeihen. Am Beispiel Viktors, der durch seine Eltern mühelos an die Spitze der Gesellschaft gelangt, wird vor allem verdeutlicht, was der Prozeß einer Sozialisation, wie er sie erlebt, im Gefühlsleben des einzelnen anrichtet.

Viktors Werdegang ist repräsentativ für eine Generation, deren Erziehung durch Elterninstanzen geprägt ist, die gleichzeitig staatliche Herrschaftsinteressen vertreten: Kösling und Agnola nehmen herausragende Positionen im Staat ein. Erziehung bei Köslings ist Dressur, die mit Bestrafung (also mit Erzeugung von Angst) durchgesetzt wird. Es soll Erziehung zur Härte sein, zum Sich-Durchboxen. Das Kind Viktor entzieht sich dem zwar, indem es »naß und frierend durch Schlösser und Anlagen schleicht«, weiß aber mit seinen elf Jahren,

»daß Lüge und Befehlsverweigerung, deren es sich schuldig macht, früher oder später aufgedeckt werden müssen« (170). Viktor lebt also in Angst, was schon grausam genug ist, von den Eltern aber durch sich steigernde Grausamkeit übertroffen wird: Sie strafen nicht aus spontanem Ärger, sondern setzen Strafe berechnend, kalkulierend so ein, daß ein kindliches Ich zusammenbrechen muß oder gar nicht erst entstehen kann. So wird sein ›Vergehen‹, das die Eltern schon lange kennen, erst an seinem Geburtstag aufgedeckt. Statt Geschenke als Zeichen liebevoller Wertschätzung zu erhalten, wird er mit vierwöchiger ›Kontaktsperre‹, also völligem Liebesentzug, bestraft. Eine Verletzung, auf die das Kind nach vergeblichen Versuchen der Auflehnung und der Unterwerfung nur mit Krankheit reagieren kann. Der Körper reagiert mit Rückzug (Krankheit) und Abwehr (hohem Fieber) zugleich.
Kindheitserlebnisse dieser Art sind wohl Schlüsselszenen für das, was am Anfang des Romans angedeutet wird: »daß Viktor ehrgeizlos ist«, doch hält er das, »durch schlechte Erfahrung mit Vater und Mutter gewitzigt, geheim. Er will sich nicht lenkend und leitend über andere erheben; ihm genügt es, mit ihnen auskommen zu können« (11). Viktor, der die eigene Unterwerfung nicht mehr wahrnimmt, kann vor allem sich selbst nicht leiten; noch immer Manipulationsobjekt der Eltern, manipuliert er andere im Sinne der Erfüllung seiner Bestätigungsbedürfnisse. »Um der Gefahr zu entgehen, als Versager verachtet zu werden, tritt er als komischer Nichtskönner auf. Sympathien gewinnt er dadurch, daß er die anderen bewundert« (43). Manipulation ist für Viktor die gewohnte und geeignete Art, über andere in seinem Interesse zu verfügen, ohne sich auszusetzen und das Risiko einer Verpflichtung, Ablehnung oder Bloßstellung einzugehen. Seine verdeckte Art, andere zu lenken, kaschiert die eigenen Schwächen und sichert ihm Erfolg.
Aber wie soll einer selbständig und auch liebesfähig werden, der unter der Peitsche aufgewachsen ist und die Peitsche auch immer wieder zu spüren bekommt? Wie lernt einer aufrecht gehen, mit dem immer nur ›Schlitten gefahren‹ wurde? »Peitschenknallend« fährt der große Kösling, der an dieser Stelle als »Viktors Vater« eingeführt wird, in die ›Neue Herrlichkeit‹ ein. Er hat die Fahrt »im Schlitten gemacht« (185), Hunger hat er »wie die Wölfe«, und mit einer »Armbewegung« schließt er Kutscher und Kinder ein – also Untergebene, für die er selbstverständlich mit spricht. Als erstes bezieht er das Hauptquartier. Daß nicht alle seinen Meinungen folgen, kränkt ihn: »Essen ist menschlich,

und je mehr man ißt, desto menschlicher wird man« (185/186). So muß gegen Püppis Verweigerung der Nahrungsaufnahme etwas getan werden: »›Das gibt es doch gar nicht‹«, sagt er und versucht, »ein Kleinkind das Essen zu lehren« (186).

Viktors Gefühle dem Vater gegenüber sind ambivalent: Er sieht ihn als Erzieher, ist davon aber »wie immer« peinlich berührt. »Er schämt sich für ihn und ist doch nicht frei von Bewunderung, er möchte nicht sein wie er und empfindet es doch als Schwäche, daß er so nicht sein kann« (186). Er ist voller Abwehr, durchschaut einige »Masken«, aber es dominiert die Angst, denn er spürt dahinter die Kraft, die ihm fehlt.

Das Kapitel *Hoher Besuch* stellt das neue Wörterbuch des Unmenschen bloß. Peitschenknall, Wölfe, Hauptquartier, das gab es schon. »Kampf mit dem Kind« ist die nächste, geschickt als Hilfe getarnte Grausamkeit, die an Püppis Unterwerfung unter Köslings Begriff von Menschlichkeit demonstriert wird: »Köslingsche Lebenslust siegt über Püppis Trotz« (186). Viktor, der Sieger, wird in seinem Verhältnis zum Vater als der durch Erziehung Besiegte charakterisiert: »Er weiß, wie die Kraft, die nun auf ihn eindringt, unwirksam wird: er muß sie durch Widerstandslosigkeit leerlaufen lassen« (187). Er hat »von Kindheit an« gelernt, daß so Explosionen vermieden, Verachtung in Kauf genommen werden kann, versteht aber nicht, woher die Ambivalenz seiner Gefühle rührt.[4]

Doch der Vater ist Viktor auch an Taktik überlegen, er versucht sein Erziehersein zu verbergen, um um so mächtiger auftreten zu können. Dabei benutzt er eine neue Maske: Er verzichtet auf die Rolle des starken Mannes und erwartet Mitleid für »Elend, Verzweiflung und Trauer«. Er gibt vor zu leiden, um auf diese Weise Macht auszuüben. Exemplifiziert wird diese Taktik des Vaters durch die eingehende Beschreibung der Probleme, die mit seiner Prostata zusammenhängen. Indem er durch das Erzählen der Arzt-Geschichte freiwillig von dem Sohn »mit runtergelassenen Hosen« (188) dasteht, von Gefühlen der Erniedrigung spricht, sein Nicht-Verstehen der Jungen mitteilt, versetzt er den Sohn in die Lage, sich ohne besondere Anstrengung und ohne weitere Auswirkungen ›groß‹ zu fühlen. Und Viktor fällt auf die Strategie des Vaters herein, weil er gewohnt ist, die wirkliche Demütigung so weit zu verdrängen, daß er auch dem sich schwach gebenden Vater gegenüber keine Auflehnung riskiert.

Die vorgetäuschte Schwäche des Vaters ist genauso Kalkül wie seine

Stärke. Indem er sich klein macht, erleichtert er es Viktor, sich auf die Sehweise des Vaters einzulassen, in einem Moment, wo er aus der Sicht des Vaters Ansätze eines eigenen Willens zu entwickeln droht. In seinen inneren Schrebergarten eingesperrt, merkt Viktor nicht, daß dieser auch da, wo er glaubt, sich dem Vater zu entziehen, von diesem geprägt ist. Es wundert also nicht, daß er sich veranlaßt sieht, »das Mädchen mit des Alten Augen anzusehen, was erstaunlich gut gelingt« (193).

So ist in diesem Augenblick schon entschieden, wie Viktor sich verhalten wird, ohne daß er es noch selbst weiß, und der große Kösling kann beruhigt abreisen. Und wieder »knallt die Peitsche. Die Pferde schütteln ihre blonden Mähnen und ziehen an« (194). Auch Viktor darf sich noch ein bißchen schütteln, bevor er fortgeht, der Peitsche des Vaters, die er als solche nicht erkennt, folgend.

Viktors eingeschränkte Wahrnehmungsfähigkeit zeigt sich auch, als er Tita zusammen mit Thilde im Altersheim besucht. Er verfällt in Starre, merkt weder, was mit Tita geschieht und Thilde so traurig macht, noch was ihm passiert ist. Er glaubt, »daß er noch nie im Leben so genau gewußt hat, wie lebenswert doch Leben sein kann« (199), und übersieht die Zeichen: »Titas Totenantlitz«, den Sonnenuntergang (den er das letzte Mal mit Tita sah: »prachtvoll, einzigartig und märchenhaft«, wobei Tita aussah, »als habe sie die Farben, die den Himmel verschönen, selber gemacht«, 71). Nun sind es nur noch die »letzten Reste davon (blutrote Flecken hinter schwarzen Kiefernstämmen)« (199). Viktor will sich bei der Heimkehr in die ›Neue Herrlichkeit‹, die der Sonnenuntergang »verschönt«, dieser Schönheit öffnen, weil sie seiner romantischen Grundstimmung entspricht. (»Die Schrecken hinter sich zu wissen, warm die Sonnenstrahlen im Gesicht zu spüren und das Mädchen, das er liebt, an seiner Hand zu haben, macht ihn froh«, 198.) Er kann aber nicht verhindern, daß das Abgewehrte ihm doch entgegentritt, die Metaphern, in denen der Sonnenuntergang beschrieben wird, machen es sichtbar.

Die Konfrontation mit Tod und Elend, der er mit Starre, »in die er sich versetzt hat« (198), mit »Panzerung« (196) begegnete, versucht er zu verdrängen. Als Mitglied der Funktionärskaste hat er so abgeschirmt gelebt, hat er eine so illusionäre Vorstellung von den gesellschaftlichen Realitäten des Sozialismus entwickelt, daß er auch jetzt »die Kenntnisnahme dieses Elends, das sein Weltbild Lügen straft, verweigert« (196). Viktor verleugnet die Realität und kann deshalb Thildes Trauer nicht teilen, sie also nicht trösten. Die konkurrierenden Ansprüche zweier Leben und die sich daraus ergebenden Widersprüche, unter denen Thilde leidet, erkennt er nicht. Sein Hinweis, »daß jeder, also Thilde auch, ein Recht auf eignes Leben habe« (199), bleibt Floskel. Er meint damit ein möglichst anstrengungsfreies Durchsetzen eigener Interessen durch die Manipulation der Bedürfnisse anderer. (»Wenn das, was vorher Verbrechen genannt wurde, nun Notwendigkeit heißt«, 133.) Berechtigte und unberechtigte Forderungen anderer an das eigene Leben kann er nicht unterscheiden.

So wird er von der Peitsche des Vaters doch wieder erwischt, dem »Hieb« (200), der ihn in Form eines telefonischen Telegramms trifft, das zu sofortiger Abreise zwingt. Wem als Kind vermittelt wurde, daß die Notwendigkeit der Demütigung und Bevormundung nur deswegen besteht, weil der Erzieher »das Beste will«, hat frühzeitig gelernt, den Schmerz abzutöten, ehe er gefährlich werden kann. Viktor »gibt sich eine Stunde ganz dem Abschiedsschmerz hin, lernt dann aber auch, ihn zu besänftigen. Zum Beispiel dadurch, daß er Thilde die Art und Weise seines Leids erklärt«. Seine Schichtentheorie macht deutlich, daß er die ›Körperschmerzen‹ zwar benennen, aber nicht fühlen und nicht in ihrer Bedeutung erkennen kann. »Man weiß es nicht (was mit einem passiert, H. M.), ahnt aber, daß Aktivität dagegen helfen kann« (201). Und zwar die Art Aktivität, die er gewohnt ist: »Er, der gelernt hat, auch wenn er selbst bewegen will, bewegt zu werden, verlegt sein Handeln auf organisatorisches Gebiet« (201). Viktor kann die Chance nicht wahrnehmen, die die Begegnung mit Tita und Thilde für ihn bedeutet. Die »Abschiedsqualen«, die er empfindet, bestehen nicht in der Erfahrung eigener Gefühle, sondern darin, daß er den heftigen Gefühlen Thildes ausgeliefert ist und diese abwehren muß: »Das entfernt sie von ihm, denn er kann nicht weinen. Tränen, nimmt er an, sollen beweisen, daß sie mehr leidet als er... Er, der schon Qualen genug fühlt, flieht diese, wendet sich innerlich von der Weinenden ab« (202).

Die Fähigkeit, starke Gefühle zu erleben, ist Viktor schon als Kind abhanden gekommen, abgetötet durch die Nachtfröste früher Erziehung, wie es die Erinnerung an die Bestrafung seiner Weigerung, boxen zu lernen, bezeugt. Das zwanghafte Bedürfnis, sich selbst und andere den verinnerlichten Erwartungen entsprechend ständig zu manipulieren, hängt eng mit den ›vergessenen‹ kindlichen Demütigungen zusammen. Deswegen kann er Thildes Zorn auf seine Eltern nicht verstehen: »Viktor aber, der ihr die Erinnerung doch anvertraut hat, um sich ihr näher zu bringen, spürt jetzt, daß er sich dadurch von ihr entfernt. Was er von seinen Eltern erzählt, legt sie, ungerechtfertigt wie er findet, zu deren Ungunsten aus. Er verteidigt sie also, so gut er kann, doch Thilde bleibt unbeeindruckt. ›Wenn wir einmal Kinder haben‹, sagt sie, ›werden die anders erzogen, ob du willst oder nicht.‹« Thilde meint: »Eine Tracht Prügel, in erster Wut erteilt, in Minuten bereut und vergessen, das könnte sie noch verstehen, nicht aber die Absprache der Eltern, die sie Verschwörung nennt, diese Berechnung und Kalkulation, denen sie Lieblosigkeit unterstellt« (170–171). Sie hat intuitiv verstanden, daß diese Art Strafe, die die Seele und nicht den Körper trifft, die schlimmere Art der Gewaltanwendung ist, weil sie den Menschen totaler erfaßt. Sie dressiert Geist und Seele und erstickt Lebendigkeit, zu der auch ›wilde‹ Gefühle gehören.

Strategien der Eltern, Isolierung und Demütigung der Kinder zielen auf eine Manipulation der kindlichen Bedürfnisse zugunsten elterlicher Durchsetzungswünsche, die ihre Legitimation aus den Vorgaben der herrschenden gesellschaftlichen Ordnung beziehen. Diese Ordnung will nicht Raum lassen für die Erfahrung von Freiheit und Liebe – denn deren Folgen sind unkalkulierbar –, sondern sie fordert Selbstverleugnung, Gehorsam und Unterwerfung. Vater (Staat) und Mutter (Partei) setzen zur Sicherung ihrer Macht alle Mittel mit Berechnung ein: »Küsse, Umarmungen, Warnungen, scherzhafte Drohungen« (13). Die Kinder (die jeweils nächste Generation) werden zu Instrumenten, um theoretisch begründete Positionen und faktische Bedürfnisse der Erwachsenen) und das heißt auch der tonangebenden ›Eliten‹ zu realisieren.

Am Beispiel von Agnolas Verhältnis zu Viktor wird deutlich gemacht, wie dieser Mechanismus mehr oder weniger subtiler Unterdrückung funktioniert. Statt durch erlebten Trennungsschmerz Distanz gewinnen zu können, braucht Agnola die Idealisierung des geschiedenen Mannes, das Gefühl, »wieviel sie dem Vater noch immer bedeutet« (28). Der Sohn dient ihren Bestätigungsbedürfnissen, denn diesen hat sie der neuen Frau voraus. Die Funktionalisierung des einzelnen wirkt sich aber nicht nur in privaten Beziehungen aus. Privates und Öffentliches durchdringen einander. Das wird deutlich, wenn Agnola ihre Sorge um des Sohnes diplomatische Karriere, die durch die Beziehung zu Thilde, deren Mutter im Westen lebt, bedroht ist, mit dem Hinweis auf eigene Erfahrungen begründet. Was sie als ›eigene Erfahrung‹ ausgibt, sind jedoch Projektionen ihrer Ängste um den Erfolg des Sohnes, der ja auch ihren Erfolg ausmacht. Damit will sie Thilde, die nicht nur für die staatlichen Organe, sondern vor allem für die Bestätigungsstrategien der Mutter ein »Sicherheitsrisiko« darstellt, zur Einsicht in die Notwendigkeit des Verzichts auf die Liebe zu Viktor bewegen. »So dumm, wie sie in diesem (also Thildes Alter) war, sagt sie, sei heute keine mehr, und darum könne sie die Jungen nur bewundern und beneiden: weil die auch Glück, dem Dauer nicht beschieden ist, genießen können, weil sie zur Selbsteinschätzung fähig sind und daher wissen, wo sie hingehören und wo nicht« (177). »Schranken und Gebote« (178), die diese Ordnung sichern, sind im Inneren des einzelnen wirksam, in einem Inneren, das vom Blick der Eltern, der Erziehungsinstanzen der Gesellschaft beherrscht wird. Auch beim Besuch bei der Mutter sieht Viktor nicht mit eigenen Augen: »Trifft ihn Agnolas Blick, sieht er, in Qual versunken, Thilde an – nicht ohne dabei auch ihr Sonntagskleid zu sehen, das er scheußlich findet, seitdem Agnolas rascher, nur von ihm bemerkter Blick, es bei der Ankunft schon verurteilt hat« (176).

Die Konditionierung des Willens und die Unterdrückung der Gefühle sind Machttechniken, die der Auflehnung vorbeugen. Tragödien, meint Agnola, entstehen so nicht mehr, »vielleicht auch, weil man die Gebote, die heutzutage doch von Vernunft bestimmt sind, akzeptiert« (178). Ihr Appell an die Vernunft verschleiert die Forderung nach Unterwerfung. Sie hofft auf die Wirksamkeit der inneren Dressur, auf die Macht verinnerlichter Normen, die dergleichen Argumentation als normal akzeptiert.

So werden elementare Bedürfnisse der Kontrolle der jeweils gültigen Ideen und Ideologien unterworfen. So wird auch deutlich: »Das Denken der Ideologen war nicht nur eine Theorie des Individuums und der Gesellschaft; es entwickelte sich als eine Technologie der subtilen, wirksamen und sparsamen Gewalten, im Gegensatz zum kostspieligen Machtaufwand der Souveräne.«[5]

Nachtleichen der Erinnerung

Günter de Bruyn bleibt aber nicht bei der Beobachtung der individuellen und gesellschaftlichen Mechanismen seiner Zeit stehen. Auch die psychologische Durchdringung der Figuren ist nur einer der Aspekte, auf die es ankommt. Der Bezugsrahmen seines Romans ist ein thematischer. Sichergestellt wird dieser Bezug durch Verwendung von Eigen- und Flurnamen aus Jean Pauls *Hesperus*[6] (Viktor, Sebastian, Klothilde, Agnola, Mathias / Matthieu; Maiental / Maienthal). Schon den Titel des Romans *Neue Herrlichkeit* kann man als eine Anspielung auf die ›herrlichen‹ Menschen bei Jean Paul lesen. Der Bedeutungszusammenhang der *Neuen Herrlichkeit* korrespondiert so mit einem anderen Raster, dessen Kenntnis Differenzierung ermöglicht. Die drei Komplexe: Ordnung, Erziehung und Ich-Strategien verdeutlichen die nachhaltige Reduzierung des einzelnen, die dieser aber nicht mehr wahrnimmt, weil er – wie vor allem Viktor und Sebastian – mit ausgedehnten Erinnerungslücken lebt. Indem de Bruyn seinem Roman die Folie des *Hesperus* unterlegt, erreicht er eine Tiefenschärfe, durch die wesentliche Elemente heutiger Lebensverhältnisse deutlicher erkennbar werden. Die mikroskopisch genaue Betrachtung eines beispielhaften Ausschnitts der Gegenwart wird ergänzt durch das Teleskop, das Fernliegendes heranholt. Analyse der Gegenwart und Erinnerung an Vergangenheit eröffnen Spielräume, die den Möglichkeitssinn schärfen und so Zukünftiges anders denkbar machen. Die Exempel extremer Reduktion, die der Roman als Gesellschaftsanalyse vorführt, werden vor Bildern großer Vielfalt arrangiert. Jedoch sind die über den *Hesperus* evozierten Kontrastelemente nicht einfach Vorbilder, sondern ein Raum der Phantasie, der dem Leser die Möglichkeit des Vergleichs und der eigenen Bewertung beläßt. »Fülle ist überreich da, aber keine Kraft, sie zu bändigen«[7], so de Bruyn über *Hesperus* und Jean Paul. In der *Neuen Herrlichkeit* wird dagegen in Form und Inhalt eine erreichte Zähmung vorgeführt und der Preis dafür deutlich gemacht: die dahinterstehende und aus ihr resultierende Grausamkeit in allen Bereichen der Gesellschaft.

Auf der Ebene des Sozialen entspricht die von de Bruyn gewählte geschlossene Form des Romans einer Gesellschaft, die sich nach außen abgrenzte und nach innen ein Organisationskonzept durchsetzte, das ein geschlossenes, an Einheitsvorstellungen orientiertes Wertesystem vortäuschte, das der inneren Realität der DDR nicht entsprach. In der *Neuen Herrlichkeit* wird eine den Menschen in jeder Hinsicht einschränkende und sein Menschsein entstellende Ordnung mit der Welt des *Hesperus* kontrastiert. Neben dem Viktor der *Neuen Herrlichkeit*, dessen durch Erziehung antrainierte Unterwerfungsprozeduren ihn jeder unmittelbaren Erlebnisfähigkeit berauben, steht der Victor des *Hespe-*

rus, über den de Bruyn schreibt: »Victor, ein inneres Abbild seines Urhebers, durchlebt alle Gefühle, die ein Mensch nur haben kann, vom Spaß am Komischen über Liebe, Freundschaft, Glück, Entzücken an der Natur, Anbetung des Erhabenen bis zur Sinnlichkeit, Verzweiflung, Melancholie, Hoffnungslosigkeit und Todesangst.«[8] In der *Neuen Herrlichkeit* wird nicht wie im *Hesperus* ein junger Mann mit großem Geist und großer Seele der kleinlichen Wirklichkeit gegenübergestellt, sondern ein ›gelungenes‹ Sozialisationsprodukt fügt sich fast reibungslos in die gewünschten Prozesse. Seine innere Verunstaltung findet ihre schärfste Ausprägung in einem Sich-Fügen, das sich als Ergebnis raffinierter Ich-Strategien und als Erfolg gewünschter Anpassungstechniken versteht. Das abgespaltene alter ego Sebastian (im *Hesperus* nur ein anderer Name für Victor) spielt den ›Alternativen‹, ist aber keine Alternative.

Beide Figuren haben nicht die Fähigkeit zu verändern. Sie verkörpern »eingemauerten Menschengeist« (Jean Paul). So wie der eine in den gepolsterten Rängen oberster Gesellschaftsschichten versinken kann, träumt der andere im privatistischen Rückzug seine innere Parklandschaft in die äußere, in eine von Industrieabfall gezeichnete Welt. Einen Lebensentwurf, der über das eigene geistige Kulissenarrangement hinausgeht, können die ›Helden‹ nicht wagen, weil ihnen ihre innere Erstarrung die Kraft dazu nimmt. Zwar unterscheiden sich ihr Weltbild und Wertesystem in den Ausformungen, sie berühren sich aber im Ausgangspunkt: in einem unreflektierten Ich-Interesse, das Ergebnis der herrschenden Ordnung ist und deren Strukturen auch wieder festigt.

Die ›Prinzenerziehung‹ findet im Industriestaat und in der fortgeschrittenen (Des-)Informationsgesellschaft nicht mehr in inniger Vertrautheit mit einem fremden und edlen Erzieher (Emmanuel, Dahore) bei gleichzeitiger Isolierung von der Gesellschaft und ihren Zwängen statt, sondern die Elterninstanzen von heute sind mit den gesellschaftlichen praktisch identisch, denn die Grundmuster des Systems sind allgegenwärtig. Wer, wie Tita, da nicht hineinpaßt, weil er Widersprüche noch wahrnimmt und unter ihnen leidet, wird ausgegrenzt. Wahnsinn – d. h. die Unfähigkeit, sich in die angebotenen Muster der ›Normalität‹ zu fügen – wird zum nicht duldbaren Verbrechen, das mit Isolierung und, als dessen Folge, mit dem Tod bestraft wird. Entwicklung – hin zu menschlicherem Umgang miteinander – scheint unter solchen Bedingungen nicht möglich, an ihre Stelle tritt der Wiederholungszwang, die sich reproduzierende Unterdrückung. Die Idylle ist zum Käfig für diejenigen geworden, die an der gesellschaftlichen und politischen Führung nicht beteiligt sind, während die anderen, die schon von ›Natur‹, d. h. von Geburt an zur neuen Führungsschicht gehören – abgehoben – den Alltagszwängen entfliehen können. Alkoholismus, Drogensucht etc. bei denen die dem Gefängnis sozialer und psychischer Deformiertheit nicht entfliehen können, kennzeichnen systemunabhängig die modernen Gesellschaften. »Aber das menschliche Wesen ist kein dem einzelnen Individuum innewohnendes Abstraktum. In seiner Wirklichkeit ist es das Ensemble der gesellschaftlichen Verhältnisse.« (Marx/Engels, 3, 6) So muß sich der Sozialismus, der dieses Menschenbild vertritt, besonders nachdrücklich danach fragen lassen, woher die Deformiertheit der einzelnen und der Gesellschaft im ganzen rührt.

Zwar zeichnen sich die Episoden des Romans dadurch aus, daß sie sich nicht auf einen Nenner bringen lassen, ihre vielen Bedeutungslinien haben jedoch einen gemeinsamen Bezugspunkt: den aufwendigen Versuch, das Unangenehme, das Unauflösbare in der Gegenwart, aber auch in der Vergangenheit, das nicht in das festgefahrene, verkrustete, erstarrte System paßt, auszugrenzen, zu verdrängen. Sie spielen damit auf die herrschende Praxis in der ehemaligen DDR an, das dem System Unangehme auszuweisen, als Tradition zu verleugnen, zu zensieren. Der Preis dafür, daß Vorstellungen aufrechterhalten werden können, die ihre innere Legitimation verloren haben, aber zur Erhaltung von elterlicher und gesellschaftlicher Macht gebraucht werden, ist eine extreme Reduktion des Menschen.

Im Kapitel über Titas Begräbnis macht de Bruyn die Defizite, die sich so ergeben, beispielhaft deutlich. Er stellt dazu – über den Zwischentitel *Maiental* – einen besonders auffallenden Bezugspunkt zum *Hesperus* her. Das *Maiental*, »dieser Irr- und Blumengarten meiner wärmsten Träume« (Jean Paul) ist im *Hesperus* ein Ort der Liebe und des Todes, der Trauer und des Trostes. In der *Neuen Herrlichkeit* ist es nicht nur eine vom Zivilisationsmüll gefüllte Schlucht, die ständig noch weiter aufgefüllt wird, so daß bei Titas Beerdigung durch das Lied »Jesu meine Zuversicht« nicht gegen das »Scheppern tausender leerer Konservendosen, die über den Abhang rollen« (213) ankommt, sondern es ist auch der metaphorische Ort für unangemessenes Denken, abgelöstes Sprechen und Handeln und für die Mißachtung und Unterdrükkung der Gefühle. Während im *Maienthal* bewußt erwarteter Tod

(Emanuel) und Bewußtheit im Sterben (um die man Tita z. B. gebracht hat) auch Respekt vor dem Tod und vor der Trauer einschließen, ist den »entkernten« (Jean Paul) Menschen der *Neuen Herrlichkeit* die Fähigkeit, das Nichtfaßbare (Wahnsinn, Tod, Trauer) neben sich zu dulden, abhanden gekommen. Je größer im *Hesperus* die Gefühle sind, desto mehr wird (sehr beredt) Stille betont: »Und die Nacht umhüllte schweigend ihre stumme Liebe und ihre großen Gedanken.« (*H* 215) »Unter der weiten Stille lag der Schlaf, die Träume und eines Freundes trostloses Herz.« (*H* 670) »Die Stille ist die Sprache der Geisterwelt, der Sternenhimmel ihr Sprachgitter...« (*H* 671). »Es war erhaben-still um drei zerrüttete Menschen« (*H* 685).

So wie der Zivilisationsmüll die Schlucht Maiental ausfüllt, überlagert im Kapitel *Maiental* der Sprachmüll und Kulturschrott die Wahrnehmung einer Grenze, der gegenüber Schweigen und Duldung des Inkommensurablen angemessener wäre. Die Menschen der *Neuen Herrlichkeit* sind Sprachautomaten, an die Schmerz und Tod nicht mehr heranreichen. Verleugnung von Trauer und Schmerz (über den Tod Titas, über die Trennung von Viktor) zugunsten oberflächlicher Trostformeln charakterisiert das ganze Kapitel *Maiental*. Die sprachlichen Bewältigungsfloskeln (»Die Liebe höret nimmer auf« als Grabschleife, »ob Liebe lebe oder sterbe... entscheide nur der Liebende selbst«) offenbaren das Bewußtsein der Menschen der *Neuen Herrlichkeit*, das ein bewußtes eben nicht ist. Frau Erikas Hoffnung: »Erst dem Menschen, der von Geburt an von seiner Unsterblichkeit überzeugt ist, wird sie geschenkt« (61/62), erlaubt ihr nicht die Teilnahme an Titas Begräbnis, wohl aber die Trostattitüde: sie »richtet sie (Thilde, H. M.) seelisch auf« (214).

Die psychischen Folgen einer Sozialisation, die differenziertes und angemessenes Wahrnehmungsvermögen gar nicht erst zustandekommen läßt oder verschüttet, werden von de Bruyn über das Sprachverhalten seiner Figuren verdeutlicht. In einer Reihe von Fällen läßt er den Erzähler selbst den jeweils gemeinten Sprechgestus der Personen aufnehmen. De Bruyn vergegenwärtigt so Alltagswirklichkeit durch den kalkulierten Gebrauch umgangssprachlicher Elemente. Die Unangemessenheit dieser vorgestanzten Sprachformeln vor dem Hintergrund elementarer menschlicher Erfahrungen spiegelt den Realitätsverlust der Figuren. Statt die Grenzen ihrer Trostmöglichkeit einzusehen (Thilde hört gar nicht hin), spult Erika ein Trostvokabular ab, das die wesentlichen Züge ihres eigenen Programmiertseins durch die Gesell-

schaft verrät, vor allem die Ausrichtung des Menschen auf Beherrschen und Leistung. (Liebe ist das Ergebnis innerer Arbeit, »Gehört zu der Natur, die der Mensch doch beherrscht, auch und gerade die in ihm selbst«, 214.)
Welchem Mechanismus dieser Durchhaltegestus folgt, verdeutlichen die Hinweise auf Erikas schlechten Schlaf, auf ihre nächtlichen Ängste und Phantasien: »Knackt ein Schrank, zuckst du zusammen. Summt eine Fliege hinter dem Ofen, meinst du, ferne Stimmen zu hören. Die Maus auf dem Boden über der Zimmerdecke wird ein Untier für dich... Aber kommt da nicht jemand die Treppe herauf?« (60) Wie tief muß Erika ihre Bedürfnisse begraben haben, wie groß muß die Angst sein, daß ihre Lebensillusionen zusammenbrechen, daß sie dem eigenen verdrängten Leid schutzlos gegenüberstehen könnte! Wer die Leichen der eigenen Gefühle, der eigenen Vergangenheit im Schrank oder im Keller verstecken muß, fürchtet, man könnte sie eines Tages entdecken.
De Bruyn vergleicht die Menschen der *Neuen Herrlichkeit* nicht direkt mit denen des *Hesperus*, er stellt vielmehr ein dichtes Netz von Referenzen her, das vor allem deutlich macht, welch ungeheures Ausmaß an Abwehr den Strukturen heutiger ›hochentwickelter‹ Gesellschaften zugrunde liegt. Kennzeichnet die ehemalige DDR-Gesellschaft (und andere moderne Gesellschaften) ein starres und – weil auch das Innere erfassend – übermächtiges System von Ordnungsstrukturen, Durchsetzungsstrategien und subtiler Unterdrückung, so eröffnet sich mit dem Blick auf *Hesperus* die Perspektive auf ein Leben, das von ›Lebendigkeit‹ geprägt ist, zu der Phantasie, Spiel, Ungeordnetes, Ungezähmtes, Inkommensurables und vor allem genaue Wahrnehmung von sich selbst und Geltenlassen des Fremden gehören.

Disteln der Hoffnung

Die im Roman *Neue Herrlichkeit* dargestellten trostlosen Verhältnisse charakterisieren zunächst die beschränkenden Lebensbedingungen des real existierenden Sozialismus (»an die Betonmauern mit Wachtürmen schließen sich Stacheldrahtzäune an« 163). Die Kritik nimmt vor allem Verhältnisse in den Blick, die »freudlos« sind, in denen man sich, wie Thilde meint, nicht einmal die Menschen aussuchen kann, mit denen man umgehen will, oder anders gesagt: Sie richtet sich gegen eine Gesellschaft, in der man kein Zimmer für sich allein findet. Darüber hinaus verweist der Roman aber auch auf die Lebensbedingungen der modernen Industriegesellschaft überhaupt (»ein kilometerbreiter Gürtel... von Müllhalden und Fabriken schließt die Stadt ein« 163).

Entscheidender als diese Bezüge ist jedoch die Tatsache, daß sich de Bruyn mit der Tradition der Aufklärung auseinandersetzt und vor allem durch den Bezug auf Jean Paul neue Vorstellungen dazu entwickelt, was aufklärerisches Denken heute bedeuten kann. Er bezieht sich auf einen Autor, der sich von den einengenden Ideen einer überalterten Aufklärung (z. B. durch seine Kritik an Nicolai) abhob, dessen Ablehnung aber auch den irrationalen, die reaktionäre Entwicklung in Deutschland stützenden Formen der Romantik galt, die ins Biedermeier mündeten. Auf diese verweist metaphorisch die Sicht des Pastors der *Neuen Herrlichkeit*, der gelernt hat, »seinen Blick über die Müllhalde hinweg auf die Baumwipfel und die fernen Felder zu lenken« (213). Dieser auf das Übersehen von Mißständen geschulte Blick kennzeichnet religiöse und ideologische Denkformen, die im Beharren auf Überlebtem oder im Vertrauen auf zukünftige Paradiese die jeweilige Gegenwart, ihre Fehlentwicklungen, aber auch ihre Entfaltungsmöglichkeiten übersehen. Den Blick, den Jean Paul nahelegt, beschreibt de Bruyn so: »Aus der Enge der deutschen Miniaturfürstentümer, in denen er seine Geschichte ansiedelt, blickt man hinaus in die Welt, aber es ist ein Blick wie durch ein Kaleidoskop: bunt, ornamental und bruchstückhaft.«[9] Wo die als Emanzipation gedachte Aufklärung zu versteinerten Ordnungen erstarrt ist, werden Auflösung und Fragmentierung zu Gegenbildern, zeigt sich die Dialektik der Aufklärung. Diese erzeugt die den modernen Gesellschaften eigene Dynamik und macht deren Begriff von Fortschritt aus, der in der Erwartung besteht, daß ein immer wieder notwendiger Neuanfang Selbstkorrektur ermöglicht. Die sich jeweils ergebenden Widersprüche werden entschärft, indem vorher Oppositionelles in den Neubeginn hineingenommen und so die Entwicklung vorangetrieben wird. Das jeweils Neue erscheint so auch als das jeweils Bessere.

Im Prozeß der Entwicklung sowohl der bürgerlichen wie der sozialistischen Gesellschaften sind die Errungenschaften der Aufklärung aber zunehmend in Machtsicherungstechniken umgeschlagen und haben neue Formen der Unterdrückung und Herrschaft hervorgebracht. Lineares Fortschrittsdenken, eine Leitidee der Aufklärung, machte und macht in seinen modernen Reduktionsformen den einzelnen zum Vehikel einer Entwicklung, in der immer neue Heilserwartungen aufgerufen werden, um die alltägliche Misere zu verschleiern. Diese Heilserwartungen schlagen um in angst- und lustvolle Selbstzerstörungswünsche, die sich in wiederkehrenden Untergangsphantasien zeigen. Aber auch Vernunft kann als Repressionsbegriff und als Beliebigkeitsvokabel eingesetzt werden. Was einst als Anspruch mit ihr verknüpft war, ist damit aber nicht schon erledigt. Es sei denn, man verweigert sich dem Schmerz der Ent-Täuschung und ist als Rekonvaleszent der Moderne froh, wenn man merkt: »Nur ein Rauschen ist da, eins, das durch Leere erzeugt wird und nicht unangenehm ist« (215). Auch Psychologie und Psychoanalyse, als Möglichkeiten der Selbstentdeckung gedacht, unterliegen zunehmend der Instrumentalisierung, dienen verfeinerten Manipulations- und Lenkungsmechanismen, die Unterdrückung nicht nur schmerzfreier gestalten, sondern zu einer geradezu lustvollen Erfahrung machen.

Die Muster, die diese fehlgelaufene Aufklärung hervorbringt, macht de Bruyn u. a. am Beispiel der Frau Erika deutlich, die selbst Produkt sowohl der bürgerlichen wie der sozialistischen Ordnung ist. Sie reduziert Elemente idealistischer und materialistischer Tradition auf Spruchband- und Sprechblasenformat und macht sie in ihrer Verzerrung eigenen Selbsterhöhungswünschen verfügbar. Erika benutzt wahllos Versatzstücke genetisch-ganzheitlicher und dialektischer Denkmodelle, sie hält an einem naiv ungebrochenen Fortschrittsglauben fest, wenn sie ihre illusionären Glücksvorstellungen, zu denen die Überwindung des Todes gehört, darlegt.[10] Diesem Fortschrittsbegriff, der Grenzen verleugnet, entspricht ein Hoffnungsbegriff, der zur Illusion verkommen ist. »Von Stufen ist da die Rede, die mit Mühe zu ersteigen und ohne Wehmut zu verlassen ihm aufgegeben, von einem grobschlächtigen Heute, einem reineren, verfeinerten Morgen und auch von einer höheren Sphäre, wo man nicht haben will, sondern sein, wo der Wille nichts will als Wollen und wo die Erkenntnis reift, daß nicht das Vollendete Glück bringt, sondern die Sehnsucht danach« (203). Vulgarisierte Vorstellungen aus Philosophie und Psychologie dienen zur Verschleierung einer Realität, in der dem einzelnen seine Würde genommen wird. Vorhandene Wünsche (»Backen und reisen«) werden in vorgegebene Vorstellungen umgetauscht (»Selbständigkeit und Freiheit«). So entsteht eine Als-ob-Gesellschaft, in der die Simulation dessen, was sein soll, vorherrscht, und das, was sein kann, überse-

hen wird. Viktor, das Produkt der sozialistischen Gesellschaft, verkörpert diesen Mechanismus am deutlichsten.
Im letzten Kapitel »Genesung« vollzieht Viktor die Simulation von Leid. Er, der dem Schmerz auflauert, ihn aber nicht wirklich verspürt, »stellt sich das Leiden in wechselnden Bildern vor: als Verhärtung am Herzen, als Geschwulst, die unaufhörlich schmerzbereitendes Gift produziert, als nicht abzutreibenden Stein in der Seele« (216). In diesen Bildern einer Somatisierung offenbart sich ein Gesundheitsbegriff, der auf Verdrängung beruht, »eine Behaglichkeit, die nichts ist als die Abwesenheit von Leid«. Wer zu solcher Art »Normalität« (215) zurückkehren muß, weil ihm von Kindheit an versagt war, die eigene Lebendigkeit zu spüren, überhaupt Gefühle adäquat wahrzunehmen, kann sich aus den Fesseln normativer Ordnungsvorstellungen nicht lösen. Er braucht sie als Halt, als Sicherheit, um Angst abzuwehren, der er besonders dann ausgesetzt ist, wenn er mit ihm fremden Erfahrungen konfrontiert wird, auf die er sich aber nicht einlassen kann. Bei Viktor versagt sogar der Körper weitgehend als Fühlorgan, er somatisiert nicht einmal mehr, sondern er flüchtet in Vorstellungen von Somatisierung. So kann er das Leid, das für ihn zu bestimmten Konstellationen dazugehört, in einem Bild fixieren, verleugnet aber gleichzeitig dessen wirklichen Ursprung und überspielt seine mangelnde Erlebnisfähigkeit. Er erfüllt Erwartungen der Form nach, wenn er die Spuren des Schmerzes im Körper sucht, um sie ›abarbeiten‹ zu können und sein Gewissen zu entlasten. Aber Viktor ist zu der Trauerarbeit nicht fähig, die nötig wäre, um seine inneren Bedingungen zu verändern und die Abwehrmechanismen, die der Reduktion innerer Spannung nach dem Lust-Unlust-Prinzip dienen, durch wirkliche Abarbeitungsaktivitäten zu ersetzen, die das Ich vor zwanghafter Wiederholung schützen könnten. An die Stelle des Schmerzerlebnisses tritt die Schmerzvorstellung und dann die Rede über den Schmerz, die am Ende nur der Festigung seines auf Realitätsverleugnung aufgebauten Selbstbildes dient. Viktor wartet auf Zeichen des Körpers, die kommen ›müssen‹. Doch selbst der Körper ist in solchem Maße sozial determiniert, daß er erst reagiert, als Viktor im Blickwechsel mit der Stewardeß an Gefühle erinnert wird, von denen er in seiner Beziehung zu Thilde »gequält« wurde: an das mit Angst vermischte »schmerzende Glück«, an den »Sturz, wenn die Blicke sich treffen« (139). Die »normale Flughöhe«, die er am Schluß wieder erreicht, ist Metapher für den »Gleichmut«, nach dem er sich beim »Sturz« in ungewohnte

Gefühle gesehnt hatte. Und die »Freude«, die er empfindet, gilt nicht Thilde (an die er sich auch erst erinnert, als die Stewardeß »im vorderen Teil der Maschine verschwindet«), sondern der Wiederherstellung seines inneren, auf Täuschung beruhenden Gleichgewichts: So verkennt er die Reaktion der Stewardeß auf sein Lächeln als Veränderung ihres Dienstlächelns zu einem persönlichen, obwohl der Anschein persönlichen Lächelns (jeder Fluggast soll sich ja einzeln angesprochen fühlen) gerade die Besonderheit ihres Dienstlächelns ausmacht.

Indem de Bruyn die Muster von Lebensvorstellungen offenlegt, die auf Selbsttäuschung zurückgehen, fragt er gleichzeitig nach deren Bedingungen, d. h. nach den historisch-sozialen Zusammenhängen, in denen das nach-aufklärerische Individuum steht. Selbsterhöhungswünsche des einzelnen und Abwehrmechanismen gegenüber allem, was einem idealisierten Selbstbild im Wege steht, helfen nicht nur dem einzelnen, den Schein aufrechtzuerhalten, sie spiegeln auch die Strukturen heutiger Gesellschaften und ihrer Doktrinen, die vielfach durch Anmaßung und Verblendung charakterisiert sind. Die unterschiedlichen Ausformungen des real existierenden Sozialismus, in denen die Monopolstellung der Partei mit deren Kenntnis der objektiven Gesetzmäßigkeiten der Geschichte begründet wurde und in denen mit Hilfe zentralistischer Strukturen rücksichtslos unterdrückt wurde, was diesem Verständnis nicht entsprach, verkörpern diese Anmaßung und Verblendung in ähnlicher Weise wie die Spielarten des Kapitalismus, die Heterogenes zwar dulden, es aber gleichzeitig der Durchsetzung ökonomischer Interessen dienstbar machen und so absorbieren. Beide gesellschaftlichen Ordnungen entspringen der Anwendung philosophisch-spekulativer Vorstellungen der Aufklärung auf die historisch-politische Realität, mit denen die Grundbedingung dafür geschaffen war, daß Teleologien der Erfüllung und Melancholien des Unerfüllten[11] die Befindlichkeit des modernen Subjekts kennzeichnen. Ein von transzendentalen Illusionen geprägtes Bewußtsein verfehlt sich immer wieder aufs Neue, weil es auf der Suche nach einer an Einheitsvorstellungen orientierten ›Identität‹ diese als Konfliktlosigkeit oder Konfliktlösung denkt, statt als Wahrnehmung dessen, was im konkreten Fall des ›Jetzt‹ für jeden Betroffenen auf dem Spiel steht und unter Umständen auch unaufgelöst stehen bleiben muß. Einem solchen, nach Omnipotenz strebenden Bewußtsein entspricht auch ein Zeittrend, in dem viele noch einmal versuchen, die Schranken der ei-

genen Vorstellungskraft zu sprengen, und – entgrenzt – ins Imaginäre einzutreten, indem das Subjekt sich selbst als verschwunden denkt. Im Endzeitvokabular (das Ende der Geschichte, der Wissenschaft, des Subjekts) wird der Gestus des apokalyptischen Infernos imitiert, weil man glaubt, der Angst vor einem Ende und vor der Ohnmacht angesichts der eigenen Endlichkeit dadurch zu entkommen, daß man das Ende selber herstellt. Sich selbst im Untergang überbietend, folgt das Subjekt so noch im Verschwinden seinen Allmachtsträumen, um als letztes Gesamtkunstwerk »die Erde als grandioses Denkmal der eigenen Superpotenz durch das stumme All zu schicken.«[12] Und wieder gefallen sich Kunst und Wissenschaft in sakraler Sprache, wird die Heilung gesellschaftlicher und individueller Probleme in mythischer Erlösung, in Einheitsphantasien gesucht, droht erneut der Krieg zum Vater aller Dinge zu werden.
Grundlagen modernen Denkens, die solches Bewußtsein erzeugen, stellt de Bruyn mit seinem Roman zur Disposition, ohne dabei gängige ästhetische Muster der Moderne zu benutzen: So wird weder ein Gegenbild zu Gegebenem entworfen, der Ordnung also keine alternative Ordnung entgegengestellt, noch werden Formen der Auflösung benutzt, also keine Konzepte der Avantgarde, die auf den immer schneller werdenden Überholspuren der Moderne miteinander wetteifern. De Bruyn geht es auch nicht um neue Versuche der Integration oder Intertextualität (der Referenzrahmen steht selbständig hinter dem Text) oder um die Gestaltung des Leidens am Gegensätzlichen, hinter dem sich weiter die Sehnsucht nach Ganzheit, nach Aufhebung von Widersprüchen verbirgt. Die Täuschungen über die Emanzipation der Menschen durch Erziehung und den Irrglauben, daß die Menschheit sich in einem beständigen Fortschritt zum Besseren hin befinde, macht de Bruyn durch genaues Beobachten von Alltagswirklichkeit und Alltagssprache sichtbar. Dieser Blick auf die Realität resultiert aus einer tiefen Respektlosigkeit vor allen Masken und Imponiergebärden der Macht, auch solchen, die sich in der Sprache der Kunst und hinter den Ideen der Philosophie verbergen. Er zeigt die Anfechtbarkeit des Menschen, die aus dessen Begrenztheit erwächst. Aus dieser Perspektive wird der Zorn über einen Alltag bitter, der den Menschen auch da einschränkt, wo sich ihm in seinem nur einmaligen Leben Möglichkeiten böten, seine eigenen Vorstellungen von Lebensfreude und Glück zu verwirklichen. Aus dieser Perspektive wird aber auch der Anspruch einer Politik entlarvt, die unter der Vorspiegelung einer Kenntnis des

›Guten‹ das Unrecht vermehrt, statt nach dem kleinstmöglichen Ärgernis zu suchen.

Den Einheitsvorstellungen, die die Möglichkeiten menschlichen Daseins auf Schrumpfformen reduzieren, begegnet de Bruyn mit einem Konzept, in dem gerade das Vielfältige, das nicht auf einen Nenner zu bringen ist, einen Wert darstellt. Seine Charakteristik von Jean Paul zeigt einen Menschen, der sich keinem Etui einpaßt: »...denn er ist nicht dies oder das oder jenes, sondern alles zusammen: Idylliker und Satiriker, Humorist und Mann des Pathos, Realist und Träumer, Sentimentaler und Verstandesklarer, Kleine-Leute-Schilderer und Verkünder neuer gesellschaftlicher Ideale.«[13] Gegensätzliches wird nicht verwischt oder in Synthesen aufgehoben, sondern behält seine Eigenständigkeit. Es fordert zu Beobachtung und Vergleich heraus. So werden Differenzen deutlich und Differenzierungen möglich.

Der scheinbar einfache Text der *Neuen Herrlichkeit* ist ein Angebot, sich in die Wahrnehmung komplexer Erfahrung einzuüben. Er fordert einen Leser, der bereit ist, sich Abweichendem, Widerspenstigem auszusetzen, andere als die vertrauten Raster anzulegen und den gewohnten Begriff von Normalität in Frage zu stellen. Der Herstellung solchen Differenz-Bewußtseins dient vor allem die Ironie. Rigiden Sprachregelungen, vorschnellem Verständnis wird eine Sprache entgegengesetzt, die sich ständig an den Rändern der Eindeutigkeit bewegt. So ergeben sich neben Satire auch Humor und Komik, löst der Witz scheinbar Festgefügtes auf, werden voreilige Befunde in Frage gestellt. Eine solche Sprache arbeitet gegen die Erwartungen des Lesers an, der schnell Klarheit sucht oder fixe Antworten zu finden glaubt, der im Rahmen von Einheits- und Ganzheitskonzepten denkt und solche von anderen erwartet oder sich einfach Gegenbilder zu Bestehendem wünscht, statt Offenheit, Fülle, Vielfalt, Perspektivenreichtum und Mehrfachkodierungen wahrzunehmen und dem Denken und Verhalten zugrundezulegen. Diese Ironie ist darauf aus, an scheinbar einfachen Formulierungen das Mehrdeutige sichtbar zu machen und den Leser, der hinter schönen Worten die eigenen Lieblingsvorstellungen, die Träume von sich selbst sucht, mit einer Prosa zu enttäuschen, die nicht auf Suggestion aus ist, sondern zu kritischer Selbstreflexion herausfordert.

De Bruyn befragt die Aufklärungstradition daraufhin, was als illusionär zurückzuweisen ist und was im Sinne eines Noch-Nicht den Maßstab zur Bewertung alltäglicher Erfahrung und Entwicklung liefern kann. Er beschwört nicht Utopien. Elemente des Utopischen, unerfüllte

Sehnsüchte früherer und heutiger Zeit bleiben bei ihm aber notwendige Bezugspunkte – Disteln der Hoffnung – für ein Denken, das sich von Illusionen und Erlösungserwartungen verabschiedet, ohne die Suche nach einem Zusammenleben aufzugeben, das von gegenseitiger Achtung geprägt ist. So könnte ein Handeln möglich werden, das das eigene Recht und das des anderen so wenig wie möglich verletzt. Respekt vor Vielfalt, vor Unauflösbarem, Geltenlassen des anderen, Sich-offen-Halten für das Fremde ist jedoch nicht mit Verzicht auf Wertung verbunden. Von Vorstellungen, die im Unterschiedlichen nur einen neuen Kultur-Cocktail sehen und Beliebigkeit oder Gleichgültigkeit predigen, setzt de Bruyn sich mit seiner Referenz an Jean Paul deutlich ab. Der oft unterschätzte Klassiker repräsentiert eine Tradition, in der eine umfassende Realismusvorstellung (die phantastische Elemente einschließt) und das Eintreten für demokratische Ziele ihren Platz haben, in der es vor allem zum Prinzip gehört, die Hierarchien ständig in Frage zu stellen.
Die Erinnerung an diese Tradition bedeutet nicht einfach das Hereinholen des Vergangenen in die Gegenwart, was leicht zu neuer Vereinnahmung führen könnte. Nicht Unterwerfung des Fremden oder Fremd-Gewordenen unter die eigenen Interessen ist das Ziel, sondern Sichtbarmachen des anderen, das in seiner Selbständigkeit anerkannt sein will. So werden Berührungspunkte möglich, Orientierungen denkbar, so bleibt aber auch das Inkommensurable bestehen.
Sich für Möglichkeiten zu öffnen, die sich so ergeben, setzt Anstrengung voraus, Mühe, auch Trauer über die eigene Verkümmerung, die sichtbar wird, wenn man erkennt, wieviel ausgegrenzt, verdrängt, unterdrückt wurde, um die verführerische Täuschung von der Leichtigkeit des Seins aufrechtzuerhalten und die frohe Botschaft von der allen offenbaren einen Wahrheit weiter zu verkünden. Mit einer Sprache und mit Referenzpunkten, die einen »Schwarm möglicher Bedeutungen«[14] tragen, wird in der *Neuen Herrlichkeit* das Mögliche als Element der Wirklichkeit konstituiert, aber gerade nicht auf den Begriff gebracht. Es bleibt ein Schattenbild.
Den Herausforderungen und Irritationen eines komplexen Alltags lebendig zu begegnen, nicht einer verordneten Vernunft, aber auch nicht blindem Enthusiasmus zu folgen, setzt Einsicht in die eigene Begrenztheit und Schwäche voraus und verlangt den Abschied von der Idee eines herrschenden Subjekts. Die Erkenntnis der Schwäche ist die Bedingung der Stärke.

Am Schluß sei für die *Neue Herrlichkeit* noch ein ungewöhnliches Leseverfahren empfohlen: Das Simultan-Lesen.

»An einem Sonntag im November, der wie der Teufel immer mit Schmutz und Nebel kommt und geht, an einem regnerischen Urlaubstag, bei starkem Schneegestöber oder wenn die Grippe (einen) ins Bett treibt«[15] – aber auch ein warmer Sommerabend könnte durchaus in Betracht kommen –, nehme man Jean Pauls *Hesperus* und Günter de Bruyns *Neue Herrlichkeit* – und dazu z. B. noch ein Glas Wein – und lese, wenn man diese beiden Bücher schon kennt, diesmal abwechselnd in ihnen. Dann überlasse man sich dem Spiel der Assoziationen und Bilder, dem Witz (auch dem bitteren) und frage sich, »wo da im Spaß Ernst steckt, im Ernst Ironie«. So, dem Wechsel des Blicks, dem Rhythmus des eigenen Nachdenkens, der Leselust und Leseanstrengung folgend, eröffnet sich eine Fülle von Perspektiven, Verknüpfungen und Brechungen.

Anmerkungen

1 Günter de Bruyn, *Neue Herrlichkeit*, Frankfurt 1986. Die Seitenzahlen in Klammern beziehen sich auf diese Ausgabe.

2 Hermann Paul, *Deutsches Wörterbuch*, Tübingen 1966.

3 Vgl. Karin Hirdina, *Grund zum Ärgern. Günter de Bruyns Roman ›Neue Herrlichkeit‹*. In: *DDR-Literatur im Gespräch*, hrsg. v. Siegfried Rönisch, Berlin, Weimar 1986, S. 109–115.

4 Die Psychologen würden wohl von einer double-bind-Beziehung sprechen. Je mehr er sich dem Vater unterwirft, desto mehr mißfällt er ihm: »Ist doch das, was dem Vater am Sohn mißfällt, genau das, was er von ihm verlangt: das dauernde Zögling sein.« (187)

5 Michel Foucault, *Überwachen und Strafen*, Frankfurt 1977, S. 131.

6 Jean Paul, *Hesperus*, München 1987. (Die Seitenangaben in Klammern, die mit einen *H* gekennzeichnet sind, beziehen sich auf diese Ausgabe.)

7 Günter de Bruyn, *Das Leben des Jean Paul Friedrich Richter*, Frankfurt 1978, S. 137.

8 Ebd.

9 Günter de Bruyn, *Lesefreuden*, Frankfurt 1986, S. 115.

10 Das folgende Zitat belegt das besonders eindrucksvoll: »Viele Krankheiten sind seelischen Ursprungs. Einer, der krank werden will, wird es auch. Selbst vom Tod weiß man, daß er sich unter Umständen dem menschlichen Willen fügt. Mit anderen Worten: der Geist, den man (wie die Elektrizität) nicht sieht, ist real wie diese und beweist sich durch Wirkung. Wie jede Realität ist er in Entwicklung begriffen. Jahrmillionen haben an ihm ge-

formt, ihn vermehrt und verfeinert und ihn zum Herrn der Materie gemacht. Er ist dabei (was früher niemand geglaubt hat) unsern Planeten umzugestalten; er ist auch fähig (was heute erst wenige glauben) uns selbst zu gestalten, nach unserm Willen – der muß nur stark genug sein. Karl Marx hat es gewußt, sagt Erika zu Viktors nicht geringem Erstaunen, daß Theorie, also Gedanke, zur materiellen Gewalt wird, wenn ihre Quantität wächst. Jeder Wunsch, heißt das, bringt das Gewünschte näher; denkbar ist Wunschintensität, die Wunscherfüllung mit Sicherheit garantiert. Der Wille kann mehr als Muskeln bewegen; er kann Gesundheit erhalten, ja, irgendwann einmal auch den Tod verhindern.« (61)

11 Jean-Francois Lyotard, *Der Widerstreit*, München 1987, S. 141.

12 Hartmut Böhme, *Vergangenheit und Gegenwart der Apokalypse*. In: *Freiburger literaturpsychologische Gespräche 8: Untergangsphantasien*, Würzburg 1989, S. 25.

13 Günter de Bruyn, *Lesefreuden*, a. a. O., S. 112.

14 Jean-Francois Lyotard, *Der Widerstreit*, München 1987, S. 95.

15 Günter de Bruyn, *Lesefreuden*, a. a. O., S. 121. Alle anderen Zitate ebd.

Anhang

Nachbemerkung

Die Forschungsliteratur über das Werk von Günter de Bruyn füllt mittlerweile Bände. Der vorliegende eine will und kann nicht die Summe dieser vielfältigen literaturwissenschaftlichen und -kritischen Arbeit ziehen. Er möchte lediglich einen repräsentativen Einblick geben, einige neue Interviews und Analysen vorstellen und den Zugang zu den wesentlichen Interpretationen erleichtern – eben Materialien zu Leben und Werk de Bruyns zur Verfügung stellen.

Selbstverständlich sind auch in der DDR viele substantielle Untersuchungen zu den Büchern de Bruyns erschienen. Bei der Zusammenstellung des vorliegenden Bandes stellt sich jedoch heraus, daß nahezu alle einschlägigen Aufsätze aus der DDR heute – also nach dem Oktober/November 1989 – kaum ohne, milde formuliert, Verwunderung gelesen werden können. Das bezieht sich leider nicht nur auf Texte, die das Werk de Bruyns ohne viel Federlesens über den Leisten der orthodoxen realsozialistischen Literaturtheorie schlagen. Auch in differenzierten Arbeiten, die einen unabhängigen Blick ihrer Autoren auf die Literatur erkennen lassen, finden sich regelmäßig Exkurse, die mit banalem Vokabular und ebensolchen Argumenten für eine vulgärmarxistische Ästhetik plädieren. Natürlich handelt es sich hier oft – de Bruyn hat Ähnliches in *Preisverleihung* und *Märkische Forschungen* beschrieben – um politische Pflichtübungen, denen man sich als Mitglied des Wissenschaftsbetriebs der DDR nur schwer entziehen konnte. Diese Kompromisse mit dem Regime sollen hier nicht verurteilt werden, zumal man als Bürger der Bundesrepublik das Glück hatte, nie vor vergleichbare Probleme gestellt worden zu sein. Ohne Zweifel wurden durch solche politischen Zugeständnisse zahlreiche wichtige Arbeiten innerhalb der DDR überhaupt erst möglich. (In seinem hier veröffentlichten Gespräch mit Helmtrud Mauser *Blick zurück* weist de Bruyn beispielsweise auf sein Engagement für die ideologisch verpönten Freihandbibliotheken hin: »Da erfand ich eine Theorie, mit der anhand von Marx und Stalin bewiesen wurde, daß die Freihandbibliothek doch das Richtige sei«.) Gleichwohl würde man weder Günter de Bruyns Werk gerecht, noch täte man den betreffenden Autoren einen Gefallen, wollte man diese mit höchst zweifelhaften Thesen ausgeschmückten Aufsätze 1991 nachdrucken. So mußte im vorliegenden Band mit Bedauern darauf verzichtet werden, die de Bruyn-Forschungen der DDR-Germanistik in repräsentativen Ausschnitten wiederzugeben.

Dank schuldet der Herausgeber allen Mitarbeitern des Bandes, insbesondere Helmtrud Mauser, Frank Hafner und Wolfgang Steuhl für rasche und verständnisvolle Kooperation. Vor allem aber möchte ich mich bei Günter de Bruyn bedanken, ohne dessen geduldige Hilfe der Band niemals in der vorliegenden Form hätte erscheinen können.

Uwe Wittstock

Auswahlbibliographie

Zusammengestellt von Frank Hafner

1. Werke und Schriften de Bruyns

Der Hohlweg. Roman, Halle 1963.

Aussage unter Eid. Hörspiel. In: Neue Deutsche Literatur 13 (1965), H. 4, S. 3–39.

Rendezvous mit Jean Paul. In: Sonntag 1966, Nr. 30.

Maskeraden. Parodien, Halle 1966.

Buridans Esel. Roman, Frankfurt/Main 1977 (= Fischer TB 1880).

Bedingungen des Glücks. In: Neue Deutsche Literatur 19 (1971) H. 1, S. 32f.

Fragment eines Frauenportraits. In: Sinn und Form 24 (1972) H. 4, S. 793–797.

Preisverleihung. Roman, Frankfurt/Main 1982 (= Fischer TB 5401).

Tristan und Isolde, Berlin (DDR) 1975.

Das Leben des Jean Paul Friedrich Richter. Eine Biographie, Frankfurt/Main 1978 (= Fischer TB 2130).

Jean Paul und die neuere DDR-Literatur. In: Jahrbuch der Jean-Paul-Gesellschaft, München 1975, S. 205–211.

Jean Paul – das »unbekannteste Genie«? In: Sonntag 1975, Nr. 45.

Märkische Forschungen. Erzählung für Freunde der Literaturgeschichte, Frankfurt/Main 1981 (= Fischer TB 5059).

Doppelgesichtige Utopie. In: Frankfurter Rundschau v. 3. 2. 1979.

Neue Herrlichkeit. Roman, Frankfurt/Main 1984.

Lesefreuden. Über Bücher und Menschen, Frankfurt/Main 1986.

Babylon, Frankfurt/Main 1986 (= Fischer TB 5953).

Frauendienst. Erzählungen und Aufsätze, Halle 1986.

Sermon über die Vergänglichkeit. In: Frankfurter Rundschau v. 1. 10. 1986.

Zum Beispiel Kossenblatt. In: Theodor Fontane, Die schönsten Wanderungen durch die Mark Brandenburg in Erstdrucken, hrsg. v. G. de Bruyn, Frankfurt/Main 1989, S. 247–272. (= Fischer TB 5117)

Als der Krieg ausbrach. Über Heinrich Böll. In: Sinn und Form 41 (1989) H. 5, S. 941–947.

Von der Gefährlichkeit der Poesie. In: Sinn und Form 42 (1990) H 6, S. 1058–1064.

2. Gespräche und Interviews

Eduard Zak sprach mit Günter de Bruyn. In: Sonntag 1967, Nr. 16.
Töpelmann, Sigrid: Interview mit Günter de Bruyn. In: Weimarer Beiträge 14 (1968) H. 6, S. 1171–1183.
Plavius, Heinz: Gegenwart im Roman. Gespräch mit Günter de Bruyn. In: Neue Deutsche Literatur 16 (1968) H. 6, S. 9–14.
Kirstein, Jenny / Wolfgang Korluß: Gespräch mit Günter de Bruyn. In: Der Bibliothekar 1969, H. 5, S. 526–528.
Voigt, Jutta: Die Ehe. Zustände und Aussichten. Protokoll einer Unterhaltung mit Günter de Bruyn. In: Sonntag 1970, Nr. 52.
Traditionsbeziehungen unserer Schriftsteller. In: Weimarer Beiträge 17 (1971) H. 12, S. 89f.
Liersch, Werner: Notizen von einem Gespräch. In: Sonntag 1972, Nr. 39.
Arndt, Franziska: Overbeck + Schuster = de Bruyn? BZA-Gespräch mit dem Autor der ›Preisverleihung‹. In: BZ am Abend v. 4. 1. 1973.
Behrend, Dorothea: Maßstäbe des Menschlichen im literarischen Erbe. Günter de Bruyn über seine Jean-Paul-Biographie. In: Neue Zeit v. 15. 11. 1975.
Damm, Sigrid: Tristan, Isolde und wir. Gespräch mit Günter de Bruyn. In: Neue Deutsche Literatur 24 (1976) H. 10, S. 138–147.
Hirdina, Karin: Interview mit Günter de Bruyn. In: K. Hirdina, Günter de Bruyn, Berlin (DDR) 1983, S. 7–26.
Zipser, Richard A.: DDR-Literatur im Tauwetter, Bd. 3: Stellungnahmen, New York / Bern / Frankfurt a. Main 1985.
de Waijer-Wilke, Marieluise: Gespräch mit Günter de Bruyn. In: Deutsche Bücher 17 (1987) H. 3, S. 165–178.
General, Regina: Stimme einer Stimmung. Ein Gespräch mit Günter de Bruyn über die Frage, ob die Revolution ohne die Schriftsteller stattgefunden hat. In: Die Zeit v. 9. 3. 1990.

3. Aufsätze und Buchpublikationen zu de Bruyn

Allenstein, Bernd: Günter de Bruyn. In: Kritisches Lexikon zur deutschsprachigen Gegenwartsliteratur, hrsg. v. Heinz Ludwig Arnold, München 1978ff.
Andress, Reinhard Gerhard: Das Bild des Schriftstellers in der DDR-Gegenwartsprosa, Urbana / Illinois 1988 (Diss.).
Bartusch, Hagen: Zur literarischen Gestaltung von Entscheidungssituationen im Werk von Bruno Apitz, Erik Neutsch und Günter de Bruyn, Berlin (DDR) 1979 (Diss.).
Berger, Christel: Der Autor und sein Held, Berlin (DDR) 1983.
Bircken, Margrid: Der Selbstverständigungsprozeß der Schriftsteller Günter

de Bruyn und Christa Wolf in Poetologie und Prosa. Möglichkeiten für eine produktive Funktionsbestimmung und -erprobung von Literatur in der entwickelten sozialistischen Gesellschaft, Potsdam 1981 (Diss.).

Böck, Dorothea: Jean Paul als »geheimer Lehrer«. Aspekte und Probleme der Jean-Paul-Rezeption in der DDR. In: Weimarer Beiträge 36 (1990) H. 1, S. 52–73.

Feitknecht, Thomas: Die sozialistische Heimat. Zum Selbstverständnis neuerer DDR-Romane, Bern / Frankfurt a. Main 1971.

Finney, Gail: Imagining the other. Sexual transformation and social reality in GDR Literature. In: German Life and Letters 44 (1990) H. 1, S. 45–57.

Förtsch, Eckart: Literatur als Wissenschaftskritik. In: Lebensbedingungen in der DDR. Siebzehnte Tagung zum Stand der DDR-Forschung in der Bundesrepublik Deutschland, Köln 1984, S. 157–168.

Förtsch, Eckart: Fragen »menschheitsgeschichtlichen Ausmaßes«. Wissenschaft, Technik, Umwelt. In: Gisela Helwig (Hrsg.), Die DDR-Gesellschaft im Spiegel ihrer Literatur, Köln 1986, S. 85–112.

Greenberg, Valerie D.: Günter de Bruyn's ›Neue Herrlichkeit‹: Leveling the ›Zauberberg‹. In: The German Quarterly 60 (1987) H. 2, S. 205–219.

Hanke, Irma: Lebensläufe und Berufskarrieren in der erzählenden Gegenwartsliteratur der DDR seit 1970. In: Deutschland Archiv 14 (1981) H. 6, S. 608–620.

Herminghouse, Patricia: Wunschbild, Vorbild oder Portrait? Zur Darstellung der Frau im Roman der DDR. In: Peter Uwe Hohendahl / Patricia Herminghouse (Hrsg.), Literatur und Literaturtheorie in der DDR, Frankfurt am Main 1976, S. 281–334.

Herting, Helga: Geschichte für die Gegenwart. Historische Belletristik in der Literatur der DDR, Berlin (DDR) 1979.

Hirdina, Karin: Günter de Bruyn, Berlin (DDR) 1983.

Hutchinson, Peter: Literary Presentations of Divided Germany. The development of a central theme in East German Fiction 1945–1970, Cambridge 1977 (= Anglica Germanica Series 2).

Kaufmann, Eva und Hans: Glück ohne Ruh. In: E. und H. Kaufmann, Erwartung und Angebot, Berlin (DDR) 1976, S. 151–155.

Kjaer, Jörgen: Günter de Bruyn: ›Buridans Esel‹ und Max Frisch: ›Stiller‹ – ein Vergleich. In: Greifswalder Germanistische Forschungen 1981, H. 3, S. 72–92.

Knowlton, James: Literature and Its Uses: Günter de Bruyn's ›Preisverleihung‹ and ›Märkische Forschungen‹. In: Studies in GDR Culture and Society 2. Proceedings of the Seventh International Symposium on the German Democratic Republic, hrsg. v. Margie Gerber u. a., Washington D. C. 1982, S. 177–187.

Knowlton, James: »Das Erbe der Kultur, das zu erwerben uns aufgegeben«. Zur Rollenproblematik der Literaturrezeption in Günter de Bruyns Roman ›Märkische Forschungen‹. In: Germanic Notes 13 (1982) H. 4, S. 49–52.

Knowlton, James: Erbe and its vicissitudes: Günter de Bruyn's re-examination

of Jean Paul. In: Studies in GDR Culture and Society 4. Proceedings of the Nineth International Symposium on the German Democratic Republik, hrsg. v. Margie Gerber u. a., Washington D. C. 1984, S. 213–225.
Knowlton, James: Neue Herrlichkeit? Günter de Bruyn's novel and its critique of GDR socialism. In: Neophilologus 71 (1987), S. 586–595.
Knowlton, James: Günter de Bruyn's Novel ›Preisverleihung‹ and the Question of Literary Reception in the GDR. In: German Notes 18 (1987) H. 3/4, S. 33–37.
Köhler-Hausmann, Reinhild: Literaturbetrieb in der DDR. Schriftsteller und Literaturinstanzen, Stuttgart 1984.
Krenzlin, Leonore: Wirkungsvorstellung und Werkstruktur bei Hermann Kant und Günter de Bruyn. In: Funktion der Literatur. Aspekte, Probleme, Aufgaben, Berlin (DDR) 1975, S. 322–331.
Kusche, Lothar: Species carminativae. In: Anni Voigtländer (Hrsg.), Liebes- und andere Erklärungen, Berlin/Weimar 1972, S. 43–47.
Leistner, Bernd: Skeptischer Realist und Menschenfreund. In: Sinn und Form 39 (1987) H. 6, S. 1308–1315.
Liersch, Werner: Der Moralist vor der Wirklichkeit. In: Anneliese Löffler (Hrsg.), ... an seinem Platz geprüft. Gelebtes und Erzähltes bei DDR-Autoren, Halle/Leipzig 1979, S. 24–48.
Mechtenberg, Theo: Auch Liebesentzug kann tödlich sein. Kritische Anmerkungen zur Altenfürsorge in einem DDR-Roman. In: Informationsdienst des katholischen Arbeitskreises für zeitgeschichtliche Fragen (1984) Nr. 130, S. 24–33.
Mechtenberg, Theo: Christliche Religion und sozialistische Utopie. Glaube und Kirche in der neueren DDR-Prosa. In: Gisela Helwig (Hrsg.), Die DDR-Gesellschaft im Spiegel ihrer Literatur, Köln 1986, S. 163–196.
Müller, Ortwin: Günter de Bruyns ›Tristan und Isolde‹. In: Greifswalder Germanistische Forschungen 1982, H. 4, S. 55–67.
Mugnolo, Domenico: Von der ruhigen Oberfläche und dem gärenden Untergrund. Zu Günter de Bruyns Zeitroman ›Neue Herrlichkeit‹. In: Die Literatur der DDR 1976–1986. Akten der Internationalen Konferenz Pisa/Mai 1987, Pisa 1988, S. 87–98.
Rossade, Werner: Literatur im Systemwandel. Zur ideologiekritischen Analyse künstlerischer Literatur aus der DDR, Bern/Frankfurt a. Main 1982.
Schlichting, Gabrielle Elisabeth: Society and the individual in the prose of GDR writer Günter de Bruyn and its reception in the German Democratic Republic and West Germany, New York University Ph. D. 1982 (Diss.).
Schuhmann, Klaus: Weite und Vielfalt der Wirklichkeitsdarstellung in der DDR-Literatur. In: Weimarer Beiträge 26 (1980) H. 8, S. 5–23.
Tate, Dennis: The East German Novel. Identity, Community, Continuity, Bath 1984.
Töpelmann, Sigrid: Zu de Bruyns Erzählweise. In: Weimarer Beiträge 14 (1968) H. 6, S. 1184–1207.

Töpelmann, Sigrid: Autoren – Figuren – Entwicklungen, Berlin/Weimar 1975.
Wightman, A. R.: A socialist ›Ehebruchroman‹: Günter de Bruyn's ›Buridans Esel‹. In: New German Studies 13 (1985) H. 2, S. 71–94.
Witschel, Günter: Antagonismen in der DDR-Literatur, Bonn 1976.
Wittstock, Uwe: Ein Träumer unter Anpassern. In: Frankfurter Allgemeine Zeitung v. 1. 11. 1986.
Zimmermann, Werner: Günter de Bruyn: ›Neue Herrlichkeit‹. In: W. Zimmermann, Deutsche Prosadichtung des 20. Jahrhunderts, Bd. 3, Düsseldorf 1988, S. 256–288.

4. Rezensionen zu einzelnen Werken

a) *Buridans Esel*

Antosch, Georg: Wie im Leben selbst: die Zwischentöne. In: Neue Zeit v. 17. 5. 1969.
Auer, Annemarie: Besuch am Abend. In: Sonntag 1967, Nr. 15.
Beckelmann, Jürgen: Ehescheidung? – Ja! In: Frankfurter Rundschau v. 15. 11. 1969.
Cwojdrak, Günther: Buridans Esel in Berlin. In: Die Weltbühne 64 (1969) Nr. 8, S. 247 ff.
Graupner, Manfred: Buridans Esel. In: Der Bibliothekar 1969, H. 5, S. 524–528.
Gugisch, Peter: Eine gewöhnliche Geschichte. In: Neue Deutsche Literatur 17 (1969) H. 12, S. 138–144.
Reso, Martin: Karl Erp und die Heuhaufen. In: Sinn und Form 21 (1969) H. 3, S. 751–764.
Sander, Hans-Dietrich: Bieler und de Bruyn. In: Deutschland Archiv 2 (1969) H. 12, S. 1305–1308.
Scheffel, Helmut: Produktivkraft Liebe. In: Frankfurter Allgemeine Zeitung v. 22. 11. 1969.
Schmidt, Marianne: Bezeichnen – Besitz ergreifen – bewältigen. In: Berliner Zeitung v. 18. 4. 1969.
Töpelmann, Sigrid: Eine gewöhnliche Geschichte. In: Sonntag 1968, Nr. 51.
Zehm, Günter: Rückzug ins private Glück im Winkel. In: Die Welt v. 3. 7. 1969.

b) *Preisverleihung*

Bock, Ernst Ludwig: Prüfung und Bewährung. In: Neue Zeit v. 28. 6. 1973.
Cwojdrak, Günther: Preisverleihung? In: Die Weltbühne 68 (1973) Nr. 3, S. 70 ff.
Engler, Jürgen: Günter de Bruyn: Preisverleihung. In: Weimarer Beiträge 19 (1973) H. 4, S. 153–161.

Heimberger, Bernd: Zu lesen mit Genuß, der auch Verdruß nicht ausschließt. In: Tribüne v. 30. 3. 1973.
Hermann, Gisela: Beschreibung einer Unentschiedenheit. In: Berliner Zeitung v. 15. 2. 1973.
Hirdina, Karin: Preisverleihung. In: Sonntag 1973, Nr. 8.
Korluß, Wolfgang: Preisverleihung. In: Der Bibliothekar 1973, H. 5, S. 343f.
Melchert, Rulo: Literaturexkurse in einem Roman. In: Sinn und Form 25 (1973) H. 6, S. 1307–1313.
Plavius, Heinz: Gefragt: Wirklichkeit. In: Neue Deutsche Literatur 21 (1973) H. 3, S. 150–154.
Raddatz, Fritz J.: Kunst am Bau. In: Die Zeit v. 12. 10. 1973.
Reich-Ranicki, Marcel: Zwei verschiedene Schuhe. In: M. Reich-Ranicki, Zur Literatur der DDR, München 1974, S. 94–101.
Sander, Hans-Dietrich: Plädoyer für die subjektive Ehrlichkeit. In: Deutschland Archiv 6 (1973) H. 2, S. 169–172.
Schachtsiek-Freitag, Norbert: Ehe- und Literaturexkurse. In: Frankfurter Rundschau v. 13. 7. 1974.
Scheffel, Helmut: Dem Thema nicht gewachsen. In: Frankfurter Allgemeine Zeitung v. 2. 3. 1974.
Schumann, Elke: Varianten zum Thema Ehrlichkeit. In: Deutschunterricht 1973, H. 12, S. 724–727.
Seidel, Hans-Dieter: »Mit Vorbehalten habe ich zugesagt...«. In: Stuttgarter Zeitung v. 10. 10. 1973.

c) *Das Leben des Jean Paul Friedrich Richter*

Fries, Fritz Rudolf: Jean Paul unter uns. In: Sinn und Form 28 (1976) H. 3, S. 686–690.
Hirsch, Helmut: Lebensbeschreibung und Wirklichkeitsfindung. In: Neue Deutsche Literatur 24 (1976) H. 6, S. 163–167.
Lepenies, Wolf: Schreib derb und frei über mich. In: Frankfurter Allgemeine Zeitung v. 21. 10. 1976.
Meier-Ewert, Heidrun: Günter de Bruyn: Das Leben des Jean Paul Friedrich Richter. In: Neue Deutsche Hefte 1977, H. 1, S. 188–191.
Reincke, Olaf: Das Leben des Jean Paul Friedrich Richter. In: Sonntag 1976, Nr. 10.
Schütte, Wolfram: Solides und Skurriles. In: Frankfurter Rundschau v. 9. 2. 1976.
Sommer, Dietrich: Günter de Bruyn: Das Leben des Jean Paul Friedrich Richter. In: Weimarer Beiträge 23 (1977) H. 9, S. 131–143.

d) *Tristan und Isolde*

Adler Günter: Tristan und Isolde. In: Deutschunterricht 29 (1976) H. 12, S. 700–702.
Damm, Sigrid: »... setzen der Menschlichkeit Maßstäbe«. In: Neue Deutsche Literatur 24 (1976) H. 10, S. 148–165.

Schiller, Dieter: Auf Vorgänge orientiert und farbig im Detail. In: Neues Deutschland v. 6./7.9.1975.
Wallmann, Jürgen P.: Nacherzählung. In: Deutschland Archiv 9 (1976) H. 2, S. 218f.

e) *Märkische Forschungen*

Beckelmann, Jürgen: Märkische Forschungen und Fiktionen. In: Stuttgarter Zeitung v. 27.9.1980.
Corino, Karl: Schwedenow war unser. In: Deutsche Zeitung/Christ und Welt v. 16.3.1979.
Fehr, Karl: Nur für Freunde der Literaturgeschichte? Günter de Bruyns ›Märkische Forschungen‹. In: Neue Zürcher Zeitung v. 27.6.1979.
Gregor-Dellin, Martin: Märkisches Trauerspiel. In: Frankfurter Allgemeine Zeitung v. 19.5.1979.
Hirdina, Karin: Der Grundton – Ironie. In: Sinn und Form 31 (1979) H. 4, S. 914–919.
Höpcke, Klaus: Mehr als ein Forscherstreit. Zu Günter de Bruyn: ›Märkische Forschungen‹. In: K. Höpcke, Probe für das Leben. Literatur in einem Leseland, Halle/Leipzig 1982, S. 53–56.
Höppner, Wolfgang: Märkische Forschungen. In: Sonntag 1979, Nr. 22.
Jäger, Manfred: Verzweifelte Utopie, lockere Ironie. In: Deutsches Allgemeines Sonntagsblatt v. 15.4.1979.
Klausenitzer, Hans-Peter: Vertriebene Prosa und kein Weg zurück. In: Deutschland Archiv 12 (1979) H. 8, S. 872–875.
Kuczynski, Jürgen: Brief an Günter de Bruyn. In: Sinn und Form 31 (1979) H. 4, S. 912–914.
Leistner, Bernd: Günter de Bruyn: Märkische Forschungen. In: Weimarer Beiträge 26 (1980) H. 3, S. 135–142.
Marggraf, Nikolaus: Was wa(h)r ist. In: Frankfurter Rundschau v. 12.5.1979.
Neubert, Werner: Held und Haltung mit schmaler Basis im Leben. In: Neues Deutschland v. 17.7.1979.
Töpelmann, Sigrid: Forschungen. In: Neue Deutsche Literatur 27 (1979) H. 6, S. 156–160.
Werth, Wolfgang: Keine Chance für Pötsch. In: Süddeutsche Zeitung v. 23.5.1979.
Wirsing, Sibylle: Ungemütliche Forschungen. Der desillusionierte Heimatschriftsteller Günter de Bruyn. In: Frankfurter Allgemeine Zeitung v. 9.10.1979.

f) *Neue Herrlichkeit*

Bellin, Klaus: Bildnis eines Folgsamen. In: Neue Deutsche Literatur 34 (1986) H. 1, S. 128–130.
Cwojdrak, Günther: Mann ohne Eigenheit? In: Die Weltbühne 80 (1985) Nr. 39, S. 1230f.

Hirdina, Karin: Grund zum Ärgern. Günter de Bruyns Roman ›Neue Herrlichkeit‹. In: DDR-Literatur '85 im Gespräch, hrsg. v. Siegfried Rönisch, Berlin (DDR) / Weimar 1986, S. 109–115.

Jäger, Manfred: Söhnchen, wechsel dich! In: Deutsches Allgemeines Sonntagsblatt v. 5. 8. 1984.

Jokostra, Peter: Don Quichotte in Krähwinkel. In: Die Welt v. 2. 5. 1984.

Klausenitzer, Hans-Peter: Erziehung der Gefühle. In: Deutschland Archiv 17 (1984) H. 12, S. 1337f.

Klotz, Volker: Aus dem Leben einer Delle. In: Frankfurter Rundschau v. 14. 7. 1984.

La Roche, Emanuel: Ein neues Biedermeier in der DDR. In: Tagesanzeiger, Zürich, v. 23. 6. 1984.

Liersch, Werner: Neue Herrlichkeit. In: Kritik 85. Rezensionen zur DDR-Literatur, Halle / Leipzig 1985, S. 42–44.

Lüdke, W. Martin: Zwanglos angepaßt? In: Die Zeit v. 13. 4. 1984.

Mechtenberg, Theo: Günter de Bruyn: Neue Herrlichkeit. In: Deutsche Studien. Vierteljahreshefte der Ost-Akademie Lüneburg 22 (1984) H. 88, S. 402–404.

Obermüller, Klara: Keine abwaschbare Losung auf bröckelnder Mauer. In: Die Weltwoche v. 14. 6. 1984.

Schoeller, Wilfried F.: Satirische Lokalrunde, märkische Alltagsforschung. In: Lesezeichen. Zeitschrift für neue Literatur H. 8 (1984), S. 21.

Schönewerk, Klaus-Dieter: Festgefroren – es bewegt sich nichts. In: Neues Deutschland v. 12. / 13. 10. 1985.

Werth, Wolfgang: Der Prinz und das Küchenmädchen. In: Süddeutsche Zeitung v. 16. 5. 1984.

Wittstock, Uwe: Eine erschlichene Liebesaffäre. In: Frankfurter Allgemeine Zeitung v. 14. 4. 1984.

Zehm, Günter: Viktor verlobt sich nicht standesgemäß. In: Die Welt v. 21. 4. 1984.

Quellenverzeichnis

Günter de Bruyn: Selbstvorstellung ist unveröffentlicht.
Günter de Bruyn: Fromme Wünsche... In: »Die Geschichte ist offen«. Hg. von Michael Naumann. Reinbek 1990.
Günter de Bruyn: Zur Druckgenehmigungspraxis. In: »Protokoll des X. Schriftstellerkongresses der DDR, 24.–26. Nov. 1987«. Berlin 1988.
Günter de Bruyn: Opposition und Gehorsam. In: F. A. L. von der Marwitz: »Nachrichten aus meinem Leben«. Berlin 1989.
Fritz Rudolf Fries: Jean Paul unter uns. In: Sinn und Form, Heft 3/1976. S. 686–690.
Martin Walser: Die Kunst der Fügung ist unveröffentlicht.
Christa Wolf: Preisverleihung. In: Christa Wolf: »Die Dimension des Autors«. Darmstadt/Neuwied 1987. S. 221–229.
Tristan, Isolde und wir. In: Neue Deutsche Literatur, Heft 10/1976. S. 138–147.
Der Einzelne und die Macht ist unveröffentlicht.
Keine Lösung, keine Lebenshilfe ist unveröffentlicht.
Stimme einer Stimmung. In: Die Zeit vom 9. 3. 1990.
Blick zurück ist unveröffentlicht.
Peter von Matt: Die Ehe als politisches Sinnbild... In: Peter von Matt: »Liebesverrat«. München 1989. S. 299–309.
A. R. Wightman: Ein sozialistischer Ehebruchsroman. In: New German Studies. Vol. 13, 2/1985. S. 71–94. Deutschsprachige Erstveröffentlichung.
James Knowlton: »Das Erbe...« In: Germanic Notes: Vol. 13, 4/1982. S. 49–52.
Marcel Reich-Ranicki: Zwei verschiedene Schuhe. In: Marcel Reich-Ranicki: »Entgegnung«. Stuttgart 1979. S: 193–202.
Sibylle Wirsing: Ungemütliche Forschungen. In: Frankfurter Allgemeine vom 9. 10. 1979.
Wolf Lepenies: Schreib derb und... In: Frankfurter Allgemeine vom 21. 10. 1976.
Joachim Kaiser: Vom Blühen... In: Süddeutsche Zeitung vom 13. 11. 1986.
Valerie D. Greenberg: Den Zauberberg auf... In: The German Quarterly. Vol. 60, 2/1987. S. 205–219. Deutschsprachige Erstveröffentlichung.
Helmtrud Mauser: Schattenbilder des Lebendigen. In: Recherches Germaniques 21, Strasbourg 1991.
Auswahlbibliographie. Zusammengestellt von Frank Hafner ist unveröffentlicht.

Danksagung

Der Herausgeber und der Fischer Taschenbuch Verlag danken allen Verlagen und Rechteinhabern für die Abdruckgenehmigung.
Da in einigen Fällen die Inhaber der Rechte nicht festzustellen oder erreichbar waren, verpflichtet sich der Verlag, rechtmäßige Ansprüche nach den üblichen Honorarsätzen zu vergüten.

Günter de Bruyn

»Wenn man unter den deutschsprachigen Schriftstellern unserer Jahrzehnte denjenigen auszeichnen wollte, der die Arroganz bis zum letzten Hauch aus seiner Sprache getilgt und die Fairneß zur Arbeitsmoral erhoben hat, gehörte Günter de Bruyn der Preis.«
Sibylle Wirsing in »Frankfurter Allgemeine Zeitung«

Buridans Esel
Roman. Fischer Taschenbuch Band 1880

Das Leben des Jean Paul Friedrich Richter
Eine Biographie
410 Seiten mit 17 Abb. Leinen. S. Fischer
auch lieferbar als Fischer Taschenbuch Band 10973

Jubelschreie, Trauergesänge
Deutsche Befindlichkeiten. 205 Seiten, geb.

Lesefreuden
Über Bücher und Menschen. Essays
335 Seiten. Leinen. S. Fischer

Märkische Forschungen
Erzählungen für Freunde der Literaturgeschichte
152 Seiten. Geb. S. Fischer
auch lieferbar als Fischer Taschenbuch Band 5059

Neue Herrlichkeit
Roman. 216 Seiten. Leinen. S. Fischer
auch lieferbar als Fischer Taschenbuch Band 5994

Preisverleihung
Roman. Fischer Taschenbuch Band 5401

S. Fischer Verlag

Ilse Aichinger
Werke

Herausgegeben von Richard Reichensperger

Acht Bände in Kassette
Die Kassette wird nur geschlossen abgegeben
Als Einzelbände lieferbar

Die größere Hoffnung
Roman. Band 11041

»Wer ist fremder, ihr oder ich? Der haßt, ist fremder als der gehaßt wird, und die Fremdesten sind, die sich am meisten zuhause fühlen.«

Der Gefesselte
Erzählungen 1
1948–1952
Band 11042

Am Beginn der Wiederaufbau-Ära sprechen Ilse Aichingers frühe Erzählungen von Erstarrung und Verdrängung, »erlösungssüchtig und untröstlich, kritisch und gelassen.« *Joachim Kaiser*

Eliza Eliza
Erzählungen 2
1958–1968
Band 11043

»Tatsache ist, daß Ilse Aichinger mit den herkömmlichen Praktiken des Schreibens endgültig gebrochen hat. Sie verläßt sich nicht mehr auf Visionen, sie besteht auf reiner bodenloser Anarchie.«
Heinz Piontek

Schlechte Wörter
Band 11044

»Eine Prosa der Zweifel, der Fragen, der Suche. Diese Prosa hebt alles aus den Angeln, was sie anspricht und meint.«
Jürgen Becker

fi 2013 / 1 a

Kleist, Moos, Fasane
Prosa. Band 11045

In Erinnerungen an die Zeit des Nationalsozialismus, in Aufzeichnungen und Reden vollzieht sich eine poetische Rebellion gegen die Gewalt der Geschichte.
»Wenn es zur Zeit der Sintflut geschneit und nicht geregnet hätte, hätte Noah seine selbstsüchtige Arche nichts geholfen.«

Auckland
Hörspiele. Band 11046

Dieser Band versammelt erstmals sämtliche Hörspiele Ilse Aichingers, vom sozialkritischen Stück »Knöpfe« (1953) bis zum Sprachgewebe »Gare maritime« (1976), das die Autorin mit Jutta Lampe und Otto Sander inszenierte.

Zu keiner Stunde
Szenen und Dialoge
Band 11047

Dialoge und Szenen, die in mikroskopisch präziser Dialogtechnik Orte und Charaktere lebendig machen, »ein zierliches Meisterwerk, das Fülle und Geheimnis des Lebens enthält.«
Günter Blöcker

Verschenkter Rat
Gedichte. Band 11048

»Gedichte, in denen Kritik an dieser Welt geübt wird, die darum, weil sie nicht tagespolitisch ist, um nichts weniger radikal ist.«
Erich Fried

Fischer Taschenbuch Verlag

fi 2013/1b

Collection S. Fischer

Lothar Baier
Jahresfrist
Erzählung
Band 2346

Herbert Brödl
Silvana
Erzählungen
Band 2312

Hermann Burger
Die allmähliche Verfertigung der Idee beim Schreiben
Frankfurter Poetik-Vorlesung. Band 2348

Clemens Eich
Aufstehn und gehn
Gedichte. Band 2316
Zwanzig nach drei
Erzählungen. Band 2356

Dieter Forte
Jean Henry Dunant oder Die Einführung der Zivilisation
Ein Schauspiel
Band 2301

Marianne Gruber
Der Tod des Regenpfeifers
Zwei Erzählungen
Band 2368

Wolfgang Hegewald
Das Gegenteil der Fotografie
Fragmente einer empfindsamen Reise
Band 2338
Hoffmann, Ich und Teile der näheren Umgebung
Band 2344
Jakob Oberlin oder die Kunst der Heimat
Roman. Band 2354
Verabredung in Rom
Erzählung. Band 2361

Egmont Hesse (Hg.)
Sprache & Antwort
Stimmen und Texte einer anderen Literatur aus der DDR
Band 2358

Wolfgang Hilbig
abwesenheit
gedichte
Band 2308
Der Brief
Drei Erzählungen
Band 2342
die versprengung
gedichte
Band 2350
Die Weiber
Band 2355

Ulrich Horstmann
Schwedentrunk
Gedichte
Band 2362

Bernd Igel
Das Geschlecht der Häuser gebar mir fremde Orte
Gedichte. Band 2363

Walter Jens (Hg.)
Schreibschule
Neue deutsche Prosa. Band 2367

Fischer Taschenbuch Verlag

fi 176/16a

Hundert Jahre
NEUE RUNDSCHAU

Die *Neue Rundschau*, 1890 von Samuel Fischer gegründet, hat sich zu einer beispiellosen Chronik des kulturellen Lebens in unserem Jahrhundert entwickelt. Sie hat die wesentlichen intellektuellen Strömungen der Zeit wie ein Brennglas gesammelt und konzentriert.

In das zweite Jahrhundert ihres Bestehens startet die *Neue Rundschau* nun mit neuem Gewand und neuem redaktionellen Konzept. Die Zeitschrift wird künftig herausgegeben von Günther Busch und Uwe Wittstock, denen Elisabeth Ruge als Assistentin zur Seite steht. Die *Neue Rundschau* erscheint wie bislang vierteljährlich, allerdings nicht mehr in Form eines Taschenbuches, sondern in größerem Format, zeitgemäßer Typographie und klassischer Ausstattung.

Als ihre Aufgabe betrachtet es die *Neue Rundschau*, Zusammenhänge in unserem kulturellen Leben sichtbar zu machen oder herzustellen. In den Zeiten der »Neuen Unübersichtlichkeit« (Jürgen Habermas) auch im intellektuellen Betrieb geht nicht nur für den Leser, sondern oft genug auch für die Autoren der Überblick über die zentralen Entwicklungen der Literatur und der Theorie verloren: Das literarische Leben, das früher als vitaler geistiger Zusammenhang wahrgenommen und begriffen wurde, scheint gegenwärtig immer mehr in partikulare Interessen zu zerfallen. In dieser Situation will die *Neue Rundschau* wieder Verbindungen zwischen Kunst und Wissenschaft präsentieren, möchte sie die vom atemlosen Kulturbetrieb allzu leicht übersehenen Kontakte oder Kontroversen zwischen Dichtern und Denkern unserer Zeit ins Bewußtsein heben.

S. Fischer

fi 2001/1

Materialien zu Leben, Werk und Wirkung zeitgenössischer Autoren

Thomas Beckermann (Hg.)
Hubert Fichte · *Band 6497*

Helmut Braun (Hg.)
Rose Ausländer · *Band 6498*

Heiner Feldkamp (Hg.)
Reiner Kunze · *Band 6877*

Harro Kieser (Hg.)
Carl Zuckmayer · *Band 6871*

Samuel Moser (Hg.)
Ilse Aichinger · *Band 6888*

Hans-Rüdiger Schwab (Hg.)
Luise Rinser · *Band 5973*

Wilhelm von Sternburg (Hg.)
Arnold Zweig · *Band 6876*

Bettina von Wangenheim (Hg.)
Materialien zu Hilde Domin
Band 5769

Ulrich Weinzierl (Hg.)
Stefan Zweig – Triumpf und Tragik
Aufsätze, Tagebuchnotizen, Briefe
Band 10961

Uwe Wittstock (Hg.)
Günter de Bruyn · *Band 10960*